Burkhard Hackländer

Kiel

ReiseHandbuch

Kiel

Der Autor und der Verlag sind für Lesertipps
und Verbesserungen (besonders per E-Mail)
unter Angabe der Auflagen- und Seitennummer dankbar.

Dieses OutdoorHandbuch hat 216 Seiten mit 58 farbigen
Abbildungen sowie einer farbigen Übersichtskarte. Es wurde
auf chlorfrei gebleichtem Papier gedruckt, in Deutschland klimaneutral hergestellt und transportiert (die Zertifikatnummer
finden Sie auf unserer Internetseite) und wegen der größeren
Strapazierfähigkeit mit PUR-Kleber gebunden.

Updates   Verlagsprogramm   Schnäppchen

www.conrad-stein-verlag.de

Über den Autor, Symbole, Einleitung

Die Altstadt

Südlich & westlich der Altstadt

Nördlich der Altstadt

Nördlich des Kanals

Das Ostufer

Ausflugsziele in der Umgebung

Kieler Highlights

Index

Segelboote bei der Windjammerparade während der Kieler Woche

ReiseHandbuch

ISBN 978-3-86686-960-8   4. überarbeitete Auflage 2010

© BASISWISSEN FÜR DRAUSSEN, DER WEG IST DAS ZIEL und FERNWEHSCHMÖKER sind
urheberrechtlich geschützte Reihennamen für Bücher des Conrad Stein Verlags

Dieses OutdoorHandbuch wurde konzipiert und redaktionell erstellt vom
Conrad Stein Verlag GmbH, Postfach 1233, 59512 Welver,
Kiefernstraße 6, 59514 Welver, ☎ 0 23 84/96 39 12,
FAX 0 23 84/96 39 13, ✆ info@conrad-stein-verlag.de,
🖥 www.conrad-stein-verlag.de.

Unsere Bücher sind überall im wohl sortierten Buchhandel und in cleveren
Outdoorshops in Deutschland, Österreich und der Schweiz erhältlich.
Auslieferung für den Buchhandel:

D	Prolit, Fernwald und alle Barsortimente
A	freytag & berndt, Wolkersdorf
CH	AVA-buch 2000, Affoltern und Schweizer Buchzentrum
I	Leimgruber A & Co. OHG/snc, Kaltern
BENELUX	Willems Adventure, LT Maasdijk
E	mapiberia f&b, Ávila

Text: Burkhard Hackländer
Fotos: Dieter Großelohmann & Horst Wartenberg
Karten: Heide Schwinn
Lektorat: Kerstin Becker
Layout: Manuela Dastig
Gesamtherstellung: AZ Druck und Datentechnik GmbH, Kempten

Titelfoto: Yacht-Club im alten Olympiahafen, Hauptbahnhof und Schweden-
Kai mit der Stena-Line

Inhalt

Über den Autor, Symbole   9

Einleitung   10
Daten   11   Hotels in Kiel   12
Konsularische Vertretungen   Updates   14
    und Partnerstädte   11   Geschichte   16

Die Altstadt   25
Das Franziskanerkloster   26   Schloss/"Kilia"   37
Die Pumpe   28   Schifffahrtsmuseum/
Stadtmuseum im   Museumshafen   44
    Warleberger Hof   29   Restaurants/Kneipen/Nachtleben 50
Nikolaikirche/Alter Markt   32

Südlich & westlich der Altstadt   52
Ratsdienergarten/Kleiner Kiel   53
Opernhaus   57
Rathaus/Rathausplatz   60
Kuhberg/Europaplatz/Sparkassenarena   66
Holstenstraße/Holstenplatz/Andreas-Gayk-Straße   69
Holstenbrücke/Bootshafen/Schwedenkai/Bollhörnkai   74
Hauptbahnhof/Sophienhof   78
Rondeel   83
Jüdischer Friedhof   84
Restaurants/Kneipen/Nachtleben   85

Nördlich der Altstadt   87
Schrevenpark   88
Schlossgarten   90
Medizingeschichtliche Sammlung/Zoologisches Museum/
    Museum für Völkerkunde   93
Kunsthalle   95

Alter Botanischer Garten   99
Ostseekai   101
Kiellinie/Hindenburgufer   102
IFM-Geomar Leibniz-Institut für Meereswissenschaften   103
Der Landtag   106
Sporthafen Düsternbrook   109
Institut für Weltwirtschaft   110
Kieler Yacht - Club   111
Seebad Düsternbrook   115
Tirpitz-/Scheerhafen   117
Petruskirche   118
Düsternbrooker Gehölz   121
Krusekoppel/Freilichtbühne   122
Forstbaumschule   123
Diederichsenpark   125
Blücherplatz   125
Schauspielhaus/Neues Schauspielhaus   128
Universität   132
Restaurants/Kneipen/Nachtleben   136

Nördlich des Kanals   **139**
Nord-Ostsee-Kanal   140
Flughafen Holtenau   151
Pries-Friedrichsort/Falckenstein   152
Schilksee   158
Strande   160
Kneipen/Restaurants/Nachtleben   163

Das Ostufer   **165**
Sanierungsgebiet Hörn/Norwegenkai   166
Gaarden   170
Ellerbek   174

Wellingdorf/Seefischmarkt 175
Neumühlen-Dietrichsdorf 177
Mönkeberg/Heikendorf 181
Laboe 186
Wendtorf 189
Kneipen/Restaurants 190

Ausflugsziele in der Umgebung 191
Naturpark Westensee 192
Schleswig-Holsteinisches Freilichtmuseum 195
Bordesholmer Klosterkirche 198
Museumsbahnen Schönberger Strand 199
Schwentinetalfahrt 201
Restaurants/Kneipen 203

Kieler Highlights 204
Kieler Woche 205
Schleswig-Holstein Musik Festival/Jazz Baltica 207

Index 211

📖 farbige Übersichtskarte 15

Über den Autor

Burkhard Hackländer, Jahrgang 1953, lebt seit über 30 Jahren in Kiel.

Lange Zeit arbeitete der gelernte Buchhändler als Journalist für die Kieler Nachrichten, derzeit ist er in der Bibliothek des Kieler Instituts für Weltwirtschaft tätig.

Besonders fasziniert ist er von der Geschichte und dem maritimen Flair der Fördestadt.

Symbole

🖐	Achtung!	✝	Kirche, Friedhof
	Angelmöglichkeit		Mobiltelefon
	Aussichtspunkt	⌘	Museum
📖	Bibliothek		Park
	Busverbindung	**P**	Parkplatz
	Dampfer, Fähre	✕	Restaurant, Kneipe
	E-Mail-Adresse		Schwimmhalle
	Einkaufszentrum		Segeln
	Flohmarkt, Markt		Strand
📷	Fototipp	☎	Telefon
	geöffnet ...		Theater
	Golfplatz	☺	Tipp
	Homepage		Unterhaltung
	Hotel, Pension	☞	Verweis
i	Information		

Einleitung

Klostergarten

Daten

Landeshauptstadt von Schleswig-Holstein seit 1947
Höchster Punkt: Wohlersberg in Kiel-Rönne 74,2 m über NN
Stadtgebietsfläche: 11.198 ha
Länge der Stadtgrenze: 75,6 km
Einwohnerzahl: (am 31. Dez. 2009): 235.264; Region Kiel: ca. 360.000
☎ **Vorwahl**: 0431

Konsularische Vertretungen und Partnerstädte

Chile	Maklerstr. 11, ☎ 3 80 09 09, FAX 3 05 33 85,
	✎ chileconkiel@frank-holz.de
Dänemark	Lorentzendamm 28/30 (im Hause der Förde-Sparkasse),
	☎ 5 92 10 50, FAX 5 92 10 51, ✎ konsulat@foerde-sparkasse.de,
	⏰ Mo bis Fr 9:00 bis 12:00
El Salvador	Caprivistr. 21, ☎ 80 10 00, FAX 8 50 51, ⏰ Mo bis Fr 9:00 bis 12:00
Finnland	c/o Sartori & Berger, Wall 47-51, ☎ 9 81-0, FAX 9 61 08,
	✎ info@sartori-berger.de
Großbritannien	Maklerstr. 11-14, ☎ 33 19 71, FAX 3 05 37 46
Indonesien	Brauner Berg 15, ☎ 39 40 20, FAX 39 40 25,
	⏰ Mo bis Fr 9:00 bis 12:00 und 14:00 bis 16:00
Italien	Brunswiker Str. 40, ☎ 5 70 00 80, FAX 5 70 00 81,
	✎ consolato_onorario_kiel.yahoo.it,
	⏰ Mo und Fr 10:00 bis 12:00,Mi 15:00 bis 17:00 Uhr
Norwegen	c/o Kieler Volksbank, Europaplatz 5, ☎ 2 40 01 11, FAX 2 40 01 12,
	✎ norwegisches.konsulat.kiel@vr-web.de,
	⏰ Mo bis Fr 9:00 bis 12:00
Österreich	Bergstr. 2, ☎ 55 25 05, FAX 5 19 27 36,
	✎ austriahokokiel@t-online.de,
	⏰ Mo, Mi, Do 9:30 bis 11.30, Di 14:00 bis 16:00
Panama	Schlossgarten 6, ☎ 5 19 97 33, FAX 5 19 97 35,
	⏰ Mo bis Fr 9:00 bis 12:00
Schweden	Hopfenstr. 31, ☎ 6 60 78 75, FAX 6 60 77 77,
	✎ konsulat.schweden.kiel@web.de, ⏰ Mo bis Fr 9:00 bis 12:00

Venezuela   Bergstr. 2, ☎ 97 83 75, FAX 97 83 95, ▮ Mo bis Do 10:00 bis 12:00
und 14:00 bis 16:00, Fr 10:00 bis 12:00

Partnerstädte:
Brest/Frankreich
Coventry/Großbritannien
Gdynia/Polen
Kaliningrad und Sovetsk/Russland, autonome Region Kaliningrad
Tallin/Estland
Vaasa/Finnland
Stralsund/Mecklenburg-Vorpommern

Hotels in Kiel

- **Am Segelhafen**, Schönberger Straße 32-34, EZ ab € 65, DZ ab € 83, Dreibettzimmer ab € 103, alles inkl. Frühstück, ☎ 7 29 90-0, FAX 7 29 90-44,
  🖳 www.am-segelhafen-hotel.com, ✉ info@am-segelhafen-hotel.com
- **Nordic Hotel** am Kieler Schloss, Dänische Straße 12-16, 40 Zimmer, EZ ab
  € 49, DZ ab € 62, alles inkl. Frühstück, Haustiere erlaubt, ☎ 5 34 16 20,
  FAX 5 34 16 21, 🖳 www.nordic-hotels.com/de/Nordic-Hotel-Schloss.htm
  ✉ schloss@nordic-hotels.com
- **Basic Hotel City**, Muhliusstr. 95, 25 Zimmer, EZ ab € 57, DZ ab € 75, Suite
  ab € 89, inkl. Frühstücksbuffet, ☎ 98 68 00, FAX 98 68 02 90,
  🖳 www.nordic-hotels.com/de/hotel-city.htm, ✉ city@basic-hotels.com
- **Basic Hotel Ostseehalle**, Lange Reihe 5, 40 Zimmer, EZ ab € 35, DZ ab
  € 59 inkl. Frühstück, ☎ 9 71 00 70, FAX 9 71 01 35,
  🖳 www.nordic-hotels.com/de/ostseehalle.htm,
  ✉ ostseehalle@basic-hotels.com
- **Basic Hotel Sophienhof**, Königsweg 13, 21 Zimmer, EZ ab € 29, DZ ab € 69,
  Familienzimmer ab € 85, inkl. Frühstücksbuffet, ☎ 6 26 78, FAX 67 41 34,
  🖳 www.nordic-hotels.com/de/sophienhof-hotel.htm,
  ✉ sophienhof@basic-hotels.com
- **Hotel Birke** - Das Business und Wellness Hotel, Ringhotel Kiel, Martenshofweg
  2-8, 82 Zimmer, EZ ab € 82, DZ ab € 113, Suite ab € 138, inkl. Parkplatz,

Frühstück € 10/Pers., Haustiere erlaubt, Landestypische Speisen nach Originalrezepten des Spitzenkochs György Altbäcker, Tischreservierungen unter ☎ 53 31-4 35, "Fischers Fritz" - Gewinner des Gastronomiewettbewerbs 2007 - Bestes Hotel-Restaurant-Konzept in Schleswig-Holstein, ☎ 53 31-0, FAX 53 31-3 33, 🖥 www.hotel-birke.de, ✍ info@hotel-birke.de

♦ **Gästehaus Lange Reihe**, Lange Reihe 3, 15 Zimmer, Zimmer ab € 34, Haustiere erlaubt, ☎ 9 97 90, FAX 9 11 81

♦ **Hotel am Schwedenkai**, Holstenbrücke 28, 29 Zimmer, EZ ab € 67 bis 118, DZ ab € 88 bis 190, inkl. Frühstücksbuffet, Haustiere erlaubt, ☎ 9 86 42-0, FAX 9 86 42-20, 🖥 www.hotel-am-schwedenkai.de, ✍ hotel-am-schwedenkai@t-online.de

♦ **Hotel an der Hörn**, Gablenzstraße 8, 34 Zimmer, EZ ab € 69, DZ ab € 88, Dreibettzimmer ab € 105, Vierbettzimmer ab € 120, inkl. Frühstücksbuffet ☎ 6 63 03-0, FAX -90, 🖥 www.an-der-hoern.de, ✍ wir@an-der-hoern.de

♦ **Hotel Berliner Hof**, Ringstraße 6, 103 Zimmer, EZ ab € 75, DZ ab € 105, inkl. Frühstück, ☎ 66 34-0, FAX 66 34-345, 🖥 www.berlinerhof-kiel.de, ✍ info@berlinerhof-kiel.de

♦ **Hotel Consul**, Walkerdamm 11, 65 Betten, EZ ab € 72,50, DZ ab € 95, Suite ab € 118, inkl. Frühstücksbuffet, Haustiere erlaubt, ☎ 53 53 70, FAX 5 35 37 70, 🖥 www.hotel-consul-kiel.de, ✍ info@hotel-consul-kiel.de

♦ **Hotel Flämischer Hof**, Flämische Straße 4, EZ ab € 54, DZ ab € 74 inkl. Frühstück, ☎ 9 30 92, FAX 6 96 73 53, 🖥 www.flaemischer-hof.de, ✍ info@flaemischer-hof.de (direkt am Hafen mit einschlägigen Etablissements, nicht im Preis enthalten)

♦ **Hotel Gode-Wind**, Kurallee 8, EZ ab € 44, DZ ab € 55, inkl. Frühstück, ☎ 3 79 77, FAX 37 39 83, 🖥 www.hotel-gode-wind-kiel.de

♦ **Hotel Kieler Förde**, Prieser Strand 4, 19 Zimmer, EZ ab € 63, DZ ab € 79, kleines DZ ab € 73, inkl. Frühstück, Haustiere erlaubt, ☎ 39 96 90, FAX 3 99 69 99, 🖥 www.hotel-kielerfoerde.de, ✍ info@hotel-kielerfoerde.de

♦ **Hotel Wiking**, Schützenwall 1-3, 42 Zimmer, EZ ab € 65, DZ ab € 89, inkl. Frühstück, Haustiere erlaubt, ☎ 6 61 09-0, FAX 6 61 09-66, 🖥 www.hotel-wiking.com, ✍ info@hotel-wiking.com

♦ **InterCityHotel Kiel**, Kaistraße 54-56, 124 Zimmer, Zimmer ab € 65, Frühstück ab € 11,50, HP ab € 17, VP ab € 29/Pers., Haustiere erlaubt, ☎ 66 43-0, FAX 0431/ 6643-499, 🖥 www.kiel.intercityhotel.de

- **Maritim Hotel Bellevue**, Bismarckallee 2, 89 Zimmer, EZ ab € 128, DZ ab € 140, nur Übernachtung, Haustiere erlaubt, ☎ 38 94-0, Reservierungen unter ☎ 38 94-7 77, FAX 38 94-7 90, 🖳 www.maritim.de, ✎ info.bki@maritim.de
- **Minotel Rabe's Hotel**, Ringstraße 30, 22 Zimmer, EZ ab € 56, DZ ab € 85, inkl. Frühstücksbuffet, Haustiere erlaubt, ☎ 66 30 70, FAX 6 63 07 10, 🖳 www.rabes-hotel.de, ✎ info@Rabes-Hotel.de
- **Nordic Hotel Astor**, Holstenplatz 1, 84 Zimmer, EZ ab € 49, DZ ab € 63, Komfortzimmer ab € 79, nur Übernachtung, ☎ 9 97 90, FAX 9 97 91 79, 🖳 www.nordic-hotels.com/de/astor-hotel.htm, ✎ astor@nordic-hotels.com
- **Parkhotel Kieler Kaufmann**, Niemannsweg 102, 43 Zimmer, EZ ab € 119, DZ ab € 159, Junior-Suite ab € 195, inkl. Frühstücksbuffet, PKW-Stellplatz, Sauna und Schwimmbad, Haustiere erlaubt, ☎ 88 11-0, FAX 88 11-135, 🖳 www.kieler-kaufmann.de, ✎ info@kieler-kaufmann.de
- **Steigenberger Conti Hansa**, Schlossgarten 7, 163 Zimmer und 2 Suiten, Zimmer ab € 102, nur Übernachtung, Haustiere erlaubt, ☎ 51 15-0, kostenfreie Buchungshotline: 0 08 00-78 46 83 57, FAX 51 15-4 44, 🖳 www.kiel.steigenberger.de, ✎ kiel@steigenberger.de

Updates

Es gibt immer wieder Änderungen auf dem Weg. Der Conrad Stein Verlag veröffentlicht deshalb Updates zu diesem Buch, die direkt von dem Autor oder von Lesern dieses Buches stammen. Bitte schauen Sie vor der Abreise auf die Verlags-Homepage 🖳 www.conrad-stein-verlag.de.

---

❶ Franziskanerkloster
❷ Pumpe
❸ Warleberger Hof
❹ Nikolaikirche
❺ Schloss
❻ Schifffahrtsmuseum
❼ Ratsdienergarten

❽ Opernhaus / Rathaus
❾ Sophienhof
❿ Schlossgarten
⓫ Museum für Völkerkunde
⓬ Kunsthalle
⓭ Alter Botanischer Garten
⓮ HDW

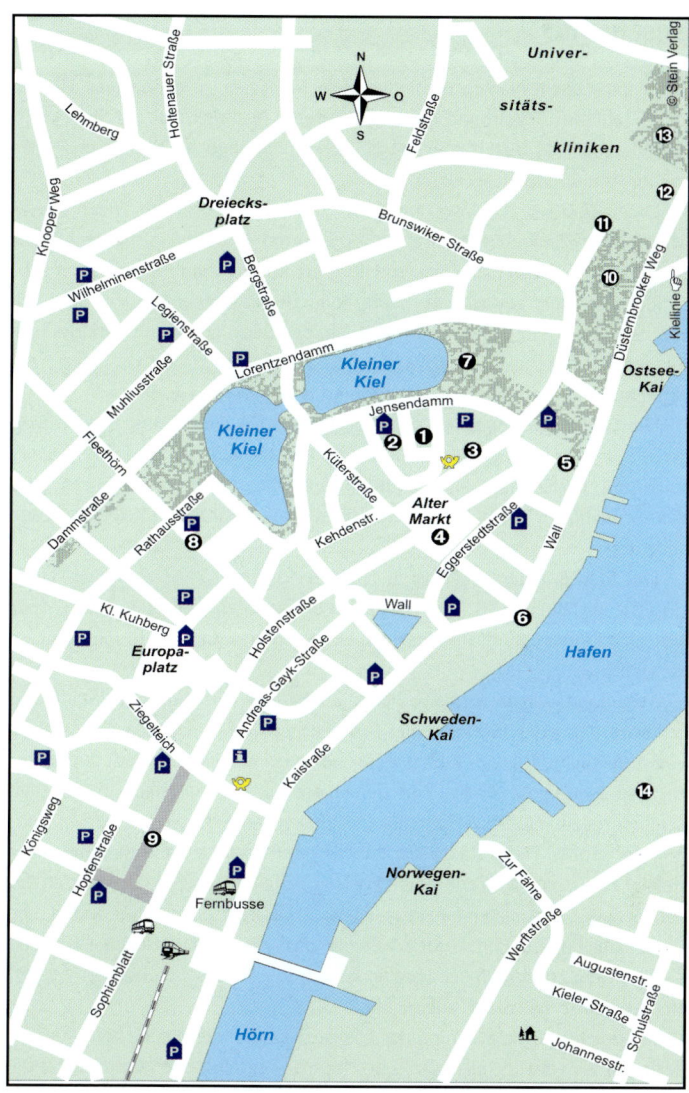

Geschichte

Kiel - mit diesem Namen verbinden viele Menschen in erster Linie Wasser und Schifffahrt, Segeln und die Kieler Woche. Natürlich hat die Stadt noch sehr viel mehr zu bieten, aber tatsächlich ist die Lage am Wasser die Ursache für ihre Gründung gewesen.

Die natürliche Halbinsel am Ende einer meist eisfreien Meeresbucht bewog den Schauenburger Grafen *Adolf IV.* um 1233 dazu, hier eine Stadt zu gründen. Obwohl es auf beiden Ufern der Förde schon Ansiedlungen gab, ist Kiel also keine gewachsene Stadt, sondern das Ergebnis einer planmäßigen Stadtgründung. Dies beweist auch ein Blick auf den Grundriss der Altstadt: ein zentraler Marktplatz und das Doppelkreuz der von ihm ausgehenden Straßen sind typisch für Städtegründungen jener Zeit.

Die **Förde** gab der neuen Stadt übrigens auch ihren Namen, denn man nannte sie *de Holstenstadt tom Kyle*, die Holstenstadt an der Förde. Dieser lange und umständliche Name wurde später zu *tom Kyle* und schließlich zu **Kiel**, wobei Kyle ("y" als langes i und **nicht** als ü gesprochen) Keil oder Förde bedeutet.

Der Stadtgründer ging, einem Gelübde folgend (☞ Das Franziskanerkloster), im Jahre 1238 in ein Hamburger Franziskanerkloster, behielt aber weiterhin Einfluss auf das politische Geschehen und starb am 8. Juli 1261 im Kieler Kloster.

Sein Sohn, *Johann I.*, hatte der Stadt bereits 1242 lübsches Stadtrecht verliehen und sie 1250 zu seiner Residenz gemacht. Ganz im Sinne seines Vaters versuchte Johann, Kiel zu einer bedeutsamen Handelsstadt auszubauen, und so trat die Stadt 1284 der Hanse bei und unterhielt mit eigenen Schiffen regen Handelsverkehr mit Dänemark und Schweden. Aber im Konzert der großen Hansestädte wie Lübeck oder Rostock stand Kiel mit seiner kleinen Flotte bald auf verlorenem Posten. Trotz der geschützten Lage an der von Gezeiten unabhängigen Förde liefen die Warenströme an Kiel vorbei. Die wirtschaftliche Situation wurde so prekär, dass die Stadt zwischen 1469 und 1496 an das reiche Lübeck verpfändet wurde - so besehen war der Austritt aus der Hanse 1518 nur folgerichtig.

Natürlich war Kiel während der nächsten Jahrhunderte auch betroffen von der mehr als verwirrenden dänisch-schleswig-holsteinischen Geschichte, die zu erklären den Historikern noch heute schwer fällt. Am besten begnügt man sich mit dem Bonmot eines der brillantesten politischen Köpfe des 19. Jahrhunderts, des britischen Premierministers *Lord Palmerston*. Er behauptete, nur drei Leute hätten die komplizierte Materie verstanden: der erste, Prinz Albert, Gemahl der Königin Victoria, sei leider gestorben; der zweite, ein deutscher Professor, verrückt geworden; der dritte sei er selber, aber er habe alles wieder vergessen ...

1530 wurde auf Geheiß des protestantischen dänischen Königs *Christian III.* das Franziskanerkloster aufgelöst und in ein Spital sowie eine Lateinschule umgewandelt. Doch die wirtschaftliche Entwicklung war weiterhin schlecht, zumal ein Antrag auf Wiedereintritt in die Hanse 1554 abgelehnt wurde. Immerhin gelang es den Kielern, die schon 1318 das Münzrecht erhalten hatten, ihre Stadt als wichtigen Börsenplatz für Holstein, Schleswig und Jütland zu etablieren.

Jeweils um die Jahreswende kamen die Adligen in die Stadt, um hier mit wohlhabenden Bürgern ihre Geldgeschäfte abzuwickeln. Dieser **Kieler Umschlag**, wie er 1482 zum ersten Mal urkundlich benannt wurde, prägte für lange Zeit das wirtschaftliche Leben Kiels. Seit 1975 wird er an jedem letzten vollständigen Februar-Wochenende als großes Volksfest mit Gästen aus vielen Ländern gefeiert.

Durch den politischen und territorialen Ehrgeiz des dänischen Königs *Christian IV.* wurden auch die Herzogtümer Schleswig und Holstein und somit natürlich auch Kiel in den Dreißigjährigen Krieg verwickelt.

Nach einer vernichtenden Niederlage Christians gegen das Heer der Katholischen Liga bei Lutter am Barenberge (1627) drangen die kaiserlichen Truppen unter Führung von *Tilly* und *Wallenstein* nach Schleswig-Holstein vor und besetzten auch Kiel. Die dänische Flotte versuchte daraufhin, Truppen in der Kieler Förde anzulanden, es kam zu einem heftigen Gefecht, und die Dänen zogen unverrichteter Dinge wieder ab - nicht ohne vorher angeblich 379 Kanonenschüsse auf die Stadt abgegeben zu haben. Ob diese akribisch überlieferte Zahl nun der Wahrheit entspricht oder nicht - die kleine Provinzstadt bekam auch in der Folgezeit zu spüren, was es heißt, Spielball politischer Auseinandersetzungen zu werden. Die Niederlage Christians IV. brachte nämlich die zweite nordische Großmacht auf den Plan - die Schweden.

Die packten die Gelegenheit beim Schopfe: Ohne Kriegserklärung fiel 1643 der schwedische Feldherr *Torstenson* in Holstein ein. Zwar waren die Dänen (inzwischen unterstützt von kaiserlichen Truppen!) in den Landkämpfen unterlegen, doch in der Seeschlacht auf der "Kolberger Heide", einer Untiefe außerhalb der Kieler Förde, brachten sie am 1. Juli 1644 den Schweden eine empfindliche Niederlage bei - und den Kielern die Gelegenheit, immerhin indirekt in der ersten Zeile der dänischen Nationalhymne erwähnt zu sein: *"Kong Christian stod ved hoejen Mast i roeg og damp"*. "König Christian stand am Großmast in Rauch und Dampf", heißt es dort. Gemeint ist der Pulverdampf dieser äußerst erbittert geführten Seeschlacht vor der Kieler Förde, bei der der dänische König ein Auge verlor - eine Szene, die Dank eines monumentalen Gemäldes des dänischen Malers Vilhelm Marstrand bis heute gegenwärtig geblieben und selbstverständlich in jedem dänischen Geschichtsbuch abgebildet ist!

Kiels Landesherr, Herzog *Friedrich III. von Gottorf*, war zwar ein durchaus selbstbewusster Herrscher, hegte aber im Gegensatz zu den dänischen und schwedischen Königen eher friedliche Ziele. Handel, Kunst und Wissenschaften interessierten ihn mehr als Schlachtgetümmel. In der Absicht, weitreichende Handelsbeziehungen aufzubauen, rüstete er zwischen 1633 und 1638 Expeditionen nach Moskau und Persien aus. Doch die erhofften wirtschaftlichen Beziehungen kamen nicht zustande und die vorsorglich unmittelbar an der Kieler Förde errichteten Lagerhäuser wurden wieder abgerissen. Aus ihrem Baumaterial entstanden am **Alten Markt** Wohnhäuser, die bald in ganz Kiel die "Persianischen Häuser" genannt wurden. Leider mussten sie nach dem Zweiten Weltkrieg auf Grund schwerer Bombenschäden abgerissen werden.

Friedrichs Sohn, *Christian Albrecht*, brachte der Stadt mehr Glück: Unter seiner Regentschaft wurde 1665 die **Kieler Universität** gegründet, die bis auf den heutigen Tag von großer kultureller, aber auch wirtschaftlicher Bedeutung ist.

Am 16. November 1773 fand im Kieler Schloss ein Stück Weltpolitik statt. In den Verträgen von Kopenhagen und Zarskoje Selo verzichtete die Zarin *Katharina die Große* auf alle gottorfschen Ansprüche und erhielt im Gegenzug die Grafschaften Oldenburg und Delmenhorst. Schleswig-Holstein wurde damit Teil des dänischen Gesamtstaates.

"... sind Sie in Kiel nicht unter Eutin'scher, kleinherrischer, sondern unter dänischer, gütiger, milder, trefflicher Regierung, in einem größern, für's Wohl der Menschheit wirklich arbeitenden Staat, dem besten Europas!" Dieses Zitat des Philosophen Johann Gottfried Herder aus einem Brief an einen Freund ist vielleicht etwas schwärmerisch, aber der Stadt Kiel bekam die dänische Herrschaft tatsächlich gut. Handel und Wirtschaft erblühten, eine Fayance-Manufaktur entstand, und 1776 wurde die erste Zeitung gegründet, die *Kielischen Gemeinnützigen Nachrichten.*

Auch das kulturelle Leben nahm einen erheblichen Aufschwung. Geistesgrößen wie **Hans Christian Andersen** kamen immer wieder gerne zu Besuch. Aus diesem Grund wurde am zweihundertsten Geburtstag des großen dänischen Dichters im Jahre 2005 in der **Schumacherstraße** eine Gedenktafel enthüllt.

Von noch größerer Bedeutung für Kiel hätte eigentlich der Bau eines Eiderkanals werden sollen, mit dem erstmals Nord- und Ostsee miteinander verbunden wurden. Doch der zwischen 1777 und 1784 erbaute Schifffahrtsweg, damals die größte künstliche Wasserstraße Europas, erbrachte nicht den gewünschten wirtschaftlichen Aufschwung für die Fördestadt; der eigentliche Nutznießer des Kanals war Rendsburg.

Reichlich hundert Jahre später, mit der Eröffnung des **Nord-Ostsee-Kanals** (damals Kaiser-Wilhelm-Kanal genannt), sah die Sache natürlich ganz anders aus. Nun profitierte Kiel tatsächlich von einer modernen Wasserstraße, die auch eine wesentlich bessere Anbindung an den Großhafen Hamburg mit sich brachte. Bis heute ist der **NOK** oder Kiel-Canal, wie er international heißt, die meistbefahrene künstliche Wasserstraße der Welt und ein Wirtschaftsfaktor von enormer Bedeutung für Kiel und ganz Schleswig-Holstein.

Aber von der beschaulichen Universitätsstadt unter dänischer Herrschaft bis zum Mündungspunkt einer Wasserstraße von Weltruf war es noch ein langer Weg. Zunächst einmal musste die Zeit der Napoleonischen Kriege überstanden werden - kein leichtes Unterfangen für das kleine Kiel, das als quasi dänische Stadt unter der Kontinentalsperre des französischen Kaisers zu leiden hatte. Am 14. Januar 1814 wurde im Buchwaldtschen Hof, dem Hauptquartier des schwedischen Kronprinzen *Jean Baptiste Bernadotte*, der **Kieler Frieden** unterzeichnet, in dem Dänemark Norwegen an Schweden abtreten musste.

Für die Kieler selbst war viel unangenehmer, dass sie dazu verpflichtet wurden, die 8.000 preußischen, russischen und schwedischen Soldaten Bernadottes zu beherbergen und zu verpflegen. Der Winter, der in jenem Jahr besonders lang und hart war, bekam vom Volksmund auch bezeichnenderweise den Namen "Kosaken-Winter".

Ein besonderes Problem dieser Zeit waren die schlechten Verkehrsverbindungen. Dies besserte sich erst, als 1832 die Straße aus Kiel heraus in Richtung Süden gepflastert wurde, und vor allem 1844, als eine der ersten deutschen Bahnverbindungen, die Strecke von Kiel nach Altona, eröffnet wurde.

Den Herderschen Satz von der dänischen Herrschaft als dem "besten Staat Europas" mochten die Menschen in der Mitte des 19. Jh.s nicht mehr so recht hören. Die Zeit der napoleonischen Befreiungskriege hatte auch in Schleswig-Holstein für ein gestiegenes Nationalbewusstsein gesorgt, und besonders die Kieler Universität entwickelte sich zum geistigen Zentrum der national Gesinnten. Professoren wie der Jurist *Falck* sowie die Historiker *Droysen* und *Dahlmann* (heute allesamt Namensgeber von Kieler Straßen) forderten die Einheit von Schleswig und Holstein und den Anschluss an einen deutschen Nationalstaat.

Am 24. März 1848 wurde auf dem Kieler Marktplatz (heute "Alter Markt") eine provisorische Regierung ausgerufen - der Bruch mit Dänemark war vollzogen. In dem anschließenden dreijährigen Krieg erhielten die Schleswig-Holsteiner zwar Unterstützung aus allen Teilen Deutschlands, und sogar der preußische König Friedrich *Wilhelm IV.* schickte Truppen, aber am Ende siegte doch das dänische Königshaus - nicht zuletzt, weil den europäischen Großmächten Preußen, England, Frankreich, Österreich und Russland übergeordnete Interessen wichtiger waren.

Im Krieg von 1864 jedoch verlor Dänemark die Herzogtümer an Preußen und Österreich, die sich die Verwaltung zunächst teilten: Schleswig unterstand Preußen, Holstein hingegen Österreich. Kiel wurde zunächst von beiden Mächten gemeinsam verwaltet. In der "Gasteiner Konvention" von 1865 gelang es Preußen, den Kieler Hafen als Stützpunkt für seine Flotte zu erhalten; damit war Kiels Rolle als **Kriegshafen** vorgezeichnet. Am 24. Juni 1865 wurde die preußische Flotte unter ihrem Admiral *Jachmann* von Danzig nach Kiel verlegt, und in der Reichsverfassung von 1871 erhielt die Stadt die Bezeichnung "Reichskriegshafen". Von nun an war Kiels Schicksal auf Gedeih und Verderb mit der **Marine** und dem Schiffbau, gerade auch dem Kriegs-schiffbau, verbunden. Die Bevölkerungszahl stieg bis zur Jahrhundertwende sprunghaft auf 100.000 Einwohner an; zehn Jahre später hatte sie sich noch einmal verdoppelt! Neben Bochum, damals die größte Bergbaustadt der Welt, und dem noch nicht nach Berlin eingemeindeten Charlottenburg war Kiel die am schnellsten wachsende Stadt des Deutschen Reiches.

Die Ansiedlung der Howaldtwerft, der Kruppschen Germania- und der Kaiserlichen Werft führten besonders auf dem Kieler Ostufer zu hektischer Bautätigkeit. Die Dörfer Ellerbek und Gaarden, über die wenige Jahre zuvor noch ein Besucher notiert hatte: *"Die Kieler haben dort Sommerwohnungen und die ganze Gegend heißt Dorfgarten"*, waren bald nicht mehr wiederzu-erkennen.

Doch auch das Westufer war von der Entwicklung betroffen. Südlich der Altstadt entstanden das neue Rathaus, das Opernhaus und das Oberlandes-gericht (heute Justizministerium), und um den ständig steigenden Bedarf an Wohnraum decken zu können, stampften die Kieler Stadtväter Vorstadt auf Vorstadt aus dem Boden - sicher nicht immer mit dem wünschenswerten Maß an architektonischem und sozialem Verständnis.

Als am 1. August 1914 der Erste Weltkrieg ausbrach, war natürlich auch Kiel von der Welle patriotischer Begeisterung erfasst, die durch ganz Deutschland und die Länder der Kriegsgegner schwappte. Aber spätestens vier Jahre danach war die Bevölkerung der marineabhängigen Stadt endgültig kriegsmüde.

Nach der Beendigung des uneingeschränkten U-Boot-Krieges durch die Reichsregierung plante der Chef des Stabes der Seekriegsleitung, Konterad-miral *von Trotha*, eine große Operation der Hochseeflotte, die er mit den Worten rechtfertigte: *"Aus einem ehrenvollen Kampf der Flotte, auch wenn er ein Todeskampf wird in diesem Kriege, wird ... eine neue deutsche Zukunftsflotte hervorwachsen."* Als sich der Plan unter den Matrosen der in Kiel liegenden Kriegsschiffe herumsprach, verweigerten sie den Gehorsam und löschten die Feuer unter den Dampfkesseln der Schiffe. Am Morgen des 5. November 1918 wurde auf allen Kriegsschiffen die rote Flagge gehisst; der Oberbefehlshaber der Ostseestreitkräfte, Großadmiral *Prinz Heinrich*, floh per Auto (getarnt durch eine rote Fahne!) auf sein Gut Hemmelmark bei Eckernförde.

Diese spontane Befehlsverweigerung einiger Marinesoldaten, die keineswegs die Züge einer geplanten Revolution trug, war der Auslöser für Unruhen im ganzen Deutschen Reich, und am 9. November 1918 rief *Philipp Scheidemann* in Berlin die Republik aus. Nun war Kiel zwar der Ausgangspunkt dafür, dass die Deutschen fortan in einer demokratischen Republik lebten, aber kaufen konnte sich die Stadt dafür vorerst gar nichts - im Gegenteil. Die einseitige Ausrichtung auf die Marine und den Kriegsschiffbau rächte sich bitter. Nicht nur, dass den Werften Rüstungsaufträge verloren gingen; durch die im Versailler Vertrag bestimmte Reduzierung der Marine sank die Einwohnerzahl, was die ohnehin belastete Wirtschaft der Stadt vor zusätzliche Probleme stellte. Dem Kieler Hafen, eigentlich die natürliche Einnahmequelle der Stadt, fehlte die Verkehrsanbindung ins Hinterland, und den Werften und ihrer Zulieferindustrie gelang nur allmählich der Umstieg in den Handelsschiffbau.

Trotz einer gewissen Erholungsphase zwischen 1924 und 1928 blieben die Probleme der von der Rüstung abhängigen Stadt bis zum Ende der Weimarer Republik ungelöst. Nach der Machtübernahme durch die Nationalsozialisten begann der erneute Aufschwung durch umfangreiche Rüstungsaufträge an die Werften, insbesondere nach dem 1935 mit England geschlossenen Flottenabkommen.

1936 konnte Kiel sich der Welt gar als Olympiastadt präsentieren: Auf der Innenförde, also ausgesprochen zuschauerfreundlich, wurden die Segelwettbewerbe der in Berlin stattfindenden Olympischen Spiele veranstaltet.

Aber die verhängnisvolle Abhängigkeit der Stadt von den Rüstungsaufträgen der Werften sollte sich erneut - dieses Mal nur sehr viel verheerender - rächen. Verliefen die ersten Jahre des Zweiten Weltkrieges noch vergleichsweise harmlos, so waren die alliierten Luftangriffe im Dezember 1943 und im August 1944 umso zerstörerischer und vernichteten die Kieler Innenstadt zu ca. 80 %. Als die Stadt am 4. Mai 1945 kampflos dem britischen Militärgouverneur übergeben wurde, stand die Stadtverwaltung unter dem kommissarischen Oberbürgermeister *Max Ehmke* und Bürgermeister *Otto Tschadek* vor einem Chaos.

Nicht nur Kriegszerstörungen und Flüchtlingsströme waren zu verkraften; diesmal sollte die Stadt an ihrem Lebensnerv getroffen werden. Als Werftstadt war Kiel besonders von den Demontagebestimmungen der Potsdamer Verträge betroffen. Erst am 5. Mai 1950 endete der Abbau der lebensnotwendigen Werftbetriebe: Der Wiederaufbau konnte beginnen.

Sehr viel schneller als der wirtschaftliche vollzog sich der politische Neuanfang: Schleswig und Holstein wurden zu einer selbstständigen politischen Einheit zusammengefasst, und am 26. Februar 1946 trat in der neuen Landeshauptstadt Kiel der (noch von den Alliierten ernannte) Landtag zusammen, ehe am 20. April 1947 die ersten Landtagswahlen stattfanden.

Der Wiederaufbau Kiels ist untrennbar verknüpft mit dem Namen **Andreas Gayk** (1893-1954), der als Kieler Oberbürgermeister zwischen 1946 und 1954 nicht nur für eine Umstellung der Wirtschaftsbetriebe auf Friedensproduktion kämpfte, sondern der Stadt auch eine neue kulturelle und kommunale Identität zu geben versuchte. So wurde unter seiner energischen Einflussnahme die Kieler Woche zu einem Volksfest, das Segelsport, Kultur und Politik miteinander verbindet. Er hatte auch den Mut, auf die Kriegsgegner von einst zuzugehen, und förderte die "Gesellschaft der Freunde Coventrys" - mittlerweile ist das im Krieg ebenfalls schwer zerstörte englische Luftrüstungszentrum Patenstadt von Kiel.

Als geistigen Vater des städtebaulichen Neubeginns muss man **Herbert Jensen** nennen. Er, Kieler Stadtplaner schon seit 1935, gestaltete u.a. den Holstenplatz und verhalf 1955 mit der Umgestaltung der Holstenstraße Kiel zur ersten Fußgängerstraße in Deutschland. 1962 ging Jensen als Professor an die Technische Hochschule nach Braunschweig.

Ein Höhepunkt in Kiels jüngerer Vergangenheit war zweifellos die Austragung der Olympischen Segelwettbewerbe im Jahre 1972, ein Ereignis, von dem die ganze Stadt profitierte. Von den plötzlich reichlich fließenden Mitteln wurde nicht nur das Olympia-Zentrum in Kiel-Schilksee erbaut, sondern sowohl die Kiellinie als Bindeglied zwischen Innenstadt und Hindenburgufer geschaffen und eine zweite Hochbrücke über den Nord-Ostsee-Kanal in Betrieb genommen als auch eine neue Verkehrsinfrastruktur für die Stadtteile nördlich des Kanals aufgebaut.

Heute präsentiert sich Kiel als Stadt durchaus interessanter Gegensätze: alt (das 750-jährige Jubiläum wurde 1992 gefeiert), aber fast ohne alte Bausubstanz; mit fast ständig sinkender Einwohnerzahl, aber mit ebenso stetig steigenden Studentenzahlen (zur Zeit reichlich 20.000 an Universität und

Fachhochschulen); von der Werftenkrise geschüttelt (von einst 13.000 Arbeitsplätzen blieben knapp 2.500), aber mit einem beachtlichen Maß an High-Tech-Industrie. etc.

Die deutsch-deutsche Vereinigung sowie der Zusammenbruch des Warschauer Paktes haben im Hinblick auf den Schiffbau (Konkurrenz in Mecklenburg-Vorpommern) neue Probleme geschaffen, aber auch Chancen eröffnet. So ist Kiel nicht nur Zielhafen für viele deutsche und internationale Kreuzfahrtschiffe sowie für die schon traditionellen Fährrouten nach Skandinavien, sondern auch für neue Linien nach Osteuropa. Was vor wenigen Jahren kaum jemand für möglich gehalten hätte: Kiel ist mit zur Zeit über 100 Kreuzfahrerstops und etwa 290.000 Passagieren jährlich größter deutscher Passagierhafen. Aber auch im Nord-Ostsee-Kanal registriert man steigende Passagezahlen in die neuen Wirtschaftsräume an der östlichen Ostsee.

"Ich bin nun schon an den fünften Tag in diesem Paradiese, in dessen Mitte ich mir Kiel mit seiner Universität vorstelle", schrieb einst der dänische Dichter Jens Baggesen (1764-1828). Wahrscheinlich sind unsere Vorstellungen vom Paradies heutzutage unbescheidener - aber eine Stadt, die es lohnt, näher betrachtet zu werden, ist Kiel auch heute noch!

Die Altstadt

Schiffahrts-Museum

Das Franziskanerkloster

Der Legende nach verdankt das Kieler Kloster seine Entstehung einem Gelübde des Stadtgründers. In der Schlacht bei *Bornhöved* (1227) schien der
Dänenkönig Waldemar II. die vereinten Armeen norddeutscher Fürsten
besiegen zu können, als **Adolf IV. von Schauenburg** den Beistand des Himmels erbat und schwor, dafür aller weltlichen Macht zu entsagen und fortan
sein Leben als Mönch zu führen. Die Allianz gewann unter Adolfs Führung
tatsächlich die Schlacht, verhinderte die weitere Ausdehnung des schon recht
ansehnlichen Reiches Waldemars, und der Schauenburger hielt sein Verspre-
chen. Allerdings ließ er sich immerhin zwölf Jahre Zeit, ehe er der damals
sehr populären Bruderschaft der Franziskaner beitrat. Nachdem er erst einige Jahre in Hamburg verbrachte, ging er 1245 in das von ihm gegründete
Kieler Kloster, wo er am 12. Juli 1261 starb und in der Klosterkirche beigesetzt wurde. Die Grabplatte, die heute in die Wand des Kloster-Kreuzganges
eingelassen ist, stammt allerdings erst aus dem 14. oder 15. Jh., ist also keineswegs das Original. Wahrscheinlich entstand sie bei einer Umbettung
Adolfs. Übersetzungsversuche der nicht mehr vollständig zu entziffernden
Umschrift führten zwar zu unterschiedlichen Ergebnissen, aber folgenden
Wortlaut dürfte die Schrift etwa haben:

"Vater unseres Landes und Vorbild der Herrscher
Stolz der Holsten, Graf Adolf, Vorbild der Tugend
duftende Blume der Blumen, Licht von Schauenburg,
Perle der Guten.
(oder: Hier ist begraben die Blume der Blumen,
die Zierde und Perle der Edlen)
Dir gab der Orden der Minoriten den Ruhmeskranz der Lehrer.
Laß nicht den Trug der niederen Teufel uns verführen!
Führ uns durch die Bitte der Gerechten in den Glanz des Himmels!"

Die Platte zeigt eine Konturritzung des Kieler Stadtgründers, barfuß und
in Mönchskutte. In der linken oberen Ecke der Grabplatte ist das Schauenburger Wappen zu erkennen, das Nesselblatt, das später in das Kieler Stadt-
wappen aufgenommen wurde. Der Riss quer durch das obere Drittel der

Platte stammt vermutlich aus dem Jahr 1598, als der Hochaltar der Kloster-kirche einstürzte.

Die zweite Grabplatte im Kreuzgang bedeckte das Grab des Kieler Bür-germeisters *Johannes Visch* (gestorben 1365) und seiner Frau *Margaretha*. *Visch* vertrat Kiels Interessen auf mehreren Hansetagen, so 1363 in Lübeck und Wismar. Teile des Kreuzganges sowie des ehemaligen Refektoriums stammen noch aus der Gründungszeit des Klosters und gehören zu den ganz wenigen Überresten des mittelalterlichen Kiels.

Im Jahre 1530 wurde das Kloster aufgelöst und den Mönchen Predigtver-bot erteilt - angeblich, weil das Leben in den Klostermauern mittlerweile zu weltlich und zu alkoholselig ablief. Tatsächlich dürfte der Übertritt *Christians III.* von Dänemark zum Protestantismus der eigentliche Grund gewesen sein. Nach seiner Auflösung diente das Kloster zunächst als Alten- und Pflege-heim, ab 1534 dann als Lateinschule. Nach Gründung der Kieler Universität am 3. Oktober 1665 waren in dem schon recht betagten Gebäude Lehr- und Arbeitsräume für Studenten untergebracht, ehe die Hochschule 1778 in neue Räume umzog. Das Kieler Kloster verfiel in der Folgezeit und wurde als Steinbruch für Neubauten missbraucht. Die zuletzt 1903/04 umgebaute Klosterkirche wurde 1944 ein Opfer der Bombenangriffe. Einziges Über-bleibsel ist der Kirchturm, der 1950, wie der Rest des Klosters, instand gesetzt wurde und als "Theologisches Studienhaus Kieler Kloster" Theolo-giestudenten als Wohnheim diente.

Nach einer weiteren Renovierung 1994 sind im Obergeschoss immer noch Studenten untergebracht (zur Zeit etwa ein Dutzend), während das ehemalige Refektorium für kirchliche Veranstaltungen, Begegnungen, Emp-fänge oder Ausstellungen genutzt wird.

Eine besondere Attraktion des Klosters ist das aus 50 Glocken bestehen-de **Carillon**, das täglich um 12:00, 15:00 und 18:00 zu hören ist und mit den Klängen seines 4.135 kg schweren Geläuts etwas von der Atmosphäre flandrischer Städte in die Kieler Innenstadt bringt. Während dieses tägliche Geläut von einer computergesteuerten Glockenspielanlage in Gang gesetzt wird, so findet an jedem ersten Sonnabend eines Monats ein Livekonzert statt, bei dem die Anlage von einem Carilloneur bedient wird. Der Spieltisch des Carillons befindet sich übrigens im Stockwerk unterhalb der Glockenstu-be.

Bronzeplastik Adolph IV.

Im Klostergarten wurde ein Teil der Grundmauern des ursprünglichen Klostergebäudes freigelegt und ermöglicht so den Blick auf eines der ganz wenigen erhaltenen Zeugnisse des mittelalterlichen Kiels.

Während der Sommermonate wird der Garten als Café genutzt und die kleine grüne Oase inmitten der geschäftigen Altstadt erfreut sich eines regen Zuspruchs.

Am westlichen Ende des Klostergrundstückes, in unmittelbarer Nachbarschaft zum Kandelaber, erinnert eine überlebensgroße Bronzeplastik des Bildhauers Henning Seemann an den Stadt- und Klostergründer Adolph IV., der Herrscher und Mönch, Kriegsherr und Bettler in einer Person war.

♦   Falckstr. 9, 🖳 www.kielerkloster.de, ✏ ustrutz.nka@nordelbien.de

     Buslinien 22, 32/33, 61/62, Haltestelle Eggerstedtstraße

Nur wenige Schritte vom Kloster entfernt, an der Ecke Falckstraße/Dänische Straße, steht Kiels einziger noch erhaltener Kandelaber. Der vierarmige Laternenträger hatte einst am Ziegelteich in der südlichen Innenstadt seinen Standort und bekam 1973 dank privater Spenden seinen heutigen Platz.

Die Pumpe

In beinahe direkter Nachbarschaft zum Kieler Kloster liegt ein Gebäude, das ursprünglich sehr ungeistlichen, aber nichtsdestoweniger elementaren Bedürfnissen diente - der Abwasserbeseitigung. Das nach 1871 rasant wachsende Kiel musste in nur wenigen Jahrzehnten die komplette Infrastruktur einer Großstadt aufbauen, wozu natürlich auch eine leistungsfähige Abwasserkanalisation gehörte. Mit diesem Vorhaben begann man 1906, aber der Inhalt der Toiletten musste weiterhin mit Eimern abgefahren werden, die im Volksmund "Goldeimer" genannt wurden. Dass dies für alle Beteiligten kein angenehmer Zustand war, lässt sich leicht denken. Deshalb baute man 1929 in der **Haßstraße** eine Pumpstation, mit deren Hilfe die Toilettenabwässer von der tief gelegenen Kieler Innenstadt bis nach Bülk an der Kieler Außenförde gepumpt werden konnten.

Nachdem die Anlage viele Jahrzehnte ihren unentbehrlichen Dienst getan hatte, wurde sie 1979 komplett umgestaltet und dient seither als Kultur- und Kommunikationszentrum, das neben verschiedenen Veranstaltungsräumen und einer gemütlichen Kneipe auch das **Kommunale Kino** enthält, in dem neben unterhaltenden auch anspruchsvolle oder ausgefallene Filme gezeigt werden.

Bei den Umbauarbeiten wurde sorgfältig darauf geachtet, den baulichen Charakter des Gebäudes zu erhalten. So blieben die Klinkerfassade und das Flachdach im Stil des "Neuen Bauens" unverändert. Blickfang im Innern des Gebäudes ist zweifellos der heute zur Kneipe umgestaltete große Maschinenraum mit dem unter Denkmalschutz stehenden riesigen Pumprad. Die "Pumpe", wie sie heute schlicht heißt, ist sicher ein gutes Beispiel für geschickt erhaltene Industriearchitektur; leider gibt es davon in Kiel nicht allzu viele. Dem Bundesverband Deutscher Architekten (BDA) war die Umgestaltung 1979 einen Architekturpreis wert - eine Auszeichnung, mit der die Erbauer der Pumpe zweifellos nicht gerechnet hatten.

◆   Haßstraße 22, ☎ 2 00 76-41, FAX 2 00 76-49, ✍ gf@diepumpe.de,

       🖥 www.diepumpe.de, Kommunales Kino ☎ 9 61 61, ✍ koki@diepumpe.de

Stadtmuseum im Warleberger Hof

Wer sich etwas näher mit der Kieler Stadtgeschichte befassen möchte, dem sei ein Besuch des Stadtmuseums empfohlen. Auf drei Stockwerken werden hier in wechselnden Ausstellungen stadt- und kulturgeschichtliche Themen behandelt. Kritische Grafik, Fotografie und Kunsthandwerk finden hier ebenfalls ein Forum und setzen im Jahresprogramm besondere Akzente.

Auch das Gebäude selbst ist sehenswert: Der historische Keller mit seinem imposanten Tonnengewölbe, der Herdanlage und der Zisterne blieb durch die Jahrhunderte weitgehend unangetastet und gibt Einblick in die Funktion eines adligen Stadthaushalts. Die Räume im Erdgeschoss wurden Ende der sechziger Jahre des 20. Jahrhunderts, als sich eine dauerhafte Nutzung als Museum abzeichnete, mit Paneelen, wertvollen Tapeten, Supraporten und Ofennischen versehen - allesamt Ausstellungsstücke aus dem ehemaligen *Thaulow-Museum* am *Sophienblatt*. Die meisten dieser Gegenstände waren einst in Kieler Häusern beheimatet und dürften eine ähnliche Odyssee hinter sich gebracht haben wie die Stuckdecke im sogenannten "Barockzimmer": Vor 1680 schufen die beiden oberitalienischen Stukkateure *Joseph Mogia* und *Dominico Carbonetti* sie für ein repräsentatives Gebäude am *Markt 21*. Als die Kieler Stadtväter 1906 dieses Gebäude abreißen ließen, weil in der rasant wachsenden Hafenstadt ihrer Meinung nach für viele alte Gebäude kein Platz mehr vorhanden war, wurde die Decke in das bereits erwähnte Thaulow-Museum gebracht. Aber auch hier holte der Fortschritt (oder das, was man bisweilen dafür hält) die Stuckdecke wieder ein. Das im Kriege beschädigte Museum musste nämlich einem Kaufhausneubau weichen, und so brachte man die meisten Exponate ins neu gegründete Landesmuseum *Schloss Gottorf* nach Schleswig - nur die barocke Decke blieb in Kiel und wurde in den Warleberger Hof eingebaut.

Stadtmuseum

Doch der Warleberger Hof ist nicht nur ein attraktiver Rahmen für das Stadtmuseum, sondern darüber hinaus der einzige erhalten gebliebene Adelshof in Kiel, von denen es zeitweilig über 70 Stück gab. Diese Höfe entstanden schon sehr bald nach der Stadtgründung und dienten den Besitzern während der "Saison" nicht nur als Wohnhaus, sondern darüber hinaus auch als Festräume und zu Repräsentationszwecken. Anders als in Städten wie Lübeck, Rostock oder Wismar nahm der Adel großen Einfluss auf Politik, Wirtschaft und Kultur in Kiel; zeitweilig gab es sogar adlige Ratsmitglieder. Dieser Einfluss war für die Stadt durchaus nachteilig, da die Adligen auch als Stadtbewohner ihre angestammten Privilegien behielten und beispielsweise von vielen Steuern und Abgaben befreit und der städtischen Gerichtsbarkeit entzogen waren.

Vielleicht bewogen diese für seinen Stand angenehmen Umstände den Adligen *Henning von Thienen auf Warleberg* dazu, den 1616 erbauten Hof 1695 von der Witwe *Lucia Oelgaard von Buchwaldt* zu kaufen. Kaum im Besitz des Hofes, vergrößerte er ihn nach Westen - gegen den Willen der Stadt.

Das Rokokoportal aus Sandstein ließ einer der zahlreichen späteren Besitzer, der Großfürstliche Geheimrat *Henning Bendix von Ruhmor*, im Rahmen einer aufwendigen Umgestaltung im Jahre 1765 errichten. Durch diesen Umbau wurde auch der Haupteingang, den das Portal schmückt, von Norden zur Dänischen Straße hin verlegt.

Nach weiteren Besitzerwechseln wurde der Hof 1839 an die Universität verkauft, die das Gebäude bis nach dem Zweiten Weltkrieg benutzte, zuletzt als Institut für Medizingeschichte. Erst am 1. Januar 1967 konnte die Stadt ihn erwerben und zum Stadtmuseum umgestalten.

Die große Beliebtheit, die der Warleberger Hof bei Kielern und Besuchern genießt, schuf mit den Jahren allerdings auch Probleme: die Belastung für die Bausubstanz war größer als man ursprünglich gedacht hatte. Deshalb musste sich das Gebäude in den Jahren 2009/2010 einer gründlichen Renovierung unterziehen

◆ Dänische Straße 19, ☎ 9 01 34 25, FAX 9 70 97 28, 🖥 www.kiel.de, ✉ stadt-undschiffahrtsmuseum@kiel.de, 🗓 15. April bis 14. Oktober tägl. von 10:00 bis 18:00, 15. Oktober bis 14. April tägl. außer Mo von 10:00 bis 17:00

 Buslinien: 22, 32/33, 61/62, Haltestelle Eggerstedtstraße

In unmittelbarer Nachbarschaft zum Warleberger Hof, an der Verbindung zum Neubau des Nordelbischen Kirchenamts, steht der Gedenkstein für einen weiteren Adelshof, den **Buchwaldtschen Hof**. Die (leider kaum noch lesbare) Aufschrift verdeutlicht die Geschichte und Bedeutung dieses Hofes:

An dieser/Stelle stand/der Buch-/waldsche Hof/1621 errichtet/als adliger Freihof 1944 im Krieg/zerstört/1814 wurde/hier der/Kieler Friede zwischen Daenemark/Schweden/und England/geschlossen.

Nikolaikirche/Alter Markt

Für eine Hafen- und Seefahrerstadt wie Kiel ist es selbstverständlich, eine Kirche zu haben, die den Heiligen der Fischer und Schiffer, Nikolaus und Andreas, geweiht ist. Wann die Kirche erbaut wurde, ist nicht genau überliefert, aber als Kiel 1242 lübsches Stadtrecht erhielt, ist unter den Zeugen im Stadtbrief bereits der Pfarrer der Nikolaikirche genannt. Jahrhunderte hindurch war die Kirche mit ihrer Lage mitten auf dem Marktplatz das städtebauliche Zentrum Kiels. Dies änderte sich erst, als im 19. Jh., insbesondere nach der Ernennung Kiels zum Reichskriegshafen (1871), das mittelalterliche Baugefüge eine vollkommene Veränderung erfuhr.

Die Zerstörungen der Jahre 1940 bis 1945 sowie der anschließende Neuaufbau der Innenstadt taten ein Übriges: Die altstädtischen Züge des früheren Stadtkerns sind nahezu vollkommen verschwunden.

Der heute bestehende Kirchenbau besitzt in seiner westlichen Außenmauer zwar noch Reste der mittelalterlichen Kirche, ist aber im Laufe der Jahrhunderte häufig verändert worden. Besonders grundlegend geschah dies in den Jahren 1878 bis 1884, als nach den Plänen des Stadt- und Kirchenbaurates Schweitzer das Mauerwerk im neugotischen Stil vereinheitlicht, die Stützpfeiler im Chor beseitigt und vermauerte Fenster wieder geöffnet wurden. Außerdem hob man den Turm, der vorher ganz in die Kirche integriert war, aus dem Bauwerk hervor, wodurch sich die gesamte Silhouette veränderte.

Diese umfassende Renovierung war von Anfang an umstritten. So urteilte der damalige Provinzialkonservator: "Durch den Umbau ... hat die Kirche ein ganz neues Wesen erhalten, ... das Ganze recht taub, fremdgotisch. Das

Innere ist in gleicher Weise behandelt und fast allen Wertes als Baudenkmal beraubt."

Nach einem schweren Luftangriff am 22. Mai. 1944 blieben nur noch einige Stützpfeiler und ein Fünftel des äußeren Mauerwerks und der stark beschädigte Turm erhalten. Der Wiederaufbau (1950-1957) nach Plänen des Hamburger Architekten *Gerhard Langmaack* versuchte einen Spagat zwischen dem historischen Wert des alten Mauerwerks einerseits und einem Ersatz des Zerstörten durch moderne Formensprache andererseits.

*Alter Markt
mit Blick auf die Nikolaikirche*

Von der Kirchenausstattung ist besonders die große **Bronzetaufe** im Ostjoch des nördlichen Seitenschiffs erwähnenswert. Sie wurde 1344 von dem damals in Lübeck ansässigen Wanderkünstler *Johannes Apengeter* gegossen, der einige Jahre zuvor die Taufe der Lübecker Marienkirche angefertigt hatte. Von vier sitzenden Löwen getragen, ist der Kessel mit zwei Bildfriesen geschmückt, die Szenen aus dem Marienleben sowie aus der Leidensgeschichte Christi darstellen. Ein Taufdeckel fehlt. Ob er verloren gegangen ist, oder ob er aus Geldmangel gar nicht angefertigt wurde, lässt sich heute nicht mehr mit Gewissheit sagen.

Das **Triumphkreuz**, 1490 wahrscheinlich in Lübeck entstanden, konnte durch einen glücklichen Zufall vor dem Bombenhagel des Zweiten Weltkriegs gerettet werden. Das Kirchenschiff wurde nämlich als Lagerraum für Möbel aus den umliegenden, teilweise schon zerstörten Häusern benutzt. Als die Kirche selbst Bombentreffer erhielt, stürzte das Kreuz von der Decke - und landete, weitgehend unbeschädigt, auf diesen Möbeln!

Der Flügelschrein auf dem **Altar** ist einer der größten und am besten erhaltenen im Land. Er stammt aus dem Jahr 1460 und wurde wohl ebenfalls in Lübeck angefertigt. Das Werk, vermutlich von *Johan Alfred Ahlefeldt* gestiftet, hatte ursprünglich seinen Platz im Kieler Franziskanerkloster, ehe es 1541 in der Nikolaikirche aufgestellt wurde.

Ein weiteres Kreuz nimmt unmittelbaren Bezug auf die zerstörerischen Ereignisse im Zweiten Weltkrieg: An der Nordwand im Hohen Chor hängt ein Nagelkreuz, das aus drei Nägeln der von Deutschen zerstörten Kathedrale in Coventry besteht. Bereits 1947 beschlossen die Geistlichen der englischen Stadt, auf die ehemaligen Feinde zuzugehen und übergaben das Kreuz. Heute ist Coventry eine der Partnerstädte Kiels (☞ auch Andreas Gayk).

Größtes Ausstellungsstück aus der nachreformatorischen Zeit ist die **Kanzel**, 1705 als Ersatz für eine frühere vom Kieler Bildhauer *Theodor Allers* geschaffen. Auf dem Kanzeldach prangt das Wappen des Landgerichtsrats Henning von Wedderkop, der das hölzerne Werk stiftete.

Der größte Blickfang am Außenbau der Nikolaikirche ist zweifellos die Bronzeplastik des **Geistkämpfers** von *Ernst Barlach*. Sie fügt sich so harmonisch in den Winkel der über Eck stehenden Nordwestpfeiler der Kirche ein, dass man vergisst, dass die Figur ursprünglich für eine andere Kieler Kirche geschaffen wurde. Sie stand nämlich seit 1928 vor der im Krieg zerstörten Heilig-Geist-Kirche, die zu diesem Zeitpunkt Universitätskirche war - was auch das Thema der Plastik erklärt. Als sie am 20. April 1937 (Hitlers Geburtstag) von ihrem früheren Standort als "entartet" entfernt werden musste, brachte man sie ins heute leider nicht mehr existierende *Thaulow-Museum* und stellte sie dort im Eingangsbereich auf. Vor dem Einschmelzen bewahrte sie der glückliche Umstand, dass der Materialwert der Plastik niedriger war als die Transportkosten. Erst 1954 erhielt der *Geistkämpfer* seinen heutigen Platz, wobei auch der zerstörte Steinsockel weitgehend originalgetreu nachgebildet wurde.

Das **Geläut** der Nikolaikirche besteht aus vier Glocken, die auf *g-b-cis* und *d* gestimmt sind. Die in *cis* ertönende sogenannte "Betglocke" ist dabei bei weitem die älteste, denn sie entstand im Mai 1722 beim Lübecker Glockengießer *Laurentz Strahlborn*. Mit mehr als 2 t Gewicht und einer Höhe von 118 cm war sie zur damaligen Zeit eine der größten Kirchenglocken in Schleswig-Holstein. Ihre Inschrift lautet aus dem Lateinischen übersetzt: "Wenn ich geläutet werde, hört, ich rufe Euch zur Kirche, kommt." Auch sie wurde nur mit Glück über den Zweiten Weltkrieg hinweggerettet. Zusammen mit ihren drei 1928 bei dem renommierten Glockengießer *Franz Schilling* im thüringischen *Apolda* entstandenen Schwestern war sie nämlich 1942 schon in den Hamburger Freihafen gebracht worden, um zu Kanonenbronze umgeschmolzen zu werden. Aber glücklicherweise war der Krieg zu Ende, ehe man die drei Glocken vernichtet hatte. Als alle Glocken, von denen die größte immerhin 2,10 m hoch und knapp 6 t schwer ist, zum Ersten Advent 1951 wieder gemeinsam ertönten, war die noch 100 Jahre ältere Viertelstundenglocke nicht mehr dabei. Sie steht heute, von einem offenen Glockenstuhl geschützt, auf dem Dorfanger im Kieler Stadtteil *Rönne*.

Wenn sich die Nikolaikirche heute ausdrücklich als offene Kirche bezeichnet, so ist das durchaus wörtlich gemeint. Im Gegensatz zu vielen anderen protestantischen Kirchen ist sie nämlich den Tag über geöffnet und lädt so zur Besichtigung oder auch "nur" zum stillen Verweilen ein.

◆   ☎ 9 50 98, 🗓 Mo bis Sa von 10:00 bis 18:00, So zu den Gottesdiensten um 10:00 und 19.30, 🖳 www.st-nikolai-kiel.de

Vor der Nordwestecke der Nikolaikirche standen bis 1944 die sogenannten **Persianischen Häuser**. Sie erhielten ihren Namen nach Lagerhäusern, die im 17. Jahrhundert am Hafen errichtet worden waren und in denen die Waren für einen geplanten Handel mit Persien gestapelt werden sollten. Als diese Handelsbeziehungen jedoch nicht zustande kamen, riss man die nutzlos gewordenen Magazine wieder ab und benutzte das Baumaterial zum Bau von Wohnhäusern zu Füßen der Nikolaikirche. Bis zu ihrer weitgehenden Zerstörung im Zweiten Weltkrieg und ihrem endgültigen Abriss in der Nachkriegszeit gehörten sie zu den ältesten und schönsten Häusern der Stadt.

Der Platz vor der Nikolaikirche, der **Alte Markt**, ist im Laufe der letzten hundert Jahre radikaleren Umwälzungen und Umgestaltungen unterworfen worden als in den Jahrhunderten zuvor. Zunächst verlor er durch das hektische Wachstum Kiels seine Funktion als Stadtmittelpunkt, dann fielen erhebliche Teile seiner Bebauung den Bomben der Kriegszeit und der Spitzhacke der Wirtschaftswunderphase zum Opfer. Neben den "Persianischen Häusern" sei hier vor allem das **alte Rathaus** genannt. Es stand früher an der Südwestseite des Marktplatzes. Seine wenigen von den Kriegszerstörungen verschonten Mauerbögen sind heute im Keller des Hauses "Markt 18/19" Bestandteil eines Lokals - vermutlich nicht die beste Art, mit historischer Bausubstanz umzugehen. Der Platz selbst wurde in den siebziger Jahren erheblich umgestaltet. Die neu entstandenen Pavillonbauten, mit denen an die historische Bebauung angeknüpft werden sollte, waren von Beginn an heftig umstritten. Vor allem Form und Materialwahl der Pavillons sowie die Tieferlegung des Platzes wurden von Bürgern wie Architekten kritisiert. Im Jahre 1992, zum 750-jährigen Jubiläum der Stadt, wurde der Marktplatz wieder angehoben und damit offener gestaltet.

Östlich des Alten Marktes, direkt hinter der Nikolaikirche, liegt in einem Möbelhaus - für viele sicher überraschend - die Spielstätte des Amateurtheaters **theater augenblicke**, das seit 1992 in Kiel existiert. Der Begriff "Amateur" ist in diesem Fall etwas irreführend. Zwar betreiben die Akteure ihr Theater tatsächlich in der Freizeit, aber viele von ihnen haben auch beruflich in irgendeiner Form mit Theater zu tun. Nach Jahren des Herumtingelns zwischen wechselnden Spielstätten half ein glücklicher Zufall beim Suchen nach einer festen "Bleibe": ein als Requisite ausgeliehenes Sofa führte zur der Idee, bei einem Kundenfest des Möbelhauses aufzutreten. Dieser Abend verlief so erfolgreich, dass der Inhaber des Hauses, ohnehin ein begeisterter Theaterbesucher, beschloss, den geplanten Umbau seines Geschäftes so zu gestalten, dass der gesamte Eingangsbereich mit wenig Aufwand in ein Theater mit immerhin 44 Sitzplätzen umgebaut werden kann - "theater augenblicke" hatte endlich eine dauerhafte Spielstätte. Und das auch noch an historischer Stätte: in unmittelbarer Nachbarschaft, in der Schumacherstraße, existierte nämlich bereits ab 1841 ein Theater (☞ Abschnitt "Südlich und westlich der Altstadt", Opernhaus). Gegeben werden neben unterhaltenden auch sehr engagierte Stücke. Jährlich kommt etwa eine Neuinszenierung zur Aufführung.

◆   DELA-Möbelhaus, Eggerstedtstraße 5-7, 24103 Kiel, ☎ 9 30 50 (Kartenservice), 🖳 www.theater-augenblicke.de

Wer quer über den Alten Markt Richtung Nord-Westen die *Küterstraße* zum Kleinen Kiel hinuntergeht, trifft auf einen Gedenkstein, der an den Physiker und Nobelpreisträger **Max Planck** (1858-1947) erinnert, dessen Geburtshaus in der Küterstraße Nr. 17 stand.

Schloss/"Kilia"

Wer in Kiel das Schloss (be)sucht, trifft auf ein zumindest interessantes und wohl ziemlich einmaliges Gemisch aus Alt- und Neubau. Historische Bausubstanz und moderne Zweckarchitektur sind hier zu einem Konglomerat aus Historie und Neuzeit verschmolzen, gelegen an einem der reizvollsten Punkte der Stadt zwischen Kleinem Kiel, Schlossgarten und den Fährterminals des Ostseekais (früher: Oslokai). Gegenüber, zum Greifen nahe, liegen auf dem Ostufer die Docks der Werft HDW - und damit einer der Gründe dafür, dass Kiels Schloss heutzutage erst auf den zweiten Blick als solches zu erkennen ist.

Natürlich hatte Kiel früher auch ein altes, ein sozusagen "richtiges" Schloss. Stadtgründer *Adolf IV. von Schauenburg* ließ es bei der Stadtgründung als Schutz für die schmale Landzunge zwischen Förde und dem heutigen Kleinen Kiel anlegen. Über die genaue Bauzeit und das Aussehen dieses ersten Kieler Schlosses ist heute nahezu nichts mehr bekannt. Immerhin muss es eine sehr stabile, wehrhafte Anlage gewesen sein, denn fest steht, dass die Burg einer Belagerung des Herzogs *Albrecht von Braunschweig* im Jahre 1261 standhielt. Im Laufe des 14. Jh. wurde das Schloss als Bestandteil eines Kieler Mauerrings weiter ausgebaut und mit einem Burggraben zwischen Kleinem Kiel und Förde versehen.

Kiels Schloss, Rantzaubau

Mit der Teilung Schleswig-Holsteins im Jahre 1490 übernahm *Friedrich I.* (1471-1533), der jüngere Bruder des dänischen Königs *Johann*, den Gottorfer Anteil, zu dem auch Kiel gehörte. Unmittelbar nach seiner Heirat im Jahre 1502 bestimmte er Kiel zum Witwensitz seiner Frau *Anna*. Da man das

Kieler Schloss aber erst 1495 aus jahrelanger Verpfändung an die Stadt Lübeck ausgelöst hatte, ist anzunehmen, dass das Gebäude ziemlich verwahrlost war.

Man beschloss die Errichtung eines Neubaus, der spätestens 1512 fertiggestellt worden sein muss. Es existiert nämlich ein Inventar aus dem Jahr 1511, in dem das "Neue Haus" mit Küche, Knechtskammern, Silberkammer, Burgstube sowie Backhaus und Pferdeställen ausdrücklich genannt ist. Alten Baurechnungen, einigen wenigen alten Ansichten und späteren Ausgrabungen zufolge muss das Gebäude etwa 30 m lang und 16 m tief gewesen sein, das Erdgeschoss war gewölbt, während die beiden Obergeschosse Balkendecken besaßen. Die Verbindung zwischen den Stockwerken war ein in der nordöstlichen Hoffront stehender Treppenturm. In dieser Form diente das Schloss auch der zweiten Frau Friedrichs I., *Sophie von Pommern*, bis zu ihrem Tode 1568 als Witwensitz.

Diese Sophie, die ihren Mann um 35 Jahre überlebte, war es auch, die sich mit einer Bitte um Unterstützung *"zu unserm angefangenen und vorhabenden Gebawte zum Kiele"* an ihre Untertanen wandte, indem *"noch jeder einen tagk Veldsteyne fueren lassen"* solle. Aus dieser Bitte lässt sich ablesen, dass ein weiterer Anbau des Schlosses bevorstand. Voraussetzung für die neuerliche Bautätigkeit war die Tatsache, dass Friedrichs Sohn *Adolf* (1526-1586) nach der zweiten Landesteilung von 1544 als Achtzehnjähriger das Gottorfer Herzogtum übernahm. Herzog Adolf war nicht nur ein draufgängerischer Reiterführer, den es zu allen Kriegsschauplätzen Europas trieb, sondern auch ein wissenschaftlich und musisch gebildeter Mann, der darüber hinaus seine Rolle als Landesvater sehr ernst nahm. Außerdem entfachte er, der mit seinem Freund und Ratgeber *Heinrich von Rantzau* längere Zeit am Hofe Kaiser *Karls V.* verbrachte, eine erhebliche Bautätigkeit in seinem Herzogtum. Noch bevor er sich an den Ausbau seiner Hauptresidenz *Schloss Gottorf* machte, ließ er am Kieler Schloss einen neuen Flügel errichten. Im rechten Winkel zum "Neuen Haus" Friedrichs I. gelegen, stand dieser Neubau unmittelbar am steil abfallenden Fördeufer, das damals bis fast an die Schlossmauern reichte. Oberhalb eines etwa 9 m hohen Granitsockels entstand ein Bauwerk, das Althergebrachtes mit der damals hochmodernen, aus Italien kommenden Renaissancearchitektur verband und den immer noch vorherrschenden Burgcharakter des Kieler Schlosses erheblich veränderte.

Der dreigeschossige Neubau war aus vier parallel nebeneinanderliegenden Giebelhäusern zusammengefügt, die nach außen hin streng und schmucklos wirkten, aber zum Schlosshof mit einer reich durchfensterten Fassade die neue Funktion des Schlosses als Wohnhaus betonten.

Jedes der vier Häuser besaß ein eigenes Satteldach, eine damals in Norddeutschland beliebte Bauform, die wenig später auch bei den Schlössern in Glücksburg und Ahrensburg auftauchte. Die zweigeschossige Schlosskapelle, die am Nordostende der Anlage stand, konnte es nach Meinung von Kunsthistorikern durchaus mit der Kapelle von Schloss Gottorf aufnehmen, aber leider brannte sie 1838 vollkommen aus (☞ unten).

Einen weiteren Neubau ließ Herzog *Friedrich IV.* (1694-1702) anstelle des schon reichlich verfallenen und vom Dreißigjährigen Krieg gezeichneten Alten Hauses errichten. Seine Mutter, *Fridericia Amalia*, die Witwe des Kieler Universitätsgründers Herzog *Christian Albrecht*, sollte schließlich einen angemessenen Witwenwohnsitz erhalten. So verpflichtete man den italienischen Baumeister *Domenico Pelli*, der in erstaunlich kurzer Zeit (1695-1697) einen winkelförmigen Neubau an den Herzog-Adolf-Bau anschloss und so, zusammen mit dem Renaissancebau, eine geschlossene Dreiflügelanlage entstehen ließ. Der von Pelli erbaute Flügel erhielt im Volksmund den irreführenden Namen **Rantzaubau** und bildet heute den ältesten noch erhaltenen Teil des Kieler Schlosses.

Im Laufe des 18. Jh.s verkam das Kieler Schloss leider zusehends. Mangelnde Unterhaltung durch ständige Finanznöte, aber auch einige Umbaumaßnahmen verwässerten oder zerstörten die architektonische Einheit. Besonders nachhaltig wirkten sich die Eingriffe des seinerzeit bekannten Hamburger Baumeisters *Ernst Georg Sonnin* aus, der 1763 auf Geheiß der russischen Zarin Katharina der Großen die Giebel und Satteldächer des Renaissanceschlosses entfernte und durch ein einheitliches Mansarddach ersetzte. Noch heute erinnert eine Sandsteintafel an diesen tiefgreifenden Umbau.

Wer sich nun wundert, dass eine russische Zarin Anweisungen zur Umgestaltung des Schlosses in einem kleinen gottorfschen Universitätsstädtchen gab, vergisst, dass Kiel im 18. Jh. in der russischen Geschichte eine Rolle gespielt hat: Herzog *Karl Friedrich von Gottorf* hatte im nordischen Krieg seine schleswigschen Besitzungen samt seiner Residenz Schloss Gottorf verloren und wohnte nun, als Herrscher über ein "holsteinisch-gottorfsches" Restterritorium, im Kieler Schloss. Während einer Reise nach St. Petersburg, wo er vom russischen Zaren *Peter I.* freundlich empfangen wurde, heiratete er dann dessen Tochter *Anna Petrowna* - zweifellos eine äußerst lukrative Partie.

Das junge Paar zog 1727 nach Holstein, und im Februar 1728 wurde der gemeinsame Sohn *Karl Peter Ulrich* in Kiel geboren; Anna Petrowna verstarb im Kindbett. Zarin *Elisabeth*, die Tante des Jungen, holte diesen schon als Vierzehnjährigen zurück an den russischen Hof, da sie ihn zu ihrem Thronerben ausersehen hatte. Karl Peter Ulrich blieb allerdings zeitlebens ein infantiler Schwachkopf, dessen größte Leidenschaft darin bestand, mit Puppen und Soldaten zu spielen. Trotzdem bestieg der gebürtige Kieler 1762 als Zar *Peter III.* den russischen Thron. Seine Frau, die Prinzessin *Sophie Auguste Frederike von Anhalt-Zerbst*, betrieb allerdings eifrig seine Absetzung, was tatsächlich ein halbes Jahr später gelang.

Peter III. wurde gestürzt und unter ungeklärten Umständen ermordet, während Sophie als Zarin *Katharina II.* (später genannt "die Große") die Macht übernahm. Um für ihre russischen Expansionspläne die Unterstützung Dänemarks und Schwedens zu gewinnen, stimmte sie einer Abtretung ihrer Ansprüche auf Schleswig-Gottorf und Holstein-Gottorf an Dänemark zu. Am 16. November 1773 fand im Kieler Schloss die feierliche Vertragsunterzeichnung statt: Der russische Berater *Caspar von Saldern*, aus einer bürgerlichen Familie in Apenrade stammend, überreichte dem dänischen Gesandten Detlev Reventlow eine Grassode, einen grünen Zweig und den Schlüssel der Kieler Residenz.

Doch zurück zum Schloss: Es diente in der Folgezeit unterschiedlichen Zwecken, z.B. seit 1776 als Universitätsbibliothek. Zwischen 1805 und 1809 wohnte der dänische Kronprinz *Friedrich* hier, und er war es auch, der (inzwischen als König *Friedrich IV.* auf dem Thron sitzend) das Kieler Schloss zum Wohnsitz seiner Tochter *Wilhelmine* bestimmte. Die dafür notwendigen Umbauarbeiten standen allerdings unter keinem günstigen Stern. In der Nacht zum 16. März 1838 brach ein verheerendes Feuer aus (☞ auch Schlosskapelle), das übrigens nicht vom zuständigen Nachtwächter bemerkt wurde (den fand man selig schlafend in einer Ecke vor), sondern von Fischern aus dem noch nicht zu Kiel gehörenden Dorf **Ellerbek** auf dem Ostufer. Diese eilten entschlossen über die zugefrorene Förde und verhinderten so eine vollständige Zerstörung des Schlosses.

In der Zeit der Schleswig-Holsteinischen Erhebung gegen Dänemark 1848 bis 1851 tagte im Kieler Schloss die Landesversammlung und im Preußisch-Österreichisch-Dänischen Krieg von 1864 waren hier ein Lazarett sowie das preußisch-österreichische Hauptquartier untergebracht.

In der Zeit des deutschen Kaiserreiches nach 1871 erlebte das Kieler Schloss einen letzten glanzvollen Höhepunkt. Prinz *Heinrich von Preußen*, Marineoffizier und Bruder Kaiser *Wilhelms II.*, hatte den neuen "Reichskriegshafen" Kiel zu seinem Wohnsitz gemacht. Er war ein umtriebiger Mann, der sich nicht nur für Marine und Seefahrt begeisterte, sondern seine Untertanen auch als rasanter Autofahrer erschreckte. Er war es übrigens, der den Scheibenwischer erfand und das Patent darauf erhielt!

Als Mitglied der kaiserlichen Familie wohnte er selbstverständlich im Kieler Schloss, das zu diesem Zweck noch einmal gründlich umgebaut wurde. Es liegt wohl in der Natur dieser Epoche, dass diese Umbauarbeiten nicht besonders geschmackvoll und mit wenig Gespür für erhaltenswerte Bausubstanz durchgeführt wurden. So fielen alle historischen Nebengebäude, wie beispielsweise der Stall Herzog Adolfs, das Küchengebäude und die Wache, der Spitzhacke zum Opfer oder wurden durch neue Gebäude ersetzt.

Die Kilia in der Dänischen Straße

Zum Einzug in die neue Residenz machten die Kieler dem Prinzen und seiner Frau *Irene von Hessen und bei Rhein* ein besonderes Geschenk: Um die Verbundenheit Kiels mit dem Kaiserhaus zu symbolisieren, sollte an der Ecke Dänische Straße/Burgstraße ein Brunnen mit einer weiblichen Figur (der **Kilia**) darauf aufgestellt werden. Der in Kiel geborene Kunstprofessor *Eduard Lürsen*, Lehrer an der Berliner Bauakademie, lieferte den Entwurf und erhielt den Auftrag zur Durchführung. Doch bald schon stellten sich Schwierigkeiten ein. Der Prinz bestand darauf, dass der Brunnen mit der Kilia im Schlosshof aufgestellt wurde - womit das Symbol der Verbundenheit zwischen Stadt und Herrscherhaus nun von den Kielern getrennt war. Außerdem konnte Lürsen den Zeitplan nicht einhalten, und so konnte das Geschenk der Stadt dem Prinzenpaar erst im April 1890, zwei Jahre nach seinem Einzug in das Kieler Schloss, übergeben werden.

Gegen Ende des Ersten Weltkrieges und zu Beginn der Revolution im November 1918 verließ Prinz Heinrich, inzwischen zum Großadmiral und Inspekteur der Marine aufgestiegen, Hals über Kopf die im Aufruhr befindliche Stadt und floh auf sein Gut **Hemmelmark** bei Eckernförde.

Im Jahre 1923 hatte sich der Prinz an die neuen politischen Umstände immerhin soweit gewöhnt, dass er artig bei der Kieler Stadtverordnetenversammlung anfragte, ob er die Kilia, seinerzeit doch ein Geschenk der Stadt, auf seinem Landsitz aufstellen dürfe. Die Kieler, politisch und geschmacklich inzwischen von ihrem früheren Beschluss weit entfernt, gaben ihm die Genehmigung. Sie galt allerdings nur für die Kilia, nicht für den gesamten Brunnen. Der fiel 1944 den Bomben zum Opfer, während die Bronzefigur in Hemmelmark ein beschauliches Dasein führte. Doch als in den 70er Jahren am Nordende der Dänischen Straße das Nordelbische Kirchenamt entstand, wirkte der davor gelegene Platz mit Blick auf den Rantzaubau des Schlosses plötzlich ziemlich leer. Man entsann sich der fast vergessenen Kilia, stellte sie auf einen Sockel und postierte sie nun an die Stelle, die die Kieler Stadtväter schon Ende des 19. Jahrhunderts für sie vorgesehen hatten - die alte Dame war sozusagen endlich angekommen. Die Einweihungsfeier gestaltete sich mit Bier, Würstchen und Sekt zwar weniger pompös als 1890, aber das tat und tut der Zuneigung der Kieler zu "ihrer" Kilia keinen Abbruch.

Dem Schloss selbst erging es leider weniger gut. Es diente nach dem Ersten Weltkrieg als Verwaltungsbau und Unterbringung für die Landesbibliothek. Pläne, ein "Nordisches Museum" darin unterzubringen, wurden nicht weiter verfolgt, und 1938 zerstörte erneut ein Brand erhebliche Teile der Anlage. Kaum war der Bau wieder hergestellt, da fiel am 4. Januar 1944 das Schloss einem Luftangriff zum Opfer - die nur wenige hundert Meter entfernt liegenden Werften auf dem Ostufer, die das eigentliche Ziel der Bombardements waren, hatten sich verheerend auf das Kieler Schloss ausgewirkt.

Blick auf die beiden Gebäude des Schlosses

Die ausgebrannten Ruinen blieben bis zum Jahr 1960 stehen. Hatte man zu Anfang noch den Gedanken verfolgt, Teile des Schlosses wieder aufzubauen und mit einem Neubau zu kombinieren, so entschlossen sich die Kieler Stadtväter nunmehr zu einem völligen Abriss. Leider gingen dabei wertvolle Einzelteile verloren, so beispielsweise das Hauptportal des von Domenico Pelli gestalteten Schlossflügels.

Vom alten Schloss ist heute nur noch der Westflügel des "*Rantzaubau*" genannten Pelli-Baus erhalten. Dieser beherbergte die Sammlung der 1966 gegründeten *Stiftung Pommern*, die es sich zur Aufgabe gemacht hatte, im Rahmen einer Partnerschaft des Landes Schleswig-Holstein mit Pommern dortiges Kulturgut zu sammeln, zu ergänzen und auszuwerten.

Neben einer umfangreichen Bibliothek mit etwa 20.000 Bänden bestand sie hauptsächlich aus einer beachtenswerten Gemälde- und Grafiksammlung mit Werken u.a. von *Georg Flegel, Caspar David Friedrich, Vincent van Gogh, Max Liebermann, Anselm Feuerbach, Heinrich Basedow* und *Richard Seewald*. Leider (aus Kieler Sicht!) ging die gesamte Stiftung Pommern Ende 1999 an das Museum in *Greifswald*. Seither wird der einzig verbliebene historische Flügel des Schlosses sporadisch als Veranstaltungs- und Ausstellungsraum genutzt.

Der Rest der Schlossanlage zeigt den Versuch, moderne Architektur mit der geschichtlichen Bedeutung des Ortes zu verknüpfen. Zur Wasserseite hin entstand, historischen Vorbildern folgend, wiederum ein Sockel aus Granitquadern, auf dem ein völlig neues Backsteingebäude errichtet wurde. Nach Süden hin wird die Anlage durch einen Konzertsaal ergänzt, der in der Materialwahl (Glas, weißer Marmor und grüne Quarzitfassadenplatten) einen bewussten Kontrast zum Hauptbau bildet. Terrassen betonen die exponierte Lage des Schlossen zum Prinzengarten (Richtung Norden) sowie zum Hafen (Richtung Osten). Ein eingeschossiger, auf Stützen gestellter Zwischentrakt soll eine lockere Verbindung zwischen Neubau und Rantzauflügel herstellen.

War ursprünglich geplant, im Kieler Schloss einmal ein Kulturzentrum entstehen zu lassen, so beherbergte der Neubau über Jahre lediglich eine Anzahl von Behörden und Einrichtungen, die zwar unter dem Oberbegriff "Kultur" zusammengefasst werden können, aber ein Zentrum im Sinne eines Mittelpunktes für kulturelle Aktivitäten ist hier (vom großen Konzertsaal einmal abgesehen) nie entstanden. Schlimmer noch: Nach dem Umzug der **Landesbibliothek** und des Landesamts für Denkmalpflege in den schräg gegenüberstehenden ☞ Sartorispeicher steht das Kieler Schloss wieder einmal leer. Leider hat ausgerechnet an einem ihrer ältesten Standorte die Stadt Kiel fast keinen Einfluss auf die weitere Entwicklung, da das Schloss dem Land Schleswig-Holstein gehört.

Schifffahrtsmuseum/Museumshafen

Ein Besuch im Schifffahrtsmuseum ist ein "Muss" für jeden Kiel-Reisenden. Leider ist das Ausstellungsgebäude von der Altstadt durch den vierspurigen "Wall" getrennt, aber wer der Ausschilderung "Kieler Schifffahrtsmuseum" folgt, gelangt über eine Fußgängerbrücke südlich des Schloss-Neubaus direkt vor das Museum.

Schon das Gebäude, in dem die Sammlung untergebracht ist, verdient Beachtung. Um den Kieler Fischhandel an einem Ort zusammenzufassen, aber auch, um dem Kieler Hafen ein eindrucksvolleres Gepräge zu geben, wurde das heutige Museum zwischen 1909 und 1910 vom damaligen Stadtbaurat *Georg Pauly* als Fischhalle gebaut. Der repräsentative Eindruck, den das Gebäude über seinen bloßen Nutzen hinaus vermitteln sollte, kommt besonders deutlich in dem aufwendig gestalteten ehemaligen Eingangsbereich an der Westfront des Hauses zum Ausdruck. Im Innern herrschte allerdings eher Zweckmäßigkeit vor. In der Mitte der Halle befanden sich zwei 8 m lange, in den Fußboden eingelassene Behälter mit Seewasser zum Frischhalten der angelandeten Fische.

Als nach dem Ende des Zweiten Weltkrieges der Seefischmarkt auf das Ostufer verlegt wurde, sollte die Kieler Fischhalle abgerissen werden, um einem Parkhaus Platz zu machen. Zur Ehrenrettung der Kieler Stadtväter muss allerdings gesagt werden, dass sie immerhin den Wiederaufbau der Halle am Kleinen Kiel in Erwägung zogen - der architektonische Wert des Gebäudes war ihnen also durchaus nicht verborgen geblieben. Nachdem die ehemalige Fischhalle 1972 unter Denkmalschutz gestellt wurde, begann die Renovierung zum Schifffahrtsmuseum, das 1978 eingeweiht wurde.

Der Eingang zum Museum befindet sich heute an der Nordseite des Gebäudes. Die Sammlung selbst umfasst nicht nur eine Vielzahl von Schiffsmodellen aus den unterschiedlichsten Epochen, sondern räumt auch dem Segelsport (und hier ganz besonders der Kieler Woche und den beiden Segelolympiaden) breiten Raum ein. Die ehemals vielfältige (wenn auch nicht immer erfolgreiche) Schiffbauszene an der Kieler Förde wird ebenso dokumentiert wie das Handels- und Reedereigewerbe.

Den rasanten Aufstieg Kiels zu einer der größten deutschen Schiffbauplätze verdankt die Stadt der Kaiserlichen Marine mit ihrem enormen Schiffbauprogramm. Den Glanz dieser Phase hektischen Wachstums veranschaulichen eindrucksvolle Schiffsmodelle, während ihre soziale Kehrseite beispielsweise durch die Ausstellung einer für die damaligen Arbeiterwohnungen typischen Wohnküche zum Ausdruck kommt. Die allgemein vorherrschende (und für Kiel später so verhängnisvolle) Marinebegeisterung ist anhand von Texten, Fotos und anderen Dokumenten ebenso dargestellt wie die gesellschaftliche Entwicklung bis zur Novemberrevolution von 1918.

Ein Schmuckstück der Sammlung ist die naturgetreue Nachbildung der Kaiser-Yacht *Hohenzollern* aus Silber, die im Dezember 1997 von Gönnern des Museums in London ersteigert wurde. Ursprünglich war das Modell von dem polnischen Adligen und Reichstagsabgeordneten *Josef von Kosciol-Koscielski* dem *Kaiserlichen Yacht-Club* (heute *Kieler Yacht-Club*) als Wanderpokal gestiftet worden. Derjenige, der als erster zwei Regattasiege in Folge auf dem 90 Seemeilen langen Kurs Kiel - Travemünde errang, sollte die Trophäe endgültig in Besitz nehmen. Kaiser Wilhelm II. gelang dieses Kunststück zu seinem Leidwesen nicht - er musste sich mit einem Regattasieg 1899 begnügen. Dafür siegte 1902 und 1903 der Engländer *Cecil Quentin* mit seinem Schoner *Cicley* und nahm den Pokal scheinbar endgültig mit nach Großbritannien. Wie der Pokal über neunzig Jahre später zur Versteigerung gelangte, lässt sich heute nicht mehr nachvollziehen - und das beauftragte Auktionshaus übt sich in der britischen Tugend der vornehmen Verschwiegenheit. Jedenfalls waren die Ersteigerer der festen Ansicht, es handele sich bei dem Schiffsmodell um eine englische Arbeit und staunten nicht schlecht, als sie das ramponierte Silberschiff zum damaligen Kieler Hofjuwelier *Hansen* brachten, um es restaurieren zu lassen. Als man dort nämlich Rumpf und Deck voneinander trennte, entdeckte man den Werkstattstempel der Bremer Silberschmiede *Koch + Bergfeld* - die mittlerweile dem heute nur noch in Hamburg ansässigen Juwelier gehört. Nun liegt (oder besser gesagt: steht) das 50 cm lange, 9 cm breite und 19 cm hohe Schiffsmodell, das von zwei Delphinen und zwei Wellen getragen wird, also wieder in seinem Heimathafen und glänzt prachtvoller denn je.

Natürlich darf in so einer Sammlung auch eine Puppe im "Kieler Anzug" nicht fehlen. Warum Matrosenkleidung eine Zeit lang in ganz Europa gängige Kindermode war, lässt sich heute wahrscheinlich nicht mehr sagen. Tatsache ist, dass diese Kluft in Deutschland "Kieler Anzug" genannt und wirklich von jedem getragen wurde. Ob *Willy Brandt*, *Kaiser Wilhelm* oder *Beate Uhse* - von allen existieren Kinderbilder im Matrosenanzug. Selbst die italienische Milliardärstochter und Ex-Außenministerin *Susanna Agnelli* kam um die blaue Takelbluse mit dem weiten Kragen, das verhasste Leibchen und die kratzigen Wollstrümpfe nicht herum und veröffentlichte ihre Jugenderinnerungen unter dem Titel *Wir trugen immer Matrosenkleider*. Die Hersteller des "Kieler Anzugs" wollten natürlich von den Unbequemlichkeiten dieses patriotischen Kleidungsstückes nichts wissen, sondern lobten in Anzeigen und Katalogen, dass "die Anzüge genügend porös sind, aber mollig warm, ohne den Körper zu überhitzen". Auch versuchten sie, dem Anzug einen pädagogischen Effekt zuzusprechen: "Kinder, welche Kieler Anzüge tragen, können bald alle körperlichen Bewegungen nicht allein gewandt und sicher, sondern auch ungewöhnlich schnell ausführen." Ob diese erzieherische Nebenwirkung tatsächlich eintrat, darf stark bezweifelt werden, aber immerhin war der Absatz des guten Stückes zeitweise so massenhaft, dass der Textilfabrikant *Wilhelm Bleyle* seine geniale Erfindung der Konfektionierung am "Kieler Anzug" ausprobierte. 1957 verließ übrigens der letzte Matrosenanzug die Bleyle-Fabrik.

Doch in Kiel wurden (und werden!) nicht nur Schiffe gebaut, und so ist ein weiterer Teilbereich der Ausstellung den hier erdachten und gebauten technischen Geräten rund um die Seefahrt herum gewidmet: Neben dem von *Behm* und *Fahrentholz* entwickelten Echolot oder dem Kreiselkompass von *Hermann Anschütz-Kaempfe* (zu dessen Entwicklung Anschütz' Freund *Albert Einstein* Hilfestellung leistete), ist beispielsweise der Prototyp des Fernkopierers zu sehen, den *Rudolf Hell* bereits 1928 baute.

Wie so viele Museen leidet auch das Kieler Schifffahrtsmuseum an chronischem Platzmangel. Beispielsweise können nur etwa 70 der über 300 im Bestand befindlichen Schiffsmodelle gezeigt werden. Eine geplante Erweiterung des Museumsgebäudes musste bisher aus finanziellen Gründen immer wieder verschoben werden - Kiel hat zur Zeit kein Geld! Immerhin beruhigend ist die Tatsache, dass Schifffahrtsmuseum und Stadtmuseum Warleberger Hof im Wissenschaftspark neben der Universität (☞) ein modernes, klimatisiertes Außenlager haben, in dem diverse Schätze ungefährdet auf finanziell bessere Zeiten hoffen können.

♦ Wall 65, ☎ 9 01-34 28, FAX 9 70 97 28, 🖳 www.kiel.de/kultur und
🖳 www.schleswig-holstein.de, ✍ stadt-undschiffahrtsmuseum@.kiel.de,
📅 15. April bis 14. Oktober täglich 10:00 bis 18:00, 15. Oktober bis 14. April täglich von 10:00 bis 17:00 außer Mo, Eintritt frei

 41/42, Haltestelle Seegarten/Ostseekai

Im **Museumshafen** werden dem Besucher aber auch ganz reale Schiffe vorgeführt: Neben dem Tonnenleger *Bussard* sind das Feuerlöschboot *Kiel*, das bis 1986 seinen Dienst tat, und der Seenotkreuzer *Hindenburg* zu besichtigen. Die *Bussard* (1905 in Papenburg gebaut, 40,6 m lang, über 300 t Tragfähigkeit) war bei ihrer Außerdienststellung 1979 das älteste noch in Fahrt befindliche Dampfschiff Deutschlands. Vielen Teilnehmern und Besuchern der Kieler Woche wurde sie als Start- und Zielschiff ein vertrauter Anblick - nicht zuletzt wegen ihrer beachtlichen Rauchfahne! Einem deutlich ernsteren Zweck diente der Seenotkreuzer *Hindenburg*. Über 800 Menschen verdanken ihm und seinen Besatzungen ihr Leben. Das 1944 auf Finkenwerder gebaute Schiff war bis Ende der 1970er-Jahre an der Nordseeküste im Einsatz, ehe es von der *Deutschen Gesellschaft zur Rettung Schiffbrüchiger* an das Kieler Museum übergeben wurde. Die Gesellschaft hat zu Kiel übrigens eine ganz besondere Beziehung, denn sie wurde hier am 29.5.1865 gegründet.

◆   Seegartenbrücke 2, 🕐 täglich von 10:00 bis 18:00, im Winterhalbjahr täglich
         außer Mo von 10:00 bis 17:00
         Fahrten mit der "Bussard": ☎ 55 55 87. 🖳 www.dampfschiff-bussard.de
         (Tickets dort per E-Mail)

Die Museumsbrücke dient aber auch dem ehemaligen Fördedampfer *Stadt Kiel* als Liegeplatz. Das 1934 auf der Kruppschen Germania-Werft in Kiel gebaute Schiff hatte bisher ein durchaus bewegtes Leben. Nach einem Bombentreffer sank das Schiff 1943 und wurde nach Kriegsende gehoben und im dänischen Svendborg grundüberholt. Bis zu ihrer Stillegung 1976 beförderte die *Stadt Kiel* jahrein, jahraus Fahrgäste kreuz und quer über die Kieler Förde. Doch einige Kieler Schiffsfreunde mochten sich nicht damit abfinden, dass die "alte Dame" dem Schneidbrenner zum Opfer fallen sollte. Sie gründeten den "Förderverein MS Stadt Kiel" und brachten den 38 m langen und 7,50 m breiten Dampfer durch eine Arbeits-Beschaffungs-Maßnahme des Hamburger Vereins "Jugend in Arbeit" 1990 wieder in Fahrt. Die Restaurierung gelang so überzeugend, dass das Schiff 1994 sogar unter Denkmalschutz gestellt wurde. Man kann die *Stadt Kiel* für Familienfeiern, Trauungen oder Regattabegleitfahrten chartern, die Besatzungsmitglieder versehen ihre Arbeit ehrenamtlich.

ℹ️   Förderverein "MS Stadt Kiel e.V.", Postfach 4621, 24046 Kiel, ☎ 8 00 17 36,
         FAX 8 00 17 37, ✉ motorschiff-stadt-kiel@t-online.de ,
         🖳 www.salonmotorschiff-stadt-kiel.de

Der Platz zwischen Schifffahrtsmuseum und *Ostseekai*, der **Seegarten**, diente bis 1844 der Holzschiffswerft *Reuter & Ihms* als Firmengelände. Aber dann kündigten die Kieler Stadtväter dem Unternehmen, da sie fürchteten, dass auch hier auf Eisenschiffbau umgestellt werden sollte, was man an der

Blick auf Museumshafen mit dem Schifffahrtsmuseum

Schnittstelle von Schloss und Förde nicht dulden wollte. Statt Schiffshelgen entstand eine Grünanlage mit einem Restaurant. Wegen der Zunahme der Fördeschifffahrt wurde außerdem die ehemalige Dampferanlegestelle Fischertor hierher verlegt. Seit 1989 ist der mittlerweile gepflasterte Platz der letzte Standort für den Feuerträger des früheren Kieler Feuerschiffes - das nach seiner Außerdienststellung und einem anschließenden Totalumbau viele Jahre lang als *Alexander von Humboldt* mit grünen Segeln durch eine bekannte Bierreklame segelte!

Einige Meter südlich des **Schifffahrtsmuseums** steht eine weitere architektonische Attraktion, der sogenannte Sartori-Speicher. Der Name stammt von Kiels größter Reederei "Sartori & Berger", die seit dem Ende des Zweiten Weltkrieges hier ihren Sitz hat. Der Name "Sartori-Speicher" ist eigentlich irreführend, denn der Kieler Architekt *Ernst Stoffers* erbaute den Gebäudekomplex in den Jahren 1925/26 für eine andere Kieler Firma.

Seit dem Frühjahr 2002 dient der größte Teil des Gebäudes ganz und gar unkommerziellen Zwecken: Neben dem **Landesamt für Denkmalspflege** hat hier vor allem die **Landesbibliothek** mit ihrer umfangreichen landeskundlichen Sammlung eine neue Heimat gefunden, nachdem beide Einrichtungen jahrzehntelang im ☞ Schloss untergebracht waren. Die Landesbibliothek, die 1893 als "Schleswig-Holsteinische Provinzialbibliothek" gegründet wurde und die neben anderen Schätzen seit 1909 den kompletten Nachlass von **Klaus Groth** beherbergt, erhielt im Zuge des Umbaus noch umfangreiche Ausstellungsräume.

Die Umbauarbeiten vom Geschäftsgebäude zur Bibliothek plante übrigens wiederum *Ernst Stoffers*; es handelt sich allerdings um den Enkel des Erbauers.

♦   Landesbibliothek: ☎ 6 96 77-10 (Sekretariat), 6 96 77-33 (Ausleihe),
        ☎ 6 96 77-55 (Ausstellung) FAX 6 96 77-11
        ✆ landesbibliothek@shlb.de, 🖥 www.shlb.de, 🕐 Mo, Mi und Fr von 9:00 bis
        17:00, Di und Do von 9:00 bis 19:00,

📖   Online-Katalog: 🖥 http://webopc.ub.uni-kiel.de

🚌   Buslinien 41/42 Haltestelle Seegarten/Ostseekai

✗ Restaurants/Kneipen/Nachtleben

Was die Gastronomie angeht, ist der Name Kiel vielleicht nicht aller Munde, aber die Szene an Restaurants, Kneipen oder Pinten ist, nicht zuletzt durch die Universität, doch sehr vielfältig. Zwischen Nobel-Restaurant und Studentenkneipe ist für jeden Geschmack (im wahrsten Sinne des Wortes!) und jeden Geldbeutel etwas dabei. Die in jedem Kapitel am Ende erwähnten Lokale sind bitte nur als kurze Empfehlung zu verstehen und erheben keinesfalls den Anspruch auf Vollständigkeit! Sie möchten dem Kiel-Besucher lediglich ein paar Anregungen geben und zur tieferen Erforschung des gastronomischen Lebens in Kiel einladen.

♦   Termine rund ums Kieler Nachtleben gibt's in den kostenlosen Stadtmagazinen
        Ultimo, Station (🖥 www.station.de) und kielside, die z.B. in Kneipen und Buchhandlungen zum Mitnehmen ausliegen.

♦   Eine Kiel-Seite im Internet ist 🖥 www.kielometer.de. Hier wird vor allem eine
        große Auswahl an Kneipen vorgestellt.

Das **Lüneburg-Haus** liegt in einem geschmackvoll restaurierten Altbau. Das ausgezeichnete Speiseangebot und die hervorragende Weinkarte führen immer wieder zu lobenden Erwähnungen in diversen Restaurantführern. Unbedingt probieren sollte man - unabhängig von der Jahreszeit - die Eiskreationen des Hauses; wer nämlich bisher glaubte, Eis nur als Dessert genießen zu können, wird eines besseren belehrt. Erlaubt es die Jahreszeit, werden Tische und Stühle auf die Straße gestellt und bringen einen Hauch südländischer Atmosphäre in Kiels Altstadt.

♦ Dänische Straße 22, ☎ 98 26 00, FAX 9 82 60 26, ⬛ täglich ab 12:00

Die **Kieler Brauerei** bietet neben deftigen Speisen ein dunkles, naturtrübes Bier, das direkt hier, in Kiels einziger Hausbrauerei, gebraut wird.

♦ Alter Markt, ☎ 90 62 90, FAX 9 06 29 15

Das **Werkstatt-Café** bietet die seltene Kombination aus Café (mit wechselndem Mittagstisch) und Goldschmiedewerkstatt. Besonders im Sommer, wenn auch auf dem schattigen Platz vor dem Café serviert wird, ist dies ein ideales Plätzchen, um dem Stadtgedrängel zu entfliehen.

♦ Falckstraße 16, ☎ 9 18 65, ⬛ www.werkstattcafe-kiel.de

Die **Pumpe** bietet neben Kneipe, Kino, Konzerten und diversen anderen Veranstaltungen auch an einigen Tagen in der Woche eine beliebte Diskothek mit wechselnden Schwerpunkten. Seit Jahren eine Institution sind z.B. die SchwulenLesben-Disco oder die Funk-Pump.

Die Pumpe

Südlich & westlich der Altstadt

Dreifeldklappbrücke in Aktion – dahinter die Sedow und eine Color Line Fähre

Ratsdienergarten/Kleiner Kiel

Entlang der ehemaligen Kieler Stadtgrenze gelangt man zum **Rathausplatz** und damit zum Zentrum der Neustadt. Der natürliche Arm, mit dem die Förde hier früher die Stadt nach Nordwesten und Westen hin schützte, ist heutzutage erheblich verkleinert und in zwei seenartige Wasserflächen aufgeteilt worden, den **Kleinen Kiel**.

Westlich vom Schloss und von diesem durch die hier erheblich verbreiterte **Dänische Straße** abgetrennt, liegt der **Ratsdienergarten**. Er diente jahrelang als Blindengarten, in dem Pflanzen durch Ertasten und Riechen wahrgenommen werden konnten. Angesichts der prekären Kieler Haushaltslage entschloss sich die Stadt leider zum Streichen der zum Erhalt notwendigen Mittel. Wenige Meter weiter steht eines der umstrittensten Denkmäler Kiels, das 1981 von *Hans-Jürgen Breuste* aufgestellte **Revolutionsdenkmal** zur Erinnerung an den Matrosenaufstand von 1918. An einem der drei Denkmalteile liest man den Satz *"Der die Pfade bereitet, stirbt an der Schwelle, doch es neigt sich vor ihm in Ehrfurcht der Tod"* aus *Ernst Tollers* Theaterstück *Feuer aus den Kesseln*.

Der Autor, einer der führenden Köpfe der Münchner Räterepublik, spielte damit auf das Schicksal der beiden Heizer *Max Reichpietsch* und *Alwin Köbis* an. Sie wurden als Meuterer von einem Kriegsgericht zum Tode verurteilt und am 29. August 1917 (also über ein Jahr vor dem Matrosenaufstand) hingerichtet. Ob die beiden wirklich die "Pfade bereitet" haben, sei einmal dahingestellt; Tatsache ist, dass sich die Kieler mit dem Gedenken an den Matrosenaufstand schwer taten. Erst sechzig Jahre nach der Revolte, im Oktober 1978, stellte der Magistrat in einem Schreiben fest, dass in Kiel *"bislang keine Namensgebung einer Straße oder eines Platzes, keine Tafel oder ein sonstiges Zeichen an das sicher wichtigste historische Ereignis dieser Stadt im 20. Jh."* erinnerte.

Um diesem als peinlich empfundenen Umstand abzuhelfen, wurden namhafte Künstler beauftragt, sich an einem Wettbewerb für ein Denkmal zu beteiligen. Den Zuschlag erhielt schließlich Breustes Skulptur aus Schiffbaustahl und Granit, die er nach dem Kieler Marinestadtteil schlicht Wik nannte. Die Ansichten der Kieler zu dem Denkmal waren und sind so unterschiedlich wie die Graffiti darauf, wobei einer der ersten Sprüche ("Für 400.000 DM

Kunst - Kotz!") daran erinnerte, dass den Stadtvätern die Kosten davongelaufen waren. Einen angemessenen Kommentar fand der Kieler Historiker *Michael Salewski*: *"Das Revolutionsdenkmal im Ratsdienergarten lässt in seiner schwebenden Schwere, seiner massiven Labilität alle, die es betrachten und umschreiten, mit mehr Fragen und Zweifel als Antworten und Lösungen zurück. Kann ein Kunstwerk mehr leisten?"*

Nur wenige Meter neben diesem umstrittenen Kunstwerk steht ein Denkmal, das sicher nicht als anstößig empfunden wird, sondern eher unbeachtet bleibt: das **Klaus-Groth-Denkmal**. Der große niederdeutsche Dichter und Sprachwissenschaftler lebte über dreißig Jahre in Kiel, die meiste Zeit allerdings gar nicht in der Nähe des Denkmals, sondern in einem Haus am Schwanenweg, nördlich des (☞) Alten Botanischen Gartens. Der Ehrendoktor der Universität Bonn (1856) und spätere Privatdozent an der Kieler Universität kämpfte zeitlebens um seine volle wissenschaftliche Anerkennung und bekam erst 1866 den Professorentitel verliehen. Nach seinem Tode sammelten Freunde und Verehrer zunächst vergeblich Geld für ein Denkmal. Erst 1912 verknüpfte der Bildhauer *Heinrich Mißfeldt* den Plan für ein Groth-Denkmal mit einem ebenfalls in der Planung stecken gebliebenen Brunnenprojekt. *Klaus Groth* und ein Brunnen - das ergab durchaus Sinn, denn der Titel des Grothschen Hauptwerkes Quickborn bedeutet ja so viel wie "lebendiger Quell".

In der Mitte der Anlage steht die überlebensgroße Bronzefigur des Dichters auf einem etwa 2 m hohen Sockel. Links und rechts davon befinden sich Reliefs nach Grothschen Gedichten sowie mehrere Verse, von denen der wichtigste lautet: *"Min Modersprak so slicht un recht/du ole frame Red!/ween blot en Mund min Vader seggt/so klingt mit as en Bed"*. Am Ende des Zweiten Weltkrieges holte man die Klaus-Groth-Figur von ihrem Sockel, um sie einzuschmelzen. Aus welchem Grund dies nicht geschah, ist nicht bekannt. Aber 1949 tauchte sie auf einem Harburger Schrottplatz wieder auf, wo sie als *"unbekannter Mann/großer Zivilist"* registriert worden war.

Der lange Zeit stillgelegte Brunnen links und rechts der Groth-Figur sprudelt seit einiger Zeit wieder - eine Bürgerstiftung machte es möglich. Wer sich beim Betrachten der Fontänen übrigens wundert, dass das Wasser schräg nach oben spritzt, erliegt keineswegs einer optischen Täuschung; im Laufe der Zeit ist das gesamte Denkmal tatsächlich links etwas abgesackt.

Wer weiter am Ufer des Kleinen Kiels entlang in Richtung Rathaus geht, muss nach kurzer Wegstrecke den viel befahrenen Straßenzug Bergstraße/ Martensdamm überqueren. Hier befand sich bis 1887 keine Brücke; wer auf das andere Ufer des Kleinen Kiels gelangen wollte, musste sich mit einem Boot übersetzen lassen.

Kleiner Kiel mit Blick auf das Gebäude der Sparkasse

Wenige Schritte weiter westlich steht das imposante Gebäude der Förde Sparkasse, in dem sich eine sehr bemerkenswerte Sammlung zeitgenössischer Kunst befindet: die "Bürgergalerie" der *Hans-Henseleit-Stiftung*. "Sammler stellen eine mindestens ebenso einzigartige Menschengruppe dar wie Künstler". Mit diesen Worten des früheren akademischen Direktors der **Kunsthalle** (☞) *Dr. Johann Schlick* ist der Gründer und Namensgeber der Stiftung sehr treffend charakterisiert. Hans H. Henseleit war jahrelang Feuilleton-Chef der "Kieler Nachrichten" und hat mit Beharrlichkeit, Fachwissen und sicher auch Verhandlungsgeschick eine erstaunliche Sammlung zusammengetragen. *Jan Koblasa, Asger Jorn, Henry Moore, Harald Duve, Gerrit M. Bekker* oder *Thomas Kleemann* seien stellvertretend für eine erhebliche Anzahl von Künstlern genannt, die hier mit Unikaten vertreten sind. Aber über die reine

Sammelleidenschaft hinaus, hatte Henseleit den Wunsch, diese Exponate den Kieler Bürgern zugänglich zu machen. 1984 wurde aus diesem Wunsch Wirklichkeit und die Kunstszene in Kiel um eine Attraktion reicher.

Mo, Do 9.00 bis 18.00; Di, Fr 9.00 bis 16.00; Mi 9.00 bis 13.00

Der Standort dieser wirklich ungewöhnlichen Sammlung ist auch insofern glücklich gewählt, als die international renommierte **Muthesius Kunsthochschule** von ihrem bisherigen Standort am **Kleinen Kiel** in die ehemalige Ingenieursschule am nördlichen Ende der **Legienstraße** umgezogen ist - und damit nicht nur in die Nachbarschaft der "Bürgergalerie", sondern auch an den Ort, an dem die nach dem Architekten *Herman Muthesius* benannte Hochschule im Jahre 1907 gegründet wurde.

Jenseits der **Legienstraße** (die früher Fährstraße hieß) steht ein bemerkenswerter wilhelminischer Bau, in dem seit 1948 das **Justizministerium** des Landes untergebracht ist.

Dies ist sicher kein Zufall, denn das Gebäude wurde 1894 als Oberlandesgericht eingeweiht. Architektonisch interessant war zu dieser Zeit, dass

Bismarck-Denkmal im Hiroshimapark

die Fassade nicht geklinkert, sondern verputzt wurde, was im feucht-salzigen Klima Schleswig-Holsteins als Wagnis galt.

Die Anlagen gegenüber tragen seit dem 6. August 1987, dem 43. Jahrestag des Atombombenabwurfs auf Hiroshima, den Namen **Hiroshimapark**. Seither findet hier in jedem Jahr ein Lotusblütenfest statt, mit dem nicht nur der Opfer von Hiroshima und Nagasaki gedacht werden soll, sondern das von den Initiatoren als grundsätzlicher Protest gegen Krieg und militärische Bedrohung verstanden wird. Als Ironie des Schicksals kann man es verstehen, dass die gleiche Grünanlage auch dem Gedenken des "Eisernen Kanzlers" **Otto von Bismarck** dient - und das bereits seit 1897. Zwei Jahre zuvor war nämlich der 80. Geburtstag des 1890 von Kaiser Wilhelm II. entlassenen Reichskanzlers gewesen und überall im Deutschen Reich mit großem Pomp gefeiert worden. Klar, dass der frisch gebackene Reichskriegshafen Kiel sich der allgemeinen Bismarck-Begeisterung nicht entziehen konnte. Zwar war die Annexion Schleswig-Holsteins durch Preußen nach 1864 im Lande mit sehr gemischten Gefühlen aufgenommen worden, aber nach der Reichsgründung 1871 verstummten auch die ärgsten Kritiker. Also entschloss man sich in Kiel, den überall entstehenden Bismarck-Denkmälern ein weiteres hinzuzufügen.

Als Standort für das vom Bildhauer *Harro Magnussen* geschaffene Denkmal war das Düsternbrooker Gehölz vorgesehen, aber die Planung kam nicht recht voran. Ausgerechnet der liberale Kieler Jura-Professor *Albert Hänels*, eigentlich ein politischer Gegner Bismarcks, schlug den heutigen Platz vor. Auf dem Sockel des Denkmals war ursprünglich noch ein Bronzerelief angebracht, das zwei eng beieinander stehende Eichen abbildete - ein damals bekanntes Symbol für Schleswig und Holstein; dieses Relief ist jedoch verloren gegangen. Heutzutage wird dem Standbild ständig der Pallasch entwendet - was wiederum zum pazifistischen Gedanken des Hiroshimaparks passt.

Opernhaus

Wie viele repräsentative Gebäude Kiels verdankt auch das Kieler Opernhaus seine Entstehung der zeitweilig steilen "Karriere" der Stadt. Allerdings dauerte es (ähnlich wie bei der Kunsthalle) doch einige Jahrzehnte, bis die 1867 zur preußischen Provinzhauptstadt und 1871 zum Reichskriegshafen aufgestiegene Stadt der darstellenden Kunst einen angemessenen Rahmen schaffen konnte.

Ob "wie bekannt, die schönen Künste in den nördlichen Gegenden Deutschlands mit vielfachen Hindernissen ihrer Kultur zu kämpfen" haben, wie bereits 1799 die Allgemeine Musikalische Zeitung resignierend festgestellt hatte, oder ob Kultur und Kulturpolitik schon zu jener Zeit eher als schmückendes Beiwerk denn als Notwendigkeit betrachtet wurden, soll hier nicht untersucht werden. Tatsache ist, dass das 1907 als "Neues Stadttheater" eröffnete Opernhaus in erster Linie durch die Beharrlichkeit engagierter Bürger möglich gemacht wurde. Das 1841 in Betrieb genommene alte Stadttheater in der Schumacherstraße (das übrigens von wechselnden privaten Pächtern betrieben wurde) hatte sich längst als völlig unzureichend erwiesen. Trotzdem ließen sich die Kieler Stadtväter bis 1896 Zeit, ehe ein Ersatz ins Auge gefasst wurde - und ohne den 1901 gegründeten "Verein der Musikfreunde in Kiel" hätte es vermutlich noch länger gedauert.

So aber konnte der renommierte Berliner Theaterarchitekt *Heinrich Seeling* für das Projekt gewonnen werden. Seeling (er baute unter anderem auch das Frankfurter Schauspielhaus) entwarf einen Bau, bei dem sich Jugendstilelemente aus Sandstein mit regionalspezifischem Baumaterial (Backstein und Granit) vermischten. *"Wie ein Stück festlich ernster Rittersaalornamentik mutet der Raum an mit seiner interessant gewölbten Decke ..."* schrieb die Kieler Zeitung über die Gestaltung des Innenraumes, nachdem der Bau mit *Ludwig van Beethovens* Oper *Fidelio* am 1. Oktober 1907 eingeweiht worden war.

Nach schweren Schäden während des Zweiten Weltkriegs erhielt das mittlerweile ausschließlich als Opernhaus genutzte Theater in den 1950er Jahren sein heutiges, wesentlich schmuckloseres Aussehen. 1973 wurde es zum Hiroshimapark hin um einen schwarz verglasten Anbau für Werkstätten und Fundus erweitert.

Auch wenn sich die schleswig-holsteinische Landeshauptstadt seit Jahren vergeblich um die Mittel zur Schaffung eines sogenannten A-Orchesters bemüht, sind doch von der Leitung und dem Ensemble des Opernhauses zum Teil beachtliche Leistungen vollbracht worden. So erhielt mit der Gründung des ersten experimentellen Opernstudios in der Bundesrepublik besonders die neue Musik ein viel beachtetes Forum, während ein mobiles Kinder- und Jugendtheater versucht, den Nachwuchs frühzeitig für Oper und Theater zu interessieren.

Natürlich lebt ein Theater (sei es Sprechtheater oder Opernhaus) in erheblichem Maße von den Menschen, die darin wirken, und so sei darauf hingewiesen, dass am Kieler Theater ein junger *Gustaf Gründgens* zum ersten Mal seine wohl berühmteste Rolle, den Mephisto, spielte - als Ersatz für einen ausgefallenen Kollegen, was der positiven Resonanz bei Publikum und Presse keinen Abbruch tat: "Ein lebhafter, geistreicher, eleganter Teufel", so urteilte ein Rezensent. Auch *Bernhard Minetti* schnupperte hier zum ersten Mal Theaterluft; allerdings musste er unter einem Pseudonym auftreten, da sein Vater als Magistratsoberbaurat in Kiel eine bedeutsame Stellung besaß.

Neben dem "Kieler Jung" *Hans Söhnker* sei auch noch *Carl Zuckmayer* erwähnt, der 1923 mit einer als skandalös empfundenen freizügigen Inszenierung von *Terenz' Eunuchen* für einen handfesten Krach sorgte und somit seine ohnehin beabsichtigte Kündigung mit einem besonderen Knalleffekt versah.

Das Kieler Opernhaus

♦ Informationen und telefonische Kartenreservierung: ☎ 9 01-9 01 und 9 01-28 80, FAX 9 01-6 28 89, 🖥 www.theater-kiel.de, 🕘 Di bis Fr von 10:00 bis19:00, Sa 10:00 bis 13:00, ✉ kartenservice@theater-kiel.de

🚌 91, Haltestelle Martensdamm

Rathaus/Rathausplatz

Das **Rathaus** mit seinem 107 m hohen Turm ist für Kiel nicht nur ein weithin sichtbares Wahrzeichen, sondern markiert, geschichtlich wie städtebaulich, einen Wendepunkt für Kiel. Mit dem explosionsartigen Anwachsen der ehemaligen kleinen Provinzstadt stellten sich der Stadtverwaltung dermaßen viele neue Aufgaben, dass das bisherige Rathaus am **Alten Markt** räumlich völlig überfordert war (☞ Altstadt, Nikolaikirche/Alter Markt). Mehr und mehr waren die Verwaltungsstellen über das Stadtgebiet verstreut, was die Arbeit nicht gerade erleichterte - ein neues Rathaus musste also her. Dieser Neubau sollte aber nicht nur dem Zweck, sondern auch der Repräsentation dienen und dem wachsenden Selbstbewusstsein der Stadt Ausdruck verleihen.

So entschloss man sich, das neue Gebäude nicht in der Altstadt zu errichten (was wegen des Platzbedarfs wohl auch kaum möglich gewesen wäre), sondern suchte ganz bewusst einen Platz im "neuen" Teil der Stadt. Dass sich die Verantwortlichen nach langer Diskussion für das Grundstück einer alten Gasanstalt an der **Fleethörn** entschieden, hatte den Grund, dass man der Stadt mit dem **Neumarkt** ein zweites, mehr kulturell als wirtschaftlich orientiertes Zentrum schaffen wollte. Kurz zuvor war nämlich beschlossen worden, an dieser Stelle auch das neue **Theater** zu errichten.

Der 1902 ausgeschriebene Architektenwettbewerb verlief allerdings derart enttäuschend, dass kein erster Preis vergeben wurde. Vielmehr forderte man den Architekten des zweitbesten Entwurfs, *Hermann Billing*, auf, einen überarbeiteten Plan vorzustellen. Dieser sah, im Gegensatz zur ersten Version, unter anderem vor, die ursprünglich geplanten zwei kleineren Türme durch einen großen Turm zu ersetzen. Außerdem war (nicht zuletzt im Hinblick auf die Kosten) die Dachgestaltung und die Gliederung der Fassade vereinfacht worden. Aufgrund dieses revidierten Entwurfs wurde 1907 mit dem Bau so zügig begonnen, dass schon 1909 Richtfest gefeiert werden konnte.

Zur Einweihung im Jahre 1911 erschien sogar Kaiser Wilhelm II., der sich besonders vom Rathausturm beeindruckt zeigte: *"Als Wahrzeichen des engen Zusammenhanges mit der Flotte erscheint Mir der weit hinausragende Turm Ihres neuen Stadthauses, der Meinen Schiffen bei der Rückkehr in den Heimathafen einen Willkommensgruss der Kieler Bürger zurufen wird."* Nicht zuletzt dieser Turm ist es auch, der Betrachter des Gesamtbauwerks aus Rathaus, Rathausplatz und Opernhaus hin und wieder zu Vergleichen mit dem Markusplatz in Venedig angeregt hat.

Ob Hermann Billing diese Ähnlichkeit bewusst herbeiführen wollte oder ob sie eher der Fantasie einiger Optimisten entsprungen ist, lässt sich heute nicht mehr mit Sicherheit sagen; schmeichelhaft für Kiel ist der Vergleich allemal!

Eigens für den kaiserlichen Besuch bei der Einweihungsfeier war übrigens eine zusätzliche Tür ins Amtszimmer des Oberbürgermeisters eingebaut worden - schließlich wollte man Majestät nicht zumuten, wie ein gemeiner Untertan durch das Vorzimmer eintreten zu müssen; nach den Einweihungsfeierlichkeiten wurde die Türöffnung zum Flur hin wieder zugemauert - vom Büro des Oberbürgermeisters ist sie immer noch zu sehen.

Angesichts der weit über den veranschlagten Kosten liegenden Bausumme war der Aufwand für die nur einmal benutzte Tür sicher kaum der Rede wert. Tatsächlich wurden die vorgesehenen 2,5 Mio. Mark derartig deutlich überschritten (bereits beim Richtfest lagen die Kosten bei 4 Mio. Mark, bis zur Einweihung noch deutlich

Ein Wahrzeichen von Kiel - der 107 m hohe Rathausturm

darüber), dass es in der Kieler Bevölkerung zu einem Sturm der Entrüstung kam. Angesichts der architektonischen Qualität des neuen Rathauses verstummte der Protest allerdings recht schnell. Übrig blieb ein Spottvers auf die Melodie des Glockenspiels, das alle Viertelstunden verkürzt und zu jeder vollen Stunde in ganzer Länge vom Rathausturm ertönt:

> *Kiel hat kein Geld,*
> *das weiß die Welt.*
> *Ob's noch was kriegt -*
> *man weiß es nicht!*

Der ursprünglich dem Glockenspiel zugrunde liegende Text lautet so:

> *De Klock, de sleit,*
> *de Tid, de geit.*
> *Nicht to veel Quark,*
> *frisch ran an't Wark*

Offen bleibt bei diesem Vers allerdings die Frage, ob es sich um eine Aufmunterung der Kieler Stadtmütter und -väter an die Bürger oder eine Aufforderung der Bevölkerung an die Stadtverwaltung handelt.

Im Kontrast zu den explodierenden Baukosten, aber auch zur Ausführung vieler anderer Rathausneubauten des späten 19. und frühen 20. Jh.s steht die sparsame Ornamentik an der Fassade und im Inneren des Kieler Rathauses. Während andernorts umfangreicher Skulpturenschmuck bürgerliche Tugenden symbolisiert, begnügte sich Hermann Billing mit den Wappen von Kiel, Schleswig-Holstein, Preußen und dem Deutschen Reich über den Fenstern des Sitzungssaales.

Auf den ersten Blick kaum wahrnehmbar sind die vier Reichsadler an den Ecken der Turmbalustrade über der Rathausuhr. Das Figurenpaar, das ursprünglich den Haupteingang säumte, existiert heute nicht mehr.

Auch im Inneren setzte Billing eher auf die Farbwirkung der sorgfältig aufeinander abgestimmten Materialien als auf üppigen Figurenschmuck. In der Eingangshalle erinnern die zwei Bilder *Hochbau* und *Tiefbau* von *Ludwig Dettmann* an den Bau des Rathauses, sollen aber wohl auch die Aufbruchstimmung, die damals die ganze Stadt erfasste, symbolisieren. Blickfang in der Rotunde der unteren Empfangshalle ist ein Brunnen mit der Bronzefigur eines jungen Mädchens, geschaffen von *Hermann Föry*. Die Marmortreppe zur oberen Empfangshalle führt vorbei an verschiedenen Gemälden und Plastiken, wie beispielsweise *Ernst Barlachs Der Sinnende II* oder *Frierende Alte*. *Die Schwerttänzerin* von *Adolf Brütt* wurde (ähnlich wie die Bismarck-Statue im Hiroshimapark) so häufig "entwaffnet", dass die ursprünglichen Bronzeschwerter inzwischen durch Kunststoff ersetzt wurden. Die Wände vor dem Ratssaal zeigen Porträts der dänisch-gottorfschen Landesherren sowie die Kieler Oberbürgermeister, Bürgervorsteher und Stadtpräsidenten.

📷 Nicht entgehen lassen sollte man sich eine Besteigung des **Rathausturmes**, was per Fahrstuhl bequem zu erledigen ist. Die Besucherplattform bietet aus etwa 70 m Höhe einen eindrucksvollen Rundblick über die Fördestadt und die Umgebung. Allerdings ist die Qualität des Fernblicks stark vom Wetter abhängig - Nebel oder Dunst sind in Kiel (leider) keine Unbekannten!

Leider nicht besichtigen kann man den Inhalt der Kugel auf der Turmspitze. Bei der Erbauung des Rathauses wurden Urkunden und Münzen in einem wetterbeständigen Behälter in die Kugel gelegt. Als man diese 1993 neu vergoldete, öffnete man auch die Kassette, fand den Inhalt in gutem Zustand vor und ergänzte ihn durch Münzen und eine aktuelle Tageszeitung. Bei dieser Aktion fiel den Restauratoren allerdings ein weiterer Behälter auf, den Arbeiter 1910 in der Kugel versteckt hatten und der bei vorherigen Restaurierungen offensichtlich immer übersehen worden war. Er enthielt eine Liste mit politischen Forderungen, die die Handwerker nicht laut hatten stellen wollen - aus Furcht vor Verfolgung.

Bei den Bombenangriffen des Zweiten Weltkriegs blieb das Kieler Rathaus erstaunlicherweise von größeren Beschädigungen verschont. Die Dächer allerdings brannten ab und wurden eher kostengünstig als architektonisch überlegt wiederhergestellt. So ging leider auch das geschwungene Kupferdach des Saalbaus verloren, was der Rathausfront viel von ihrer ursprünglichen Wirkung nimmt.

ℹ️ Informationen zur Rathausbesichtigung bei der Touristinformation im Neuen Rathaus, Andreas-Gayk-Str. 31, ☎ 0 18 05 65 67 00, FAX 6 79 10 99

Bronzefigur auf dem Rathausplatz

Auch wenn die Einwohnerzahl Kiels ständig sinkt, sind die Aufgaben der Verwaltung doch immer umfangreicher geworden. Die bisherigen Räumlichkeiten im Rathaus reichten nicht mehr aus, weshalb im ehemaligen Gebäude der Oberpostdirektion Kiel vor einigen Jahren das **Neue Rathaus** eingerichtet wurde, in dem sich auch die **Touristinformation** und die **Stadtgalerie** befinden.

Der **Rathausplatz**, der ursprünglich *Neumarkt* hieß und den Blickkontakt zwischen Neustadt und Altstadt herstellen sollte, wurde im Olympiajahr 1972 umgestaltet. Durch die Anhebung des

Der Schwertträger

Platzes zum Kleinen Kiel hin wurde diese verbindende Funktion aber stark beeinträchtigt, denn seitdem entsteht eher der Eindruck, als solle der weitläufige Platz gegen die Altstadt abgegrenzt werden.

Etwas unmotiviert und seines früher vorhandenen Brunnens beraubt, steht in einer Ecke des Platzes die Figur des *Schwertträgers* von *Adolf Brütt*. Den zahlreichen Aufklebern und Graffiti nach zu urteilen, die heute seinen Bronzekörper schmükken, sind vor allem sein keusch um die Lenden geschwungener Gürtel und sein ansehnliches Hinterteil Zielscheibe vielfältiger Fantasien.

⚒   Nicht minder fantasievoll ist das Warenangebot auf dem **Flohmarkt**, der zwischen April und Oktober an jedem ersten Sonntag im Monat den Rathausmarkt ab den frühen Morgenstunden in einen kunterbunten Basar verwandelt - Nachtschwärmer und Schnäppchenjäger sollten sich dieses Schauspiel nicht entgehen lassen.

ℹ   Kulturamt, ☎ 9 03-34 04

Höhepunkt im Jahreskalender des Rathausplatzes ist aber in jedem Jahr die dritte Woche im Juni: Vom Balkon des Rathauses wird dann vom Bundespräsidenten oder einer ähnlich prominenten Persönlichkeit die **Kieler Woche** eröffnet. Der Platz (auf dem dann auch die in einer Glassäule befindliche olympische Fackel neu entzündet wird) bietet in dieser Zeit mit dem **Internationalen Markt** dem Gaumen der Besucher zahlreiche Versuchungen. Ob Rentierschinken aus Schweden, karibische Früchte und Mixgetränke, irisches Bier, Scharfes aus Südamerika oder Ostasien - hier bieten sich jede Menge Möglichkeiten, den eigenen Diätplan über Bord zu werfen! Doch nicht nur kulinarisch wird etwas geboten: Vor dem Rathaus wird eine große Freiluftbühne errichtet, auf der die unterschiedlichsten kulturellen Veranstaltungen stattfinden.

Aber auch in der kalten Jahreszeit findet auf dem Rathausplatz ein besonderes Vergnügen statt: ab der Adventszeit bis in den Januar hinein wird eine große Kunsteisbahn aufgebaut, auf der sich Jung und Alt schlittschuhlaufend und glühweintrinkend amüsieren.

Wer links am Rathaus vorbeigeht und die Stufen der **Treppenstraße** hinaufsteigt, kann einen Blick in eine vollverglaste und aufwendig schallisolierte Druckerei der *Kieler Nachrichten* werfen. Hier werden allerdings nur noch kleinere Druckaufträge, Beilagen etc. bearbeitet. Das eigentliche Druckzentrum von Kiels einziger Tageszeitung befindet sich in einem Gewerbegebiet südlich von Kiel.

Auf dem Weg zum **Europaplatz** kommt man in der **Waisenhofstraße** an dem Gebäude der *Wille-Stiftung* vorbei. Der Kaufmann Theodor Wille, 1818 in Kiel geboren und in Hamburg durch Kaffeehandel reich geworden, vererbte seiner Heimatstadt nach seinem Tod im Jahre 1892 eine beträchtliche Summe (die Rede ist von 2 Mio. Goldmark), die zu pädagogischen Zwecken verwendet werden sollte. So entstand ein Gebäudekomplex, der neben einer

Lehrmittelsammlung eine Lehrerbibliothek sowie eine Turnhalle beherbergte. Die heutige Nutzung dürfte ebenfalls im Sinne des Spenders sein, denn inzwischen sind hier Abteilungen der Volkshochschule eingezogen.

Kuhberg/Europaplatz/Sparkassenarena

Keinem Handball-Freund in Deutschland und im europäischen Ausland muss man den Begriff **Sparkassenarena** (früher **Ostseehalle**) erklären. Die lautstarke, ja fast fanatische Begeisterung, mit der die Fans des deutschen Rekordmeisters *Turnverein Hassee-Winterbek*, kurz *THW Kiel*, die Heimspiele ihrer Mannschaft begleiten, ist bestens bekannt und gefürchtet. Erstaunlich daran ist, dass die exakt 10.250 Besucher, die für eine ständig ausverkaufte Halle sorgen, vor und nach dem Spiel typisch norddeutsch und unterkühlt wirken - doch sobald der Anpfiff erfolgt, ist hier die Hölle los!

Die Umgebung, in der die Sparkassenarena steht, war lange Zeit überhaupt nicht dazu angetan, Begeisterungsstürme zu entfachen, sondern war eine soziale Problemzone von Kiel. Wer im eng bebauten **Kuhbergviertel** wohnte, etwa im "Bierträgergang", im "Bäckergang," der "Alten" oder der "Neuen Reihe", hatte bestimmt keine feine Adresse vorzuweisen - aber manchmal ein schweres Schicksal. So steht am Rande dieses Viertels, am *Exerzierplatz 4b*, das Geburtshaus der Ärztin und Politikerin *Käte Frankenthal* (1889-1976), die von sich selber sagte: *"Ich bin eine jüdische intellektuelle Sozialistin - dreifacher Fluch!"* Kurz nachdem sie 1933 als SPD-Abgeordnete in den preußischen Landtag gewählt worden war, musste sie das Land verlassen und floh kreuz und quer durch Europa, ehe sie 1936 in die USA emigrierte. So entging sie dem Schicksal vieler Kieler Juden, die hier seit September 1939 zusammengepfercht und ab 1942 in das Vernichtungslager Theresienstadt deportiert wurden.

Das Gängeviertel zwischen dem *Kleinen* und dem *Großen Kuhberg* (der heute *Ziegelteich* heißt) war also wahrhaftig kein Ort, mit dem man renommieren konnte. Der Kieler Stadtverwaltung war es daher sehr lieb, als sich ihr nach dem Zweiten Weltkrieg die Möglichkeit bot, das seit 1575 bebaute Kuhbergviertel einzuebnen. Die Leiden der früheren Bewohner wurden dabei lange Zeit völlig ignoriert. Erst seit dem Herbst 2005 erinnert eine Granit-stele an der Ecke *Kuhberg/Waisenhofstraße* an dieses traurige Kapitel Kieler Geschichte.

Europaplatz und Sparkassenarena

In den frühen 1950er Jahren dagegen herrschte beim Umgang mit dem Kuhbergviertel purer Pragmatismus: Die neue Landeshauptstadt brauchte eine Halle für Großveranstaltungen, und man ergriff die Gelegenheit beim Schopfe, auf dem freigewordenen Gelände mitten in der Stadt einen moder-nen Mehrzweckbau zu errichten. Die 1929 erbaute und durch Luftangriffe zerstörte *Nordostseehalle* an der *Gutenbergstraße* (etwa da, wo heute die Hauptfeuerwache steht) hatte nämlich den Nachteil gehabt, zu weit vom Stadtzentrum entfernt zu liegen, und diesen Fehler wollte man nicht noch einmal begehen. Da es der Stadt aber bei Baubeginn der neuen Halle im Jahre 1950 an Baumaterial und Geld für eine völlige Neukonstruktion fehlte, griff man auf zwei ehemalige Flugzeughangars zurück, die nutzlos auf der Insel Sylt herumstanden. Sie wurden nach Kiel transportiert und hier zu einer einzigen, nur noch friedlichen Zwecken dienenden Halle zusammengefügt.

Eine nicht unerhebliche Rolle beim Bau der Sparkassenarena spielte der Kieler Schrottunternehmer *Michel Radomski*, eine schillernde Gestalt der Kieler Nachkriegszeit, der eine Zeitlang auch als Betreiber der Halle fungierte. Älteren Kielern unvergessen bleiben seine Auftritte bei Boxveranstaltungen, wenn er, begleitet von seinem Clan, kurz vor Kampfbeginn Einzug hielt und großzügig *"eine Runde Zigarren für die Herren am Ring"* verteilen ließ. Als sich allerdings herausstellte, dass er mit der Schrottverwertung nicht nur beträchtliche Gewinne machte, sondern diese auch noch an der kommunalen Steuerbehörde vorbeischleuste, musste er, zur Begleichung seiner Schulden, die Halle der Stadt überlassen.

Seit der Einweihung der Sparkassenarena am 17. Juni 1951 haben hier zahlreiche lokale, nationale und internationale Veranstaltungen aus Sport, Handel und Kultur stattgefunden. Die Liste der Namen der hier aufgetretenen Persönlichkeiten ist lang, und stellvertretend seien nur *Yehudi Menuhin*, *Willy Brandt*, *Peter Frankenfeld*, *Louis Armstrong* und die *Rolling Stones* genannt.

Heute ist dem Gebäude seine Vergangenheit als Flugzeughangar nicht mehr anzusehen, denn zahlreiche Um- und Ausbauten haben die Halle äußerlich und innerlich so stark verändert, dass sie keine Ähnlichkeit mehr mit dem Bau der frühen 50er Jahre aufweist. Äußerliche Umbauten waren schon deshalb nötig, weil eine optische Angleichung an den völlig neu gestalteten Vorplatz unumgänglich wurde.

◆   ☎ 9 82 10-0, 🖥 www.sparkassen-arena-kiel.de,
    ✐ info@sparkassen-arena-kiel.de

🚌   11/12, 41/42, 61/62, 71, 81, 91 Haltestelle Andreas-Gayk-Straße

Die Umgestaltung dieses **Europaplatz** genannten Geländes ist bis heute bei den Kielern heftig umstritten. Angesichts der teilweise gesundheitsgefährdenden Gestaltung dieser Steinwüste, deren Wasserkaskaden wenigstens Kindern als unfreiwilliger Spielplatz dienen, können sich viele des Eindrucks nicht erwehren, dass bei der Planung Schuhmacher und Orthopäden eine wichtige Rolle spielten. Ein Platz im Sinne eines kommunikativen Raumes inmitten der Kieler City ist der Europaplatz jedenfalls nicht geworden.

Holstenstraße/Holstenplatz/Andreas-Gayk-Straße

Nach Osten hin mündet der Europlatz in die **Holstenstraße**, die sich vom **Alten Markt** bis zum **Ziegelteich** erstreckt. Sie ist traditionell die wichtigste Einkaufsstraße Kiels. Sie wurde nach dem Zweiten Weltkrieg vollständig umgestaltet, nach Abschluss dieser Arbeiten im Jahre 1955 konnte sie das Recht für sich in Anspruch nehmen, als erste Fußgängerstraße in Deutschland zu gelten. Leider haben sich die Kieler auf diesen Lorbeeren zu lange ausgeruht und ließen die Holstenstraße über Jahrzehnte hinweg unverändert, während in anderen Städten immer attraktivere Fußgängerzonen entstanden.

Erst in den 1980er Jahren begann man mit einer zaghaften Renovierung des nördlichen Abschnitts der Holstenstraße zwischen Altem Markt und der Holstenbrücke. Da die Stadt und die Anlieger diese Umbaumaßnahmen nicht aus eigener Tasche bezahlen konnten, suchte (und fand) man Sponsoren, deren Namen zieren als Dank für ihre Unterstützung kleine Bronzetäfelchen in der Form von Kieler Sprotten, die in das Straßenpflaster eingelassen sind.

Der südliche Teil der Holstenstraße wurde durch die Schaffung des **Asmus-Bremer-Platzes** (an dessen Stelle sich früher ein Parkplatz befand) ein kleines Stück nach Westen verbreitert und reicht bis kurz vor den Rathausplatz. Die Namensgebung des Platzes erinnert an eine der bekanntesten Persönlichkeiten der Kieler Stadtgeschichte.

Bekannt geworden ist Asmus Bremer vor allem durch die von ihm verfasste *Chronicon Kiliense tragicum-curiosum*, die der Rat der Stadt 1740 Bremers inzwischen verarmten Witwe für 44 Reichstaler abkaufte. Durch diesen Kauf ist eine Chronik erhalten geblieben, die einen realistischen Einblick in das wirtschaftliche, soziale und geistige Leben Kiels im 16. Jahrhundert gewährt und erheblich zur Aufarbeitung der Kieler Stadtgeschichte in diesen Bereichen beigetragen hat. Erstaunlich ist allerdings, dass Bremers Chronik auf die kommunal- und landespolitischen Schwierigkeiten seiner Epoche gar nicht eingeht und so auch nichts zu ihrer Aufklärung beitragen kann. Die Chronik wird im Stadtarchiv im Kieler Rathaus aufbewahrt - jener Institution, die Asmus Bremer einst neu errichtet und geordnet hat.

ℹ   ☎ 9 01-34 24, ✍ stadtarchiv@kiel.de

Asmus Bremer wurde vor 1652 als Sohn eines Wein- und Bierhändlers in Kiel geboren. Sein genaues Geburtsdatum ist nicht bekannt, da die noch erhaltenen Taufregister der Nikolaikirche nur bis zum Jahr 1652 zurückreichen. Bekannt ist jedoch, dass er sich im Dezember 1671 an der Kieler Universi-

Bronzestatue von Asmus Bremer

tät einschrieb und nach dem Jurastudium als Advokat niederließ. 1688 zum Ratsherren gewählt, bekleidete er das Amt eines Richters an dem für niedere Straf- und Zivilsachen zuständigen Niedergericht. Auch im Kieler Armenwesen war er als Vorsteher des St. Jürgensklosters tätig. Am 21. April 1702 wurde er zum zweiten Bürgermeister gewählt. Er trat sein neues Amt in einer politisch unruhigen Zeit an, denn die Städte in den Herzogtümern Schleswig und Holstein litten stark unter den ständigen Auseinandersetzungen zwischen den Gottorfer Herzögen und den dänischen Königen. Auch Asmus Bremer wurde in diese Streitigkeiten verwickelt und im Jahr 1711 unter fragwürdigen Umständen vom amtierenden Landesherren Georg Heinrich Freiherr von Schlitz gen. von Görtz abgesetzt. Nach einer zweiten Amtsperiode ab 1713, diesmal als alleiniger Bürgermeister, starb Asmus Bremer am 31. Juli 1720. Den von ihm so sehnlich erwarteten Friedensschluss zwischen Gottorfern und Dänen hat er nicht mehr miterlebt.

Seine wiedergewonnene Popularität in jüngster Zeit hat Asmus Bremer wohl der Neubelebung des Kieler Umschlags zu verdanken, einem über Jahrhunderte für Kiel und seine Umgebung sehr bedeutsamen Markt, der, nach langem Dornröschenschlaf, seit 1975 am jeweils letzten vollständigen Februarwochenende als reines Volksfest begangen wird. Aus diesem Anlass schlüpft ein Darsteller in die Rolle des früheren Kieler Bürgermeisters und zieht mit seinem Gefolge durch die Stadt. Dieses Ereignis ist auch der Hintergrund für die von *Frauke Wehberg* geschaffene Bronzefigur Asmus Bremers, die seit 1982 den nach ihm benannten Platz schmückt und ganz zweifellos zu einem Kieler Wahrzeichen geworden ist.

Südlich der Einmündung des Europaplatzes ist die **Holstenstraße** nur noch auf der westlichen Straßenseite mit Häusern versehen. Unter diesen fällt besonders das ehemalige Gebäude der **Landwirtschaftskammer Schleswig-Holstein** ins Auge. In den Jahren 1926/1927 von dem Kieler Architekten *Johann Teede* erbaut, zählt es sicherlich zu den wichtigsten architektonischen Denkmälern, die im 20. Jh. in Kiel entstanden sind. Die Symmetrie der dunkel schimmernden Klinkerfassade mit hervorgehobener Mitte und leicht vorspringenden Eckresaliten verleiht dem Gebäude genau die selbstbewusste Ausstrahlung, die sich die Auftraggeber gewünscht hatten. Immerhin repräsentierten sie den damals wichtigsten Wirtschaftszweig Schleswig-Holsteins, und das sollte die Architektur des Kammergebäudes auch zum Ausdruck bringen; insofern dürfte auch der häufig angesprochene Vergleich mit dem etwa zeitgleich entstandenen *Chilehaus* in Hamburg den Mitgliedern der Landwirtschaftskammer gerade recht gewesen sein. Allerdings scheuten die Bauherren vor der Errichtung eines ebenso repräsentativen Portals zurück, und ließen im Erdgeschoss nur eine Reihe gleichförmiger Läden errichten - schließlich spielt bei einer Wirtschaftskammer der kommerzielle Gedanke immer eine herausragende Rolle!

Leider wird die optische Wirkung des Gebäudes durch die etwas einfallslose Fahrstuhl- und Rolltreppenkonstruktion des **Holstentörns** zum gegenüberliegenden Kaufhaus beeinträchtigt. Auf diesem letzten Abschnitt öffnet sich die Holstenstraße zum unmittelbar benachbarten **Holstenplatz**, der erst durch die Kriegszerstörungen eines früher dicht bebauten Gebietes entstand. Zunächst wurde auf der neugewonnenen Fläche ein Parkplatz eingerichtet. Inzwischen ist daraus jedoch ein Platz geworden, der mit Bänken und Blumenbeeten zum Ausruhen vom Einkaufsbummel einlädt. Zwischen dem ersten Advent und Heiligabend findet auf dem Holstenplatz ein Weihnachtsmarkt statt, der von Kerzen über Holzspielzeug bis zum Schmalzgebäck alles bietet, was der vorweihnachtlich gestimmte Besucher sucht. Die kühle Jahreszeit und die etwas zugige Atmosphäre des weitläufigen Platzes bringen es mit sich, dass die Stände mit Glühwein und Punsch besonders stark umlagert sind!

Unmittelbar östlich des Holstenplatzes verläuft eine für den innerstädtischen Verkehr wichtige Straße, die **Andreas-Gayk-Straße**, benannt nach dem Oberbürgermeister, der die Kieler Aufbaujahre nach dem Kriege entscheidend prägte. Diese für die Kieler Innenstadt ungewohnt großzügige Straße verläuft auf historischem Boden, denn hier stand einst die Kieler Vorstadt, die durch Luftangriffe stark zerstört worden war.

In der sicher richtigen Erkenntnis, dass das relativ planlos und hektisch gewachsene Kiel eine geordnete Stadtplanung und leistungsfähige Verkehrsführung brauchte, machten sich die Verantwortlichen ans Werk. Die "Klinke", eine früher bekannte Kieler Straße mit stark wechselnder Straßenbreite, verschwand vollständig. Durch Trümmergrundstücke hindurch wurde eine mehrspurige Straße gezogen, die bis zum **Bootshafen** beziehungsweise zum **Berliner Platz** führt, der Anfang der fünfziger Jahre noch Runder Platz hieß. Diese neue Straßenführung, die übrigens auf Planungen der frühen vierziger Jahre zurückgriff, wurde in der damaligen deutschen Fachpresse ausdrücklich gelobt und erhielt bis 1954 den Namen Neue Straße. Nach dem Tod von Andreas Gayk wurde sie nach ihm, der oft als "Kiels zweiter Stadtgründer" bezeichnet wird, benannt.

Andreas Gayk wurde 1893 als Sohn eines Werfttischlers im Stadtteil Gaarden geboren. Auf dem sozialdemokratisch geprägten Kieler Ostufer war es nur natürlich, dass er früh in die Arbeiterbewegung hineinwuchs. Nach dem Ersten Weltkrieg, den er als Soldat in Galizien und Frankreich verbrachte, arbeitete er als Redakteur bei der Schleswig-Holsteinischen Volks-Zeitung und wurde 1929 Stadtverordneter.

Nach 1933, als die Volkszeitung verboten wurde, ging er nach Berlin und arbeitete zwei Jahre für die Wochenzeitschrift Blick in die Zeit. Das nationalsozialistische Regime überstand er als wissenschaftlicher Mitarbeiter eines pharmazeutischen Unternehmens und ab 1943 als Hilfspolizist, ehe er kurz vor Kriegsende nach Kiel zurückkehrte. Obwohl anfangs in seiner Partei, der neugegründeten Kieler SPD, nicht unumstritten, reichte sein politischer Einfluss bald weit über die Stadtgrenzen hinaus. Er war Mitglied des Parlamentarischen Rats, galt als einer der "Kronprinzen" Kurt Schumachers und war mit Theodor Heuss persönlich befreundet.

Doch obwohl man ihn immer wieder aufforderte, sich um das Amt des schleswig-holsteinischen Ministerpräsidenten zu bewerben, beschränkte er seine Tätigkeit auf seine Geburtsstadt. Und hier gab es in der Tat etliches zu tun. Neben den unmittelbaren Kriegsschäden, deren Beseitigung schwierig genug war, stand die Stadt vor der Gefahr, die zum Überleben notwendigen Werften durch alliierte Demontage zu verlieren. Die englische Besatzungsmacht sah natürlich die Chance, ihrer eigenen Schiffsbauindustrie einen lästigen Konkurrenten vom Hals zu schaffen, und behinderte lange Zeit die Aufräumarbeiten auf den Werften und die Neuansiedlung von Industriebetrieben. In dieser schwierigen Phase verstand es Andreas Gayk, die Kieler Bevölkerung zu mobilisieren und zu Protestkundgebungen aufzurufen - in der unmittelbaren Nachkriegszeit ein für Deutschland ziemlich ungewöhnlicher Vorgang.

Als nach endlosen, zähen Verhandlungen die Voraussetzungen geschaffen waren, eine dringend benötigte Friedensindustrie aufzubauen (immerhin galt es, 30.000 ehemalige Werftarbeiter zu beschäftigen), hatten sich die in Frage kommenden Betriebe meist in anderen Städten angesiedelt. In seinem politischen Testament gab Gayk 1954 dann auch zu bedenken: "Kiel ist noch nicht über den Berg. Der schwerste Brocken, der Wirtschaftsaufbau, ist nur wenig von der Stelle gerückt. Er liegt noch wie ein Klotz vor unseren Füßen." Ironie des Schicksals ist, dass nur wenige Jahre nach Gayks Tod der Schiffbau fast 20er Jahre lang boomte und die Bundesmarine Grundstücke und Anlagen zurückbekam, ohne dass eine tragfähige, von Staatsaufträgen unabhängige Industriestruktur geschaffen worden wäre.

Andreas Gayks größtes Verdienst liegt dann auch eher auf politisch-psychologischem Gebiet. Einerseits hat er es vermocht, den Kielern nach dem Krieg Lebensmut und den Glauben an "ihre" Stadt zurückzugeben, andererseits suchte er schon früh die Aussöhnung mit den ehemaligen Kriegsgegnern. So gelang ihm beispielsweise die Partnerschaft mit dem ebenfalls schwer zerstörten englischen Luftfahrtzentrum Coventry - eine Partnerschaft, die bis heute andauert.

Holstenbrücke/
Bootshafen/Schwedenkai/Bollhörnkai

Auf dem Weg von der Andreas-Gayk-Straße zum **Schwedenkai** kommt man am **Bootshafen** vorbei. Im ersten Augenblick erscheint der Name des brackigen Gewässers unsinnig, denn Boote sieht man hier bestimmt nicht. Doch vor 1830 war der Bootshafen noch ein Teil der Förde, die bis an die **Holstenbrücke** heranreichte. Auch diese trug, wie der Bootshafen, ihren Namen noch zu Recht, denn sie überspannte den Graben, der den Kleinen Kiel mit der Förde verband und ursprünglich die Stadt nach Süden sicherte. Dieser Graben verläuft inzwischen unterirdisch unter dem Straßenzug hindurch, der heute den Namen "Holstenbrücke" trägt.

Der Bootshafen, der lange Zeit städtebaulich sträflich vernachlässigt worden war, ist in jüngster Zeit komplett umgestaltet worden. So laden etwa die Treppenstufen auf seiner Nordseite den fußmüden Pflastertreter zum Sitzen ein und bescheren ihm außerdem noch einen eindrucksvollen Blick auf die Fähren und Kreuzfahrtschiffe am Schwedenkai. Leider musste die früher am Ostende des Bootshafens aufgestellte Spitze des alten Friedrichsorter Leuchtturmes der Neugestaltung weichen. Allerdings hat sie im Kieler Stadtteil ☞ Friedrichsort, ihrer eigentlichen Heimat, einen würdigen Platz gefunden.

Wenige Schritte östlich des Bootshafens steht am **Schwedenkai** unübersehbar der Terminal der ***Stena-Line***, die die Fährverbindung zwischen Kiel und der zweitgrößten schwedischen Stadt *Göteborg* betreibt. Wie erfolgreich diese Fährlinie sowohl im Passagier- wie auch im Frachtbereich ist, sieht man daran, dass die Stadt Kiel im Frühjahr 2010 schon zum zweitenmal seit Eröffnung der Linie ein neues großzügiges Fährterminal baute. Auf insgesamt 10.000 Quadratmetern, verteilt auf 12 Geschosse, werden nun Fracht- und Personenverkehr organisiert und abgewickelt. Besucher, die nicht mit der Fähre fahren, sondern "nur" die Aussicht auf den Hafen und die Schiffe genießen wollen, haben dazu von der Aussichtsterrasse auf der oberen Abfertigungsebene Gelegenheit. Das vorherige, 1982 eingeweihte Terminal reichte zur Abwicklung besonders des Personenverkehrs nicht mehr aus und wurde abgerissen.

Was im Jahr 1967 auf Initiative des Kieler Stadtrats *Rolf Renger* und des Reedereigründers und -namensgebers *Sten A. Olson* begann, hat sich so rasant entwickelt, dass bereits im ersten Jahr der 125.000. Passagier begrüßt werden konnte. Heute wird fast ein Viertel des Kieler Fährumschlags mit der Stena Line abgewickelt und im September 2000 konnte der 10-Millionste Passagier gezählt werden.

♦ Schweden-Kai 1, 🗓 Mo bis Fr 8:00 bis 18:00, Sa. 9:00 bis 13:00, ☎ 0 18 05-91 66 66, ✉ info.de@stenaline.com, 💻 www.stenaline.de

🚢 Fährverbindung Kiel - Göteborg: Fahrtdauer: 14 ½ Stunden, Abfahrt Kiel täglich um 19:30, Ankunft Göteborg um 9:00 des folgenden Tages

Die Stena-Line am Schwedenkai

Es versteht sich von selbst, dass zur Abwicklung dieser Verkehrsströme immer größere und komfortablere Schiffe nötig sind. Die heute im Einsatz befindlichen Fähren *Stena Germanica II* und *Stena Scandinavica III*, die 1987 und 1988 (mit sechsjähriger Verspätung) von einer polnischen Werft abgeliefert wurden, haben eine Tonnage von 38.772 bzw. 39.169 BRZ (=**B**rutto-**R**aum-**Z**ahl) und können neben 2.400 Passagieren 550 Autos transportieren.

Aber auch diese Schiffsgrößen reichen für die zu erwartenden Passagierzahlen nicht aus. Deshalb lässt die Stena Line, immerhin die größte Fähr-
schiffs-Reederei der Welt, auf den Werften in Mecklenburg-Vorpommern eine
noch größere Fährengeneration bauen.

Wem die Überfahrt über die gelegentlich stürmische Ostsee noch nicht
genug Unterhaltung bot, dem sei ein Spielchen im genau gegenüberliegenden **Spielcasino** empfohlen; eventuelle Gewinne sollte man natürlich dem
Kieler Handel zukommen lassen.

Der **Bollhörnkai**, der direkt südlich an den Schwedenkai anschließt, ist in
den letzten Jahren immer häufiger Anlegeplatz für Kreuzfahrtschiffe der verschiedensten Größen geworden. Durch den in Deutschland ziemlich einmaligen Vorteil, dass der Hafen bis unmittelbar in die Innenstadt hineinreicht,
wird Kiel als Zwischenstation für Kreuzfahrer zunehmend interessant. An
manchen Tagen bietet sich dann dem "Seh-Mann" am Kieler Hafen ein impo-
santes Bild aus Fähr- und Passagierschiffen vor dem Hintergrund der Werft-
kräne auf dem Ostufer.

Am südlichen Ende des Bollhörn-Kais liegt mit dem **Eckmannspeicher**
der letzte erhaltene historische Speicher im Kieler Innenhafen. Der zum Kulturdenkmal erklärte Klinkerbau wurde 1925 als Getreidespeicher für die
Firma Eckmann gebaut und dient heute verschiedenen Firmen als Bürogebäude (📷 Seite 204).

Von den Kaianlagen durch eine vierspurige Straße getrennt (die folgerichtig auch **Kaistraße** heißt), liegt ein zweiteiliger Gebäudekomplex, der 1989
als Neubau der Oberpostdirektion eingeweiht wurde. Seit der Privatisierung
der Bundespost und dem Auszug der Telekom in ein Gewerbegebiet im
Süden Kiels wird ein Gebäudeteil von der Stadtverwaltung als **Neues Rathaus**
genutzt.

Zwischen beiden Gebäudeteilen bleibt ein Durchblick von der Andreas-
Gayk-Straße zum Hafen erhalten. Diese Blickachse trägt den Namen
Ehmsen-Platz. Benannt ist sie nach dem sozialkritischen Maler *Heinrich Ehmsen*, der 1886 in Kiel (genauer gesagt: in der *Muhliusstraße*) geboren wurde.
Seine Studienjahre in Paris und München brachten ihn in Kontakt mit der
französischen Avantgarde bzw. zur Künstlergruppe Blauer Reiter. Bekannt
machte ihn ein Zyklus von Bildern über die Münchner Räterepublik, von dem

einige Bilder heute in der St. Petersburger *Eremitage* hängen. Nachdem er 1949 als stellvertretender Direktor der Hochschule für Bildende Künste entlassen worden war, ging er in die DDR, wo er 1950 in die gerade gegründete Deutsche Akademie der Künste aufgenommen wurde. Am 6. Mai 1964 starb Heinrich Ehmsen in Ost-Berlin.

Blickfang des länglichen Platzes ist die Skulptur "Seewind" von *Martin Matschynski* und *Brigitte Matschynski-Denninghoff.*

Unterhalb der Skulptur befindet sich an einer grauen Stützmauer eine unscheinbare und mittlerweile leider ziemlich unleserliche Bronzeplatte, die daran erinnert, dass an dieser Stelle (und nicht am heutigen Standort auf dem Ostufer!) 1838 die **Howaldts-Werft** gegründet wurde (☞ Ostufer, Gaarden).

Der Name "Ehmsen-Platz" ist auch deshalb gut gewählt, weil sich im Neuen Rathaus (Eingang von der Andreas-Gayk-Straße her) die **Stadtgalerie** befindet, die früher im **Sophienhof** untergebracht war. Ungeachtet der neuen (beengteren) Räumlichkeiten bleibt es erklärtes Ziel der Stadtgalerie, mit wechselnden Ausstellungen vor allem Gegenwartkünstlern aus dem Ostseeraum ein Forum zu bieten.

Spektakulärstes Exponat der ständigen Ausstellung ist sicherlich die Mauer aus alten Koffern des 1943 in Kiel geborenen Künstlers *Raphael Rheinsberg.* Leider wird diese "Kofferwand" zur Zeit nicht ausgestellt, sondern wartet im Magazin der Stadtgalerie auf bessere Zeiten.

Wer nicht warten, sondern sich eines oder mehrere der Exponante ausleihen möchte, kann dies gerne tun, denn die Stadtgalerie fungiert auch als "Artothek".

◆   🖥 www.artothek.de

Ebenfalls in der Stadtgalerie beheimatet ist das **KulturForum**, das mit seinen 250 Sitzplätzen gerne für Lesungen, Konzerte oder Theateraufführungen genutzt wird.

◆   Andreas-Gayk-Straße 31, ☎ 9 01 34-00, FAX 9 01-6 34 75,

🖎 stadtgalerie@kiel.de, 🖥 www.stadtgalerie-kiel.de, 🕾 Di, Mi und Fr von 10:00 bis 17:00, Do von 10:00 bis 19:00, Sa und So von 11:00 bis 17:00, Mo geschlossen, Gruppenführungen nach Absprache: ☎ 9 01-34 83

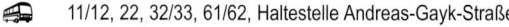 11/12, 22, 32/33, 61/62, Haltestelle Andreas-Gayk-Straße

Im Gegensatz zur Telekom ist die *Post AG* ihrem alten Standort treu geblieben und betreibt im südlichen Teil des Baukomplexes das Kieler **Hauptpostamt**. Vor dem Postamt, am Stresemann-Platz, steht die Skulptur *Fünf Erdteile* von *Bernhard Heiliger*. Die Hauptpost steht übrigens auf "historischem" Grund, denn hier befand sich bis 1905 der Kieler Bahnhof (☞ Bahnhof/Sophienhof).

Für den Kiel-Besucher die interessanteste Einrichtung im Neuen Rathaus dürfte die **Tourist-Information** sein. Sie liegt genau zwischen Stadtgalerie und Hauptpostamt. Ob Informationen über die Stadt oder Anregungen für Ausflüge ins Umland - hier erhält der Besucher alles, was für ihn wichtig und interessant ist.

♦   Andreas-Gayk-Straße 31, 24103 Kiel, ☎ 6 79-1 00 (täglich von 08:00 - 22:00, FAX 6 79 10 99, ✍ info@kurskiel.de, 🖳 www.kiel-tourist.de, 🗋 Mo bis Fr von 9:00 bis 18:00, Sa von10:00 bis14:00, nicht geöffnet an Sonn- und Feiertagen

🚌   11/12, 22, 32/33, 61/62, Haltestelle Andreas-Gayk-Straße

Hauptbahnhof/Sophienhof

Kiel hat eine lange Eisenbahntradition. Bereits 1844 wurde mit der Linie zwischen Altona und Kiel ein regelrechter Fernverkehr in Betrieb genommen. Ältere Verbindungen, wie zum Beispiel Nürnberg - Fürth (1835), Braunschweig - Wolfenbüttel (1838) oder Hamburg - Bergedorf (1842), überwanden wesentlich kürzere Strecken. Allerdings muss man zugeben, dass es die Bauingenieure mit dem flachen holsteinischen Land auch nicht besonders schwer hatten.

Innenansicht des Hauptbahnhofs

Mit der neuen Strecke verbanden sich große Hoffnungen, denn der damalige Schleswig-Holsteinische Kanal

Kaisertreppe am Hauptbahnhof

(der Nord-Ostsee-Kanal wurde erst ein halbes Jahrhundert später eingeweiht) sowie die holperige Chaussee nach Altona (die 1832 wenigstens gepflastert wurde) waren kaum mehr zeitgemäße Transportwege. Außerdem wollte das dänische Königreich, zu dem Kiel und Altona seinerzeit noch gehörten, eine Konkurrenz zu den Hansestädten Hamburg und Lübeck aufbauen. Dort trug man sich nämlich bereits seit 1831 ernsthaft mit dem Gedanken eine Eisenbahnlinie zu bauen und hatte auch bereits das Interesse englischer Investoren geweckt. Um seine eigene Eisenbahn vor unliebsamen Mitbewerbern zu schützen, verbot der dänische König allerdings kurzerhand die Vermessungsarbeiten im Herzogtum Lauenburg (das auch zum dänischen Gesamtstaat gehörte) und brachte das Projekt somit zu Fall. Doch trotz dieses Schachzuges erschien dem dänischen König das Risiko einer Bahnlinie Altona - Ostsee immer noch so groß, dass er (auch heute noch ein ziemlich beliebter Trick) die Finanzierung privaten Investoren überließ. So wurde am 16. Juni 1842 die "Altona-Kieler-Eisenbahn-Gesellschaft" gegründet. Obwohl es während der Bauarbeiten hin und wieder zu Protestaktionen von Fuhrleuten kam, die um ihre Einnahmen fürchteten, konnte bereits ein gutes Jahr später die 105 km lange Strecke in Betrieb genommen werden. Statt 9 Std., die man vorher per Extrapost auf der Chaussee verbrachte, ging die Reise nun in 2 ½ Stunden bei einer Durchschnittsgeschwindigkeit von 45 km/h vor sich. Bei so einer Zeitersparnis ist es kein Wunder, dass die Bahnlinie ein großer Erfolg wurde. Ein Jahr nach ihrer Eröffnung wurden schon 1.000 Personenfahrkarten verkauft, und als 1868 die Ostholsteinischen Bahnen der Strecke angeschlossen wurden, stieg die Zahl auf über 6.000.

Mit dem Standort des Bahnhofs taten sich die Kieler schwer. Zwischen den Bewohnern der Alt- und der Neustadt entbrannte ein erbitterter Streit, denn jede Partei wollte das neue technische Wunderwerk in ihrer Nähe haben. Der schließlich gefundene Kompromiss, den Bahnhof auf dem Gebiet der heutigen Hauptpost anzusiedeln, hatte keine politischen, sondern rein technische Hintergründe. Da die Eisenbahnstrecke in Kiel endete, musste Platz für eine Drehscheibe geschaffen werden, auf der die Lokomotiven umdrehen konnten. Und diese Fläche hätte in der Altstadt nicht zur Verfügung gestanden.

Zu Beginn des 20. Jahrhunderts war der Bahnhof aus dänischer Zeit den gestiegenen Anforderungen nicht mehr gewachsen und musste ersetzt werden. Er wurde etwa 500 m weiter südlich ungefähr an der Stelle errichtet, für die die Bürger der Neustadt schon ein halbes Jahrhundert zuvor plädiert hatten. Der 1899 eingeweihte neue Bahnhof erhielt an der Stirnseite ein Hauptportal, das von einer mächtigen Kuppel überwölbt wurde. Nach den Beschädigungen im Zweiten Weltkrieg hat man diese Kuppel beim Wiederaufbau (1950-1955) leider durch eine flachere Dachkonstruktion ersetzt, obwohl Teile des Stahlgerippes, das die Kuppel stützte, noch bestanden.

An der Wasserseite besaß der Kieler Bahnhof ein weiteres, erhöht angeordnetes Portal mit Treppen und seitlichen Rampen, das repräsentativen Zwecken diente. Dieser als **Kaisertreppe** bezeichnete Zugang machte einen direkten Weg zum Wasser möglich, insbesondere bei Besuchen des Kaisers, dessen Yacht *Germania* dann am Bahnhofskai festmachte. Lange Zeit war dieses Portal nur noch andeutungsweise zu sehen und diente dem Bahnhofsrestaurant als Blickfang. Doch das war noch nicht das Aus für die Kaisertreppe: Seit längerem bestehende Pläne für eine grundlegende Restaurierung und

Modernisierung des Kieler Hauptbahnhofes und seines Vorplatzes wurden endlich im Jahr 2000 in Angriff genommen und 2006 nach zahlreichen technischen Problemen erfolgreich abgeschlossen. Leider zu spät für den hundertsten Geburtstag des Gebäudes, aber immerhin ist (neben zahlreichen anderen Veränderungen) auch die alte Kaisertreppe wieder zu ihrem Recht gekommen und wird von den Reisenden (täglich etwa 25.000 Personen) gerne in Anspruch genommen - auch wenn vermutlich die wenigsten von ihnen vor dem Bahnhof von ihrer Yacht erwartet werden!

An der Kaisertreppe befindet sich auch der **Tourist-Service im Hauptbahnhof**, gewissermaßen die Außenstelle der Touristinformation (☞).

🔲 Mo bis So 09:00 bis19:00 (Januar bis März) bzw. Mo bis So 08:00 bis 19:00 (April bis Dezember)

🚌 💻 www.bahnhof.de, DB Service Point 🔲 täglich von 6:00 bis 22:30
☎ 01 80-5 99 66 33, FAX 24 79-3 74, 💻 www.regionalbahn-kiel.de

◆ Bahnhofsmission, Gleis 6, ☎ 67 51 41

🔳 An der Südostseite des Bahnhofs und mit diesem durch einen direkten Durchgang verbunden, entstand vor einigen Jahren eines der ärgerlichsten Gebäude Kiels, das "Erlebniszentrum" **CAP**. Bezeichnend für die architektonische Qualität des Baus ist die Tatsache, dass ausländische Besucher schon hin und wieder vermuteten, es handle sich um einen ehemaligen Luftschutzbunker, der, äußerlich und innerlich entsprechend verändert, neu genutzt werde.

Im Innern befindet sich neben einem Hotel, einem Fitness-Studio und einem technisch vorzüglich ausgestatteten Kino-Center der *Cinemaxx-Gruppe* ein Labyrinth aus Fast-Food-Ständen, das von den Betreibern und der Kieler Bauverwaltung gern als "Erlebnisgastronomie" angepriesen wird. Erlebnisse empfindet jedoch eher die Kieler Polizei, für die das CAP schon bald nach seiner Eröffnung zu einem neuen Brennpunkt geworden ist. Einziger erkennbarer Vorteil des langen, schmalen Betonkörpers ist der unverstellte Ausblick auf das Ostufer, den man vom Vorraum des Kino-Centers aus genießen kann.

🔳 Südlich des Ausgangs zum vierspurigen **Sophienblatt** kann man sich am Kiosk der **Kieler Verkehrsgesellschaft KVG** Fahrpläne geben lassen und über Mehrtagestickets usw. informieren.

✠   Unmittelbar neben dem Kiosk erinnert ein Gedenkstein an den **St. Jürgens-Friedhof,** der sich hier früher befand und der nach dem Kriege einem Parkplatz weichen musste. Da auf diesem Friedhof auch einige prominente Kieler Bürger beerdigt waren, hat man auf dem **Eichhof-Friedhof** im Westen Kiels ein Gedenkfeld für sie eingerichtet.

🏴   Dem Bahnhof gegenüber, und von diesem über eine Fußgängerbrücke bequem zu erreichen, liegt das Einkaufszentrum **Sophienhof**, das bei seiner Einweihung im Frühjahr 1988 das größte derartige Bauwerk in Deutschland war.

Der Sophienhof

Der Name *Sophienhof* ist in dieser Ecke Kiels keineswegs neu und steht im Zusammenhang mit der Neuanlage des Bahnhofs. Kurz nach der Jahrhundertwende entstanden nämlich rings um den Bahnhofsplatz eine Reihe aufwendiger Bauten: das Hansahotel, der Bau der Schleswig-Holsteinischen Landgesellschaft und eben der 1906 errichtete Sophienhof. Nach dem Zweiten Weltkrieg waren erhebliche Teile dieser repräsentativen Bebauung zerstört, andere (wie der Erweiterungsbau des Thaulow-Museums, ☞ Altstadt, Nikolaikirche/Alter Markt) wurden von den Stadtplanern bei der grundsätzlichen Neugestaltung der Bahnhofumgebung als störend empfunden.

Die Weichen in Richtung Abriss auch des Sophienhofs wurden am Ende der 1960er Jahre gestellt, als man den Bau eines Kaufhauses an der Stelle des früheren Thaulow-Museums genehmigte. Immerhin dauerte es noch bis zum Sommer 1983, ehe auch der alte Sophienhof (gegen zum Teil heftige Proteste) abgerissen wurde. Weitere drei Jahre vergingen bis zur Grundsteinlegung des heutigen Zentrums aus Läden, Büros und Wohnungen.

Ein kleines Stück des alten Sophienhofs hat allerdings überlebt: Zwei Sphingen als Sandsteinreliefs verzieren einen Nebeneingang des "modernen" Sophienhofs.

Seit der Einweihung des Einkaufszentrums im Frühjahr 1988 hat sich der Schwerpunkt der Innenstadt weiter nach Süden verlagert - sehr zum Leidwesen der Kaufleute in der Altstadt und der nördlichen Holstenstraße. Aber in einer Stadt, in der häufig windiges und regnerisches Wetter herrscht, hat eine überdachte Einkaufspassage nun einmal unbestreitbare Vorteile, zumal die obere der beiden Ladenzeilen die Fußgängerzone **südliche Holstenstraße/Holstentörn** konsequent fortführt.

Das ursprüngliche Konzept des Sophienhofs, vor allem Läden des gehobenen Bedarfs anzusiedeln, ist nicht konsequent umgesetzt worden, aber der Publikumserfolg gibt den Erbauern recht. Die vorhandenen Parkmöglichkeiten tun ein übriges, den Sophienhof vor allem bei Bewohnern des Kieler Umlandes beliebt zu machen.

Rondeel

"Es sind wahre Marterfahrten, diese sogenannten Wege." Dies ist nicht etwa der Stoßseufzer eines geplagten Kieler Rad- oder Autofahrers (obwohl beide Gründe genug zur Klage hätten!), sondern der Ausruf eines Reisenden aus dem Jahre 1815. Und zur Ehrenrettung Kiels muss gesagt werden, dass die Straßen überall im Lande in schlechtem Zustand waren.

Um den Landtransport auf leistungsfähigeren Straßen abwickeln zu können, entschloss man sich 1830, von Kiel aus eine befestigte Landstraße nach Altona zu bauen. Dabei brachte man eine Technik zur Anwendung, die der schottische Bauingenieur *Mac Adam* entwickelt hatte: Die Fahrbahndecke bestand aus Schotter, die auf einen Unterbau aus Feldsteinen gewalzt wurden. Die Zwischenräume verfüllte man mit Kies und Wasser.

Ausgangspunkt der für ihre Zeit sehr fortschrittlichen Straße war die Schnittstelle der schon bestehenden Straßen nach Lübeck und Hamburg (die auch heute noch **Alte Lübecker Chaussee** und **Hamburger Chaussee** heißen). Ein Obelisk, von den Autofahrern dieser viel befahrenen Straßenkreuzung meist unbeachtet, markiert heute noch den Beginn dieser 12 ¼ dänischen Postmeilen (etwa 92 km) langen Straße. Welche Vorteile diese Verbindung damals bot, ist schon daraus zu ersehen, dass man die Strecke nach Altona nun in 9 statt in 16 Stunden bewältigen konnte. Natürlich war der Verkehr auf diesem Wunderwerk der damaligen Bautechnik gebührenpflichtig. Auf diese Weise hoffte man, die enormen Baukosten wieder hereinzubekommen. Wie teuer diese Straße für seinen Bauherrn, den dänischen Staat, wurde, zeigte sich auch daran, dass bei ihrer Einweihung im Jahre 1832 der dänische König an ein Brückengeländer klopfte, um festzustellen, ob es vielleicht aus Silber sei - die Bausumme ließ ihn dies vermuten!

Allerdings verlor diese erste holsteinische "Kunststraße" schon ein Jahrzehnt nach ihrer Eröffnung an Bedeutung, da die neu gebaute Eisenbahn die Fahrt zwischen Kiel und Altona noch einmal erheblich beschleunigte (☞ Hauptbahnhof/Sophienhof).

Erhalten geblieben ist neben dem Obelisk auch der erste Meilenstein auf dem Weg nach Süden. Verziert mit den Initialen des dänischen *Königs Friedrich IV.*, steht er heute am **Waldwiesenkreisel**.

Jüdischer Friedhof

Nahezu vergessen in einem Wohnquartier oberhalb des **Königswegs** liegt Kiels **jüdischer Friedhof**. Vor 1852 hatte die jüdische Gemeinde ihre Toten in Westerrönnfeld auf dem Begräbnisplatz der Jüdischen Gemeinde Rendsburg beerdigt. Im Totenbuch der Kieler Juden sind aus der Zeit um die Jahrhundertwende 178 Begräbnisse verzeichnet, im Jahre 1941, dem letzten Jahr, in dem das Totenbuch geführt wurde, waren es 379. Seit Kriegsende kamen kaum noch Bestattungen hinzu; zwischen 1973 und 1991 fanden gar keine Beerdigungen statt.

Der seit 1906 von einer hohen Mauer umgebene, 2.493 m² große Friedhof wurde im Krieg stark beschädigt. So waren die Mauer und die 1887 errichtete Trauerhalle teilweise zerstört und die Gräber durch Bombentrichter zerwühlt worden. Nach 1945 wurde der Friedhof als einzige jüdische Gemeindeeinrichtung wiederhergestellt. Aber ein *Chewra Kadischa*, eine Vereinigung zur Pflege des Friedhofs und zur Durchführung der Beerdigung nach jüdischem Ritus, gibt es seit 1938 nicht mehr. Die jüdische Gemeinde Kiels entwickelte sich seit dem Zuzug der ersten Juden im 18. Jh. recht spärlich und wuchs erst seit 1863, dem Jahr der jüdischen Emanzipation im Herzogtum Holstein. Um die Wende vom 19. zum 20. Jahrhundert lebten über 400 Juden in Kiel, in der Weimarer Zeit waren es gar über sechshundert. Sie waren bis zum Beginn der nationalsozialistischen Gewaltherrschaft selbstverständlicher Bestandteil des Kieler Wirtschaftslebens, und an der Universität lehrten bedeutende jüdische Wissenschaftler wie z.B. der Ökonom und spätere Nobelpreisträger (1973) *Wassily Leontief* oder der Mediziner *Otto Meyerhof*, der 1922 ebenfalls den Nobelpreis erhielt.

In den 1980er Jahren lebten weniger als 20 Juden in Kiel, doch der Zustrom osteuropäischer Juden hauptsächlich aus dem Gebiet der ehemaligen Sowjetunion hat die Kieler Gemeinde seit Beginn der 90er Jahre wieder auf über 300 Mitglieder ansteigen lassen. Natürlich wird seither auch der Friedhof wieder genutzt. Dies war einer der Gründe, weshalb sich vor einigen Jahren die damalige Kieler Stadtpräsidentin *Cathy Kietzer* und private Spender entschlossen, den Friedhof sanieren zu lassen.

◆   Michelsenstraße, ☎ 7 39 90 97, Besuch nach Absprache möglich

✗ Restaurants/Kneipen/Nachtleben

Der **Ratskeller** im Kieler Rathaus bietet rustikale Küche und ist durch seine zentrale Lage auch gut als Raststätte für müde Stadtbummler geeignet.

◆   Fleethörn 9-11, ☎ 9 71 00 05, FAX 9 71 05 03, 💻 www.ratskeller-kiel.de

Wer anspruchsvolle Küche genießen möchte, kann dies im **September** tun. Neben der ambitionierten Speise- und Weinkarte bietet das in einer alten Maschinenfabrik gelegene Restaurant auch ein angenehmes Ambiente.

◆   Lübecker Chaussee 27, ☎ 68 06 10, FAX 68 88 30, 🖳 www.september-kiel.de

Freunden exzellent zubereiteter, ungekünstelter italienischer Küche sei dringend **Claudios Ristorante Alla Scala** empfohlen. Neben Kleinigkeiten und Antipasti gibt es je nach Marktlage wechselnde 3- und 5-gängige Menüs. Dazu bietet Claudio, der Koch und Kellner in einer Person ist, eine kleine aber hervorragende Weinkarte. Dem Gault Millau ist diese Küche schon seit Jahren regelmäßig eine hohe Punktzahl wert.

◆   Schützenwall 1, ☎ 67 68 67, FAX 6 00 46 87, ✍ claudiosscala@aol.com

Eine sehr originelle Mischung aus Café, Bar und Livemusik inmitten einer ebenso originellen Einrichtung bietet das **Prinz Willy**.

◆   Lutherstraße 9, ☎ 2 60 53 53, FAX 2 60 55 33, 🖳 http://prinzwilly.de
       🕯 Di bis So ab 16:00, Mo geschlossen

Freitags und samstags steht für Nachtschwärmer in Kiel das **Weltruf** auf dem Programm. Ein Hingucker ist allein die Fassade: ein hölzernes Schiff. Das Maritime zieht sich auch durch die Einrichtung im Inneren. Shantys sind hier trotzdem nicht zu hören, sondern thematisch unterschiedliche Partyreihen und DJs mit Musik von Indie über Electronic bis Worldbeats - aber immer gut tanzbar. Auch Konzerte, Kinoabende und Theater werden veranstaltet. Das Publikum ist studentisch gemischt.

◆   Lange Reihe 21-23, 🕯 Do.-Sa. 22.00- 5.00 Uhr, 🖳 www.weltruf-kiel.de

Das **Cinemaxx Kino-Center** im ☞ CAP zeigt Kino-Blockbuster in 10 technisch sehr gut ausgestatteten Sälen.

◆   🖳 www.cinemaxx.de

Nördlich der Altstadt

Blick auf die Lessinghalle

Schrevenpark

Die Gegend um den **Schrevenpark** gehört seit langem zu den bevorzugten Wohnlagen im Kieler Innenstadtbereich. Dabei hatte der Teich, der heute Mittelpunkt der Anlage ist, ursprünglich eine ganz profane Aufgabe: Als "grevensdiek" (also: "des Grafen Teich") versorgte er das Kieler Schloss und die Wasserspiele im Schlossgarten mit frischem Wasser. Nach 1889, als die Stadt den Teich in Besitz nahm, diente er ebenfalls noch eine Zeit lang als Wasserreservoir für die wachsende Kieler Bevölkerung, obwohl die Stadt seit 1879 über ein modernes Wasserwerk verfügte. In den Jahren 1901/1902 wurde dann der nordöstliche Teil des Teiches zugeschüttet und darum herum ein Park angelegt, der den Bewohnern der ebenfalls in dieser Zeit entstandenen Häuser in der **Schiller**- und **Goethestraße** als Naherholungsgebiet dienen sollte.

Die Planung dieser Anlage besorgte der Kieler Stadtgärtner *Ferdinand Hurtzig*, der den Park nicht nur mit Tennisplätzen und Reitwegen, sondern auch mit einem Pavillon mit Brücke sowie einer Gastwirtschaft versah. Nach dem Zweiten Weltkrieg wurde das Wegenetz vereinfacht und der heutige Name eingeführt; bis dahin hatte die Anlage noch "Hohenzollernpark" geheißen.

Zu seinem hundertsten Geburtstag bekam der Park eine Renovierung spendiert. So wurden unter anderem durch Freischlagen Blickachsen wiederhergestellt und der Rosengarten aus den 1920er Jahren rekonstruiert.

Er ist auch die neue (alte) Heimat der Kalksteinskulptur *Die Schlummernde*, die 1911 von dem Bildhauer *Richard Engelmann* geschaffen wurde. Allerdings schien die als "Venus von Kilo" verspottete schwergewichtige Dame nicht allen Parkbesuchern zu gefallen; nach mehrfacher Beschädigung ließ man sie 1950 an eine weniger versteckt gelegene Stelle im **Hiroshimapark** umziehen, ehe sie im Jahr 2002 wieder an ihren früheren Standort zurückkehrte.

Eine weitere Attraktion im Schrevenpark sind die Wasservögel - aber sie bedeuten auch eine Plage. Denn sie sind derartig zahlreich geworden, dass ihre "Hinterlassenschaften" zu einem ernsten Problem für die Wasserqualität des Teichs werden. Um die "Überdüngung" etwas einzudämmen, ist zwar vor einigen Jahren eine Wassertreppe zur Teichbelüftung angelegt worden und seit geraumer Zeit ist auch das Füttern der teilweise exotischen Vögel verboten - aber viele Besucher möchten doch auf dieses Vergnügen nicht verzichten.

Sportlichere Naturen können sich mit Fußballspielen oder auf dem neu angelegten Bouleplatz die Zeit vertreiben.

Im Schrevenpark

 Am *Lessingplatz* steht die zwischen 1934 und 1935 erbaute **Lessinghalle**, die nicht nur die älteste noch existierende Schwimmhalle in Kiel ist, sondern auch die architektonisch wertvollste - weshalb sie seit Jahren bereits unter Denkmalschutz steht. Die nach schweren Bombenschäden 1955 wieder aufgebaute Halle ist heute allerdings in einem baulich so schlechten Zustand, dass sie für den Badebetrieb geschlossen werden musste - ein schmerzlicher Verlust vor allem für viele Kieler Schulen, die hier regelmäßig ihren Schwimmunterricht durchführten. Über die weitere Nutzung der Halle ist noch keine Entscheidung gefallen, eine Nutzung als Veranstaltungsort scheint aber immerhin möglich.

51, Haltestelle Stadtwerke

An der Ecke **Goethestraße/Humboldtstraße** steht seit 1989 ein Mahnmal der Hamburger Künstlerin *Doris Waschk-Balz*. Es erinnert an die Zerstörung der **jüdischen Synagoge** während der Pogromnacht vom 9./10. November 1938. Die Synagoge, 1909/10 vom Kieler Architekten *Johann Theede* errichtet, war schon seit den frühen dreißiger Jahren das Ziel von Anschlägen und Gewalttaten. Doch erst in jener Nacht wurde sie in Brand gesetzt und vollständig zerstört. Die Feuerwehr schritt übrigens erst ein, als das Gebäude bereits so gut wie ausgebrannt war. Nach der Zerstörung wurde die jüdische Gemeinde gezwungen, das Grundstück an die Stadt Kiel zu verkaufen. Der Kaufpreis, 25.000 Reichsmark abzüglich einer Grundschuld von 19.850 Reichsmark, wurde auf ein Sperrkonto überwiesen; die jüdische Gemeinde bekam keinen Pfennig.

Wenige Fußminuten vom Schrevenpark entfernt liegt in einer ehemaligen Schlosserei die Spielstätte des Theaters **Die Komödianten**. Diese Bühne, die bei ihrer Gründung 1984 eines der ersten Kieler Privattheater war, hat sich seither einen hervorragenden Ruf "erspielt". Aus Kiels sommerlichem Kulturleben gar nicht mehr wegzudenken, ist die alljährliche Inszenierung von *Antoine de Saint Exup´erys* "Kleinem Prinzen", der an besonders origineller Spielstätte gegeben wird: dem Innenhof des Kieler Rathauses. Aber Schauspieler und Theaterdirektor *Markus Dentler* und sein Ensemble treten ohnehin nicht nur in den eigenen vier Wänden auf, sondern haben Gastspiele schon in allen Kieler Patenstädten und sogar im UN-Gebäude in New York gegeben.

◆   Wilhelminenstraße 43, ☎ 55 34 01, 🖳 www.komoediantentheater.de
      ✎ theater@komoediantentheater.de

Schlossgarten

Wann genau der Kieler **Schlossgarten** entstanden ist, lässt sich heute nicht mehr mit Sicherheit sagen. Vermutlich wurde er auf dem Grund eines mittelalterlichen Pestfriedhofes angelegt und geht auf die Zeit Herzog *Adolfs* zurück. Fest steht, dass der Gottorfer Herzog *Friedrich III.* 1632 von "unserem Garten" sprach, und er war es auch, der zwischen Garten und dem Burggraben eine Reitbahn anlegte. Dieser Burggraben verband früher den Kleinen

Kiel mit der Förde und wurde 1685 zugeschüttet. Heute schneidet eine in den 1880er Jahren angelegte und nach dem Krieg erheblich verbreiterte Straße den Schlossgarten vom Schloss ab. Dass diese Straße den romantischen Namen **Prinzengarten** trägt, ändert nichts daran, dass hier nicht etwa eine Oase der Ruhe, sondern ein Verkehrsknotenpunkt entstanden ist, der dem Schlosspark nahezu allen Charme nimmt.

Nach dem Auffüllen des ehemaligen Burggrabens ließ Herzogin *Fridericia Amalia* (☞Altstadt, Schloss/"Kilia") einen Barockgarten anlegen, wobei die örtlichen Bedingungen allerdings einen etwas merkwürdigen, asymmetrischen Verlauf der Alleen erzwangen.

Nachdem zwischenzeitlich zwei Exerzierplätze angelegt und sehr bald wieder beseitigt wurden, erfolgte eine erneute Umgestaltung des Schlossgartens nach dem Geschmack des Barock. Aus dieser Epoche stammt noch die (1990 neu bepflanzte) Allee, die parallel zum Düsternbrooker Weg verläuft und kurz vor der Kunsthalle endet. Verantwortlich für diese Neugestaltung war *Johann Christian Lewon*, dem auch die Anlage des Eutiner Schlossgartens zugeschrieben wird.

Kaiser Wilhelm im Schlossgarten

Ab 1839 wandelte der Hannoversche Hofgartenmeister *Schaumburg* die ganze Anlage in einen Landschaftsgarten nach englischem Muster um. 1864 wurde der Schlossgarten zu einem öffentlichen Park, was er, ungewöhnlich zu jener Zeit, nach 1647 schon einmal gewesen war. Auf dem nördlichen Teil des Areals errichteten die berühmten Berliner Architekten *Martin Gropius* und *Heino Schmieden* zwischen 1873 und 1876 das neue Kollegiengebäude der Universität, das im Zweiten Weltkrieg den Bomben zum Opfer fiel.

Nach der Beseitigung der Trümmer wurde dieser Teil des Schlossgartens jahrzehntelang als Parkplatz genutzt, ehe die Universität das Gelände an die

Stadt Kiel zurückgab. Diese ließ daraufhin den Schlossgarten nach Norden hin erweitern, so dass er nunmehr bis an die Kunsthalle heranreicht.

Mitten im Schlossgarten steht ein Reiterstandbild Kaiser Wilhelms I. Sockel und Statue stammen von dem Husumer Künstler *Adof Brütt*, der auch Denkmalgruppen in der Siegesallee des Berliner Tiergartens schuf und der 1893 Gründungsmitglied der Münchner *Sezession* (einer Vereinigung bildender Künstler) war. Mit dem Standbild Wilhelms I. ist ihm allerdings nur ein konventionelles, national-monarchisches Denkmal im Geschmack der Zeit gelungen - Standbilder wie dieses entstanden damals zu Dutzenden im Deutschen Reich.

Die beiden Reliefs auf dem Granitsockel des Denkmals stellen zwei Ereignisse dar, die in der Geschichte Schleswig-Holsteins (zumindest aus dem Blickwinkel der Kaiserzeit) von erheblicher Bedeutung waren: Zum einen die "Schlacht bei Eckernförde", ein Gefecht, in dessen Verlauf die Eckernförder Küstenbatterie 1849 die dänische Fregatte *Gefion* versenkte, was als großer Erfolg der Schleswig-Holsteinischen Erhebung gegen Dänemark 1848 bis 1852 gefeiert wurde. Zum andern die Grundsteinlegung des Nord-Ostsee-Kanals (1887), der die damalige preußische Provinz für den internationalen Schiffsverkehr öffnete.

Die drei allegorischen Figuren, die sich früher am Fuße des Sockels befanden und die die drei seinerzeit wichtigsten Erwerbszweige des Landes (Seefahrt, Fischfang, Landwirtschaft) symbolisierten, wurden im Zweiten Weltkrieg eingeschmolzen.

Die feierliche Enthüllung des Kaiser-Wilhelm-Denkmals am 24. November 1896 in Anwesenheit des Kaisers Wilhelm II. und seiner Frau wurde als sichtbarer Ausdruck der Versöhnung zwischen den beiden Herzogtümern und dem preußischen Staat empfunden. Die Annexion Anfang 1867 (nach dem Sieg Preußens über Österreich) durch König Wilhelm I. war nämlich bei breiten Bevölkerungskreisen auf Ablehnung gestoßen - man fühlte sich überrumpelt und strebte weiterhin nach staatlicher Unabhängigkeit. Allmählich allerdings schwanden die Vorbehalte gegenüber den "Besatzern", und auch in Kiel entstand eine Stimmung nationaler Begeisterung. Ausdruck dieser neu entdeckten Liebe zum preußisch dominierten deutschen Reich ist ein weiteres Denkmal im Kieler Schlossgarten, das dem Sieg im Deutsch-Französischen Krieg von 1870/71 gewidmet ist und das 1879 eingeweiht wurde.

In eine konkav gerundete Anlage des Kieler Architekten *Heinrich Molden-schardt* wurde ein Figurenfries des Berliner Bildhauers *Rudolf Siemering* eingefügt. Es erinnert an die Mobilmachung 1870 und ermöglichte durch die Darstellung gerade auch der unteren Gesellschaftsschichten eine breite Akzeptanz in der Kieler Bevölkerung. Ursprünglich war das Fries für ein Denkmal Martin Gropius' in Berlin geschaffen worden, gelangte aber nach einigem Hin und Her nach Kiel und wurde 1905 durch den Bronzeguss ersetzt, der heute noch erhalten ist.

Medizingeschichtliche Sammlung/ Zoologisches Museum/Museum für Völkerkunde

In der schmalen, berganführenden **Hegewischstraße** stehen zwei Universitätsgebäude der bekannten Architekten **Martin Gropius** (1824-1880) und Heino Schmieden (1835-1913). Das untere, direkt in einer Kurve der **Brunswiker Straße** gelegen, beherbergte früher die Universitätsbibliothek und ist baulich eng mit der Bibliothek der Universität Greifswald verwandt - was kein Wunder ist, denn der Bau in Vorpommern stammt von denselben Architekten. Auch die Anlage der Büchermagazine war ganz ähnlich: Die Bücher standen nämlich in einer mehrstöckigen Eisenkonstruktion, deren Geschossbildung von der der Fassade abwich. Während die Greifswalder Universitätsbibliothek nach der Wiedervereinigung sehr aufwendig restauriert wurde, ist das Kieler Pendant leider von den Bomben des Zweiten Weltkriegs stark beschädigt worden.

Heute befinden sich verschiedene Institute der Medizinischen Fakultät in dem ehemaligen Bibliotheksgebäude, vor allem die **Medizin-** und **Pharmaziegeschichtliche Sammlung** der Universität. In ihr werden medizinische Geräte der verschiedensten Fachrichtungen gezeigt und erklärt. Der Besuch dieser in Norddeutschland einmaligen Sammlung ist nicht nur für Medizinstudenten, sondern für jeden Interessenten möglich.

♦ Hegewischstr. 2, ☎ 8 80-57 21, FAX 8 80-52 27, 🖳 www.med-hist.uni-kiel.de, ✍ medmuseum@med-hist.uni-kiel.de, 🕗 Di bis Fr von 10:00 bis16:00, So von 12:00 bis 17:00, Führungen nach Vereinbarung

 22, 32, 33, 61, 62, 705 Haltestelle Schlossgarten

⌘   Der zweite, weiter nördlich gelegene Bau des Berliner Architektenduos beherbergt das **Zoologische Museum** und, eine Etage darüber, das **Museum für Völkerkunde**.

Das Zoologische Museum ist das älteste Museum der Kieler Universität und geht auf das 18. Jh. zurück, als bereits ein Naturalienkabinett existierte. Als der Insektenforscher *Johann Friedrich Fabricius* (1745-1808) an die Kieler Universität kam, brachte er weitere wertvolle Bestände mit. Bei der Beschaffung soll Fabricius übrigens nicht zimperlich gewesen sein und dem Vernehmen nach seinen hohen Zylinder zielgerichtet eingesetzt haben!

Ab 1836 übernahm *Wilhelm Friedrich Georg Behn* die Leitung des Naturhistorischen Museums und schaffte es, im Warleberger Hof endlich angemessene Räumlichkeiten zu schaffen. Darüber hinaus brachte er seine eigene Vogelsammlung in den Museumsbestand mit ein, die er während einer Weltumsegelung von 1845 bis 1848 zusammengetragen hatte. Doch erst unter der Leitung von *Karl August Möbius* kam es zu dem heutigen Bau, der 1881 bezogen werden konnte. Heute umfasst die Sammlung des Zoologischen Museums etwa 180.000 Tiere, unter denen die 9.000 Vögel besonders wertvoll sind. Ein weiterer Stolz des Museums ist eine Sammlung von neun Walskeletten, die in dieser Vielfalt und Vollzähligkeit einmalig in Deutschland ist. Blickfang der Sammlung sind die beiden jeweils etwa 13 m langen Skelette eines jungen Blauwals, der 1881 vor der Insel Amrum strandete sowie eines Pottwals. Neben der reinen Forschungssammlung befasst sich das Museum heute besonders stark mit der Weiterbildung von Schülern und Erwachsenen. Eine "Museumsschule" bietet Interessierten Einblick in Ökosysteme und Nahrungsnetze. Diese Angebote werden ergänzt durch zoologische Exkursionen.

⌘   Eine Etage darüber befindet sich das **Museum für Völkerkunde**. Es geht zurück auf die Gründung des Anthropologischen Vereins Schleswig-Holstein im Jahre 1884, dessen Sammlung 1888 von der Kieler Universität übernommen wurde. Seit 1947 ist das Museum im Gebäude des Zoologischen Museums untergebracht. Heute sind in Kiel nur noch die Exponate der Südseeabteilung ausgestellt; der restliche Teil der Sammlung wurde ins Landesmuseum nach Schleswig verlegt. Die Sammlung profitierte natürlich davon, dass in der Hafenstadt Kiel viele Seeleute lebten, die von ihren Reisen

seltene "Souvenirs" von zum Teil erheblichem Wert mitbrachten. Dazu gehören aus der Ozeanien-Abteilung ein mit Haifischzähnen besetztes Schwert
von den Gilbert-Inseln, oder, aus der Südamerika-Sammlung, die Mumie
eines Mannes aus der Atacamawüste. Eine besondere Attraktion, nicht
zuletzt für Kinder, ist jedoch die hölzerne Schlitztrommel auf dem Modell
eines Häuptlingsbootes aus Kamerun, die von dem Museumsbesucher
benutzt werden darf.

◆   Hegewischstr. 3, **Völkerkundemuseum**: ☎ 8 80-50 00 und 8 80-50 01,
     🖳 www.uni-kiel.de/voelkerkunde
◆   Hegewischstr. 3, **Zoologisches Museum**: ☎ 8 80-51 70, FAX 8 80-51 77,
     🖳 www.zoologisches-museum-kiel.de, ✐ zoolmuseum@email.uni-kiel.de,
     🗓 für beide Museen: Di bis Sa von 10:00 bis 17:00, So von 10:00 bis 13:00, Mo
     geschlossen
🚌   22, 32, 33, 61, 62, Haltestellen Schlossgarten oder Hospitalstraße

Kunsthalle

Die Wurzeln der Kieler **Kunsthalle zu Kiel**, erbaut in den Jahren 1907 bis
1909, reichen bis in die Mitte des 19. Jahrhunderts zurück. Der 1843
gegründete *Kunstverein für die Herzogtümer Schleswig, Holstein und Lauenburg* hatte es sich zur Aufgabe gemacht, einheimische Künstler zu fördern
und das Kunstverständnis breiter Bevölkerungsschichten zu wecken. Den
Ausgangspunkt für diese "Kunsterziehung" sollten dabei die Skulpturen des
klassischen Altertums bilden. So forderte es wenigstens der Vordenker des
neu gegründeten Kunstvereins, der Professor für Altertumskunde *Peter Wilhelm Forchhammer*. Daher ist es auch nur folgerichtig, dass die **Antikensammlung** bis heute ein Rückgrat der Kieler Kunsthalle darstellt.

Prominentester Förderer dieses Gedankenguts war der dänische König
Friedrich VII., der nicht nur 25 Mitgliedsbeiträge übernahm, sondern auch
unentgeltlich das Gelände unterhalb des Rantzaubaus des Kieler Schlosses
(☞ Altstadt, Schloss/"Kilia") zur Verfügung stellte, auf dem 1856/57 die
erste Kieler Kunsthalle entstand.

Die Satzung der Kunsthalle gilt übrigens seit 1855 unverändert und sieht
vor, dass die Sammlung als Universitätsmuseum weder der Stadt Kiel noch

direkt dem Land untersteht. Vielmehr ist sie an die Christian-Albrechts-Universität angegliedert; so erklärt sich auch das altertümliche "zu" in ihrem offiziellen Namen.

Von der Stadt Kiel erwarb der Kunstverein das alte Zollgebäude am Wall und baute es 1875 zum Ausstellungsgebäude um. Als allerdings das Kieler Schloss 1886 zum Wohnsitz des Prinzen *Heinrich von Preußen* wurde, musste die Anlage wieder zurückgegeben werden. Danach war die mittlerweile beachtlich gewachsene Sammlung erst im *Thaulow-Museum* (der Philosoph und Pädagoge *Gustav Ferdinand Thaulow* war zusammen mit *Forchhammer* einer der treibenden Kräfte im Kieler Kunstverein), dann in der "Kunstscheune" in einem Hinterhof der Dänischen Straße mehr schlecht als recht untergebracht.

Diese unbefriedigende Situation änderte sich erst, als 1887 die Kieler Professorentochter *Lotte Hegewisch* ihr Grundstück am **Düsternbrooker Weg** der Universität vermachte. Ihre Bedingung war, dass innerhalb von fünf Jahren nach ihrem Tod darauf eine neue Kunsthalle gebaut werden müsse. Als sie 16 Jahre später starb, gab es schon konkrete Pläne des Oberbaurats *Georg Thür*, die in der Folgezeit immer wieder variiert wurden. Schließlich wurde die Variante des Baurats *Georg Lohr* und des Regierungsbaumeisters *von Pöllnitz* verwirklicht. Als am 15. November 1909 die neue Kunsthalle eingeweiht wurde, konnte eine bemerkenswerte Sammlung zeitgenössischer nationaler und internationaler Künstler gezeigt werden. Der zur Eröffnung eingeladene Kaiser Wilhelm II. sagte bezeichnenderweise seine Teilnahme ab, da er lieber an einer gleichzeitig stattfindenden Rekrutenvereidigung teilnehmen wollte; er dürfte die Kunsthalle nie betreten haben.

Da die Mittel für Neuanschaffungen auch nach dem Ersten Weltkrieg begrenzt blieben, war man - wie schon in den Jahren zuvor - auf private Stiftungen angewiesen. In den 20er Jahren wandte sich die Sammlung dem Expressionismus zu. Die Mitglieder der *Brücke* waren nahezu vollständig durch Grafiken vertreten, *Emil Nolde* schenkte der Kunsthalle den *Blumengarten* und der ehemalige Direktor, *Prof. Arthur Haseloff*, stiftete die Plastik *Das Wiedersehen* von *Ernst Barlach*.

Während der Zeit des Nationalsozialismus verlor die Sammlung etwa 200 Kunstwerke, von denen einige 1937 auf der berühmt-berüchtigten Münchener Ausstellung "Entartete Kunst" gezeigt wurden. Glücklicherweise war der von der "Reichskammer der bildenden Künste" geschickte "Sachverständige", ein Zeichenlehrer namens Walter Hansen, derartig inkompetent, dass er einige großformatige Aquarelle von Nolde und etwa 60 Blatt Grafiken übersah.

Blick auf die Kunsthalle

Während des Zweiten Weltkrieges wurden Arbeiten nach Wien ausgelagert oder an verschiedenen Stellen im Lande versteckt, ehe 1944 die Kunsthalle selbst durch Fliegerbomben stark beschädigt wurde.

Doch schon 1947 fand in den Kellern der Ruine eine Ausstellung aus Anlass des 80. Geburtstages von Emil Nolde statt. Parallel zum Wiederaufbau des Gebäudes von 1948 bis 1958 holte man die ausgelagerten Kunstwerke zurück und baute auch wieder eine Expressionistensammlung von Rang auf. Dies war eine weitsichtige (oder vielleicht auch nur glückliche)

Entscheidung, denn angesichts der zeitweiligen Preisexplosionen auf dem Kunstmarkt dürfte heutzutage eine solche Sammlung in Kiel kaum zu bezahlen sein.

Das Gebäude selbst zeigt sich als eine gelungene Mischung aus dem Galerietrakt, der annähernd im alten Stil aufgebaut wurde, und dem zurückhaltend-modernen Südflügel. In ihm befindet sich auch das freischwebende Treppenhaus, das als ein typisches Beispiel für den Baustil der fünfziger Jahre gelten kann.

In den Jahren 1982 bis 1986 erhielt die Kunsthalle einen Erweiterungsbau durch die Kieler Architekten *Diethelm Hoffmann*, *Hans Jungjohann* und *Horst Krug*, in dem die moderne Kunst einen würdigen Rahmen gefunden hat. Nicht zuletzt dieser Anbau hat erheblich zum Publikumserfolg der Kieler Kunsthalle beigetragen. Leider ist der Raum für Wechselausstellungen begrenzt, so dass eigentlich ein weiterer Anbau erfolgen müsste. Platz genug wäre auf der Nordseite des Kunsthallen-Geländes vorhanden - das vor über hundert Jahren geerbte Grundstück Lotte Hegewischs ist noch nicht vollständig bebaut.

Durch den mit dem Erweiterungsbau gewonnenen Platz bot sich endlich auch die Gelegenheit, im Altbau die Antikensammlung angemessen zu präsentieren. Die mittlerweile auf etwa 1.000 Exponate angewachsene Sammlung war schließlich einstmals der Grundstock der Kieler Kunsthalle gewesen.

Von den zahlreichen Plastiken im Außenbereich der Kunsthalle fallen die beiden Wisente, die *August Gaul* in den Jahren 1910 bis 1913 aus Muschelkalk schuf, besonders in Auge. Anfangs flankierten sie den Haupteingang, heute sind sie etwas weiter abseits aufgestellt.

Neben dem Parkeingang der Kunsthalle ist ein Relief des Jugendstilarchitekten *August Endell* angebracht. Der von den Nationalsozialisten verfolgte Künstler schuf es ursprünglich für das Haus eines Arztes in Wyk auf der Nordseeinsel Föhr. Nach dem Abriss dieses Gebäudes kam das Relief 1988 nach Kiel.

♦   Düsternbrooker Weg 1, ☎ 8 80-57 56, FAX 8 80-57 54,

      ✍ buero@kunsthalle-kiel.de, 🖳 www.kunsthalle-kiel.de und

      🖳 www.antikensammlung-kiel.de, 🕐 Di - So 10:00 bis 18:00, Mi 10:00 bis 20:00

    41/42, Haltestelle Kunsthalle; B 22, 31/32, 61/62, Haltestelle Schlossgarten

Alter Botanischer Garten

Die Entstehung eines Botanischen Gartens in Kiel ist vor allem das Verdienst des Philosophen *Christian Cay Lorenz Hirschfeld* (1742-1792). Als Lehrer der jungen Gottorfer Prinzen hatte er in der Schweiz und in England die dortigen Landschaftsgärten gesehen und bewundert. Diese Eindrücke waren die Grundlage zu seinem mehrbändigen Werk *Theorie der Gartenkunst*, das ihn in Deutschland und darüber hinaus berühmt machte.

Alter Botanischer Garten

Der geometrisch-architektonischen Gartenbaukunst, die seit Ludwig XIV. in Europa bestimmend war, setzte er den Landschaftsgarten entgegen, der durch die Vielfalt von Formen, Farben, Lichtverhältnissen und Durchblicken dem Betrachter ein besonderes Naturerlebnis vermitteln sollte. Dabei war dieser Genuss nach Hirschfelds Ansicht keineswegs ästhetischer Selbstzweck, sondern sollte auch eine Gesundung von Köper und Geist ermöglichen.

Für C. C. L. Hirschfeld war es außerdem selbstverständlich, dass die in diesem Sinne geschaffenen Parks der Öffentlichkeit zugänglich gemacht werden müssten. Er ging davon aus, dass durch die Natur "geläuterte" Menschen Klassenschranken überwinden könnten; eine Vorstellung, die uns heute recht naiv vorkommt. Doch damit wurde er zum Vordenker der Volksgartenidee des 19. Jh.s.

Seit er 1770 als Professor nach Kiel kam, versuchte Hirschfeld, hier seine Vorstellungen in die Tat umzusetzen. 1782 wandte er sich mit dem Vorschlag, das gesamte Gelände zwischen Schlossgarten und Düsternbrook in einen für jedermann kostenlos zu besuchenden Landschaftspark umzuwandeln, an die Regierung in Kopenhagen. Doch die kleine holsteinische Residenzstadt lag wohl zu weit entfernt, als dass man in Kopenhagen bereit gewesen wäre, Geld für einen "nutzlosen" Park auszugeben. Erst 1873 entwickelten Botaniker der Kieler Universität aus dem Landschaftsgarten des Textilfabrikanten *A. C. Brauer* den heutigen Botanischen Garten. Das 2,1 ha große (oder besser gesagt: kleine) Gelände lässt von den Ideen Hirschfelds schon aus Platzgründen nicht viel übrig.

Doch selbst dieser kleine Rest war vor fast 30 Jahren ernsthaft gefährdet. Als nämlich die Universität 1978 den Garten aufgab, sollte er einer Verbreiterung des Düsternbrooker Weges weichen, und der Hügel, von dessen **Aussichtsturm** herab man einen wundervollen Blick über die Innenförde hat, war als Landeplatz für Rettungshubschrauber vorgesehen. Doch eine äußerst aktive Bürgerinitiative veranlasste die Verantwortlichen, von diesen Plänen abzusehen. Durch intensives Werben um Spenden, durch Führungen und freiwilligen Arbeitseinsatz gelang es, den Garten zu erhalten. Selbst der stark beschädigte Aussichtsturm mit seiner filigranen schmiedeeisernen Kuppel und seiner Freitreppe konnte restauriert werden.

Der Name Alter Botanischer Garten lässt darauf schließen, dass es auch einen neuen gibt. Und tatsächlich dient der alte Garten heute nicht mehr wissenschaftlichen Zwecken. Die Universität besitzt auf dem Gelände an der **Olshausenstraße** einen neuen botanischen Garten (☞ Universität).

♦ Alter Botanischer Garten, Düsternbrooker Weg/Schwanenweg

 41/42, Haltestelle Schwanenweg

Am nordwestlichen Ende des Alten Botanischen Gartens wurde (was *Lorenz Hirschfeld* gefallen haben dürfte!) 1998 das **LiteraturhausSchleswig-Holstein** eingerichtet. Es bietet Lesern wie Schriftstellern einen geeigneten Treffpunkt für Autorenlesungen und Aktivitäten aller Art rund um das Buch.

♦   Schwanenweg 13, ☎ 5 79 68 40, FAX 5 79 68 42, 🖳 www.literaturhaus-sh.de, ⌨ literaturhaus@schleswig-holstein.de

     41/42, Haltestelle Schwanenweg

Ostseekai

Unmittelbar nördlich des Seegartens liegt der **Ostseekai**, der bis zum Sommer 1997 noch "Oslokai" hieß und deshalb von einigen Kielern mit dem alten Namen bezeichnet wird. Und diese Namensgebung war auch völlig richtig, denn von hier aus fuhren seit 1961 die Fährschiffe nach Oslo. Seit dem 18. August 1997 machen die Oslo-Fähren allerdings am neu erbauten **Norwegen-Kai** auf dem Ostufer fest.

Danach war es für einige Jahre still am Ostseekai. Die früher mehrmals täglich verkehrende Fährlinie zur dänischen Insel *Langeland* fiel dem EU-weiten Verkaufsverbot zollfreier Waren zum Opfer.

Mittlerweile allerdings ist Kiel als Hafen für Kreuzfahrtschiffe derart beliebt geworden, dass die Hafenverwaltung sehr froh darüber ist, den Reedereien für die immer größer werdenden Passagierschiffe voll funktionsfähige Kaianlagen in direkter Nachbarschaft zur Innenstadt zur Verfügung stellen zu können.

Oft genug werden während der Kreuzfahrtsaison zwei der gigantischen Schiffe gleichzeitig abgefertigt - ein Schauspiel, dass man sich auf keinen Fall entgehen lassen sollte!

♦   🖳 www.port-kiel.de

Der südliche bis zum **Seegarten** reichende Teil des Ostseekais, auf dem die Plastik eines Seglers steht (*Karlheinz Goedtke*, 1962), ist am letzten Abend der Kieler Woche ein beliebter Aussichtspunkt auf das in der Innenförde stattfindende Feuerwerk und steht in der übrigen Jahreszeit als Parkplatz den City-Besuchern zur Verfügung.

Kiellinie/Hindenburgufer

Nördlich des Ostseekais beginnt mit der **Kiellinie** und dem **Hindenburgufer** eine Uferpromenade, die sicher zu den schönsten in Europa gezählt werden kann. Von hier aus kann man die Werftanlagen auf dem Ostufer betrachten, den großen Fährschiffen bei ihren zentimetergenauen Fahrmanövern zusehen, besonders in den Sommermonaten die Segler beobachten oder ganz einfach das ständig wechselnde Spiel von Licht, Wolken und Wasser auf sich wirken lassen.

Die Aussage eines früheren Kieler Stadtbaurates, die Kieler seien vom Wasser derart fasziniert, dass sie für den Rest ihrer Stadt kaum noch Interesse aufbrächten, mag übertrieben sein, aber das Wasser bietet tatsächlich ein endloses Schauspiel, das sich von der Kiellinie am besten verfolgen lässt.

 41/42, Haltestelle Kiellinie; 🚌 61/62, Haltestelle Schlossgarten; 🚌 51, Haltestelle Reventlouallee

✕ Am südlichen Ende der Kiellinie steht die *Seeburg*, ein gastronomischer Komplex bestehend aus Restaurant, Biergarten, Bistro und Mensa, der 1913, aus Anlass des 25-jährigen Thronjubiläums von Kaiser Wilhelm II., als Mensa gegründet wurde.

Wenige Schritte weiter nördlich, neben dem hoch aufragenden Gästehaus der Kieler Universität, liegen die Hafenanlagen und das Clubhaus des *Akademischen Segler-Vereins*. Dessen Club-Schiff *Peter von Danzig* ist unter Seglern seit Jahrzehnten ein Begriff.

Der erste "Peter", 1936 gebaut, nahm weltweit an zahlreichen Hochseeregatten teil und gewann auch dreimal die höchste deutsche Auszeichnung für Hochseesegler, den "Schlimbach-Preis". Der 1992 in Dienst gestellte *Peter von Danzig II.* führt diese Tradition fort. Beim sogenannten "Hongkong-Challenge", einer Regatta rund um die Welt aus Anlass der Übergabe der ehemaligen britischen Kronkolonie an China, führte die ausschließlich mit wechselnden Amateur-Crews besetzte Yacht monatelang vor der Konkurrenz teilweise hochbezahlter Profis, ehe technische Probleme den Sieg vereitelten.

IFM-Geomar Leibniz-Institut für Meereswissenschaften

Das **IFM-GEOMAR Leibniz-Institut für Meereswissenschaften** ist schon von weitem an den Forschungsschiffe zu erkennen, die an einer Pier vor dem Institutsgebäude liegen. Außerdem bilden sich vor dem Seehundbecken seines Aquariums regelmäßig Trauben von Schaulustigen, besonders zur Fütterungszeit.

⚑ Täglich um 10:00 und 14:30 außer freitags - da ist Fastentag!

Was man hier an der Kiellinie sieht, ist allerdings nur die Hälfte dieser für Kiel so wichtigen und weltweit renommierten Forschungseinrichtung, denn im Jahre 2004 fusionierte das bisherige *Institut für Meereskunde* mit dem Forschungszentrum für *Marine Geowissenschaften GEOMAR* im Stadtteil *Wellingdorf* auf dem gegenüberliegenden Ostufer.

IFM-Geomar auf dem Ostufer

Die Meereskunde hat in Kiel eine lange Tradition, die bis fast in die Gründungszeit der Kieler Universität zurückreicht. 1697 führte der aus Thüringen stammende Mathematiker und Physiker *Samuel Reyher*, Professor an der 1665 gegründeten Universität erste Experimente zur Bestimmung des Salzgehaltes der Kieler Förde durch. Die eigentlichen Auswertungen der Messungen wurden übrigens auf *Gut Schrevenborn* bei **Kitzeberg** durchgeführt, dessen Besitzer *Paul Kolbath* großzügig die Gutsküche als Laboratorium zur Verfügung stellte.

Etwa seit 1870 wird in Kiel systematisch Meereskunde betrieben, vorangetrieben besonders durch den Physiologen *Victor Hensen* (der übrigens den Begriff "Plankton" prägte) und den Zoologen *Karl Möbius* (☞ Zoologisches

Museum). 1889 wurde mit dem Forschungsschiff *National* die erste große Expedition deutscher Meeresbiologen durchgeführt. Der organisatorische Vorläufer des heutigen Instituts war die Gründung eines "Laboratoriums für die internationale Meeresforschung" im Jahre 1902, das mit dem Reichsforschungsdampfer *Poseidon* regelmäßige Fahrten in die Ost- und Nordsee unternahm. Unter Leitung des Zoologen *Adolf Remane* wurde dann 1937 das Institut für Meereskunde gegründet, dessen Gebäude erst in Kitzeberg auf dem Ostufer und ab 1946 in der *Hohenbergstraße* stand. Das heutige Gebäude auf dem Westufer entstand 1972 und wurde 1988 modernisiert und erweitert.

Seit der Fusion beider Institute sind die Forschungsschwerpunkte in vier zentralen Bereichen zusammengefasst: Ozeanzirkulation und Klimadynamik, Marine Biogeochemie, Marine Ökologie und Dynamik des Ozeanbodens. Neben der Grundlagenforschung ist aber auch die angewandte Forschung von großer Bedeutung. Bei den Forschungsfahrten der Kieler Wissenschaftler spielen zwar Nord- und Ostsee nach wie vor eine Hauptrolle, aber zunehmend wichtig wird die weltweite Kooperation von wissenschaftlichen Projekten, denn die besonders aktuellen Fragen etwa der Klimaforschung sind nur im internationalen Verbund zu bearbeiten.

Das Institut beschäftigt heute etwa 400 Mitarbeiter und hat einen Etat von über 40 Mio. Euro. Diese erheblichen Mittel werden über die **Leibniz-Gemeinschaft** (früher "Gemeinschaft Blaue Liste") finanziert, einen bundesweiten Verbund von derzeit 88 Forschungseinrichtungen, die in besonderer Weise vom Bundesforschungsministerium und den Ländern gefördert werden (☞ Institut für Weltwirtschaft).

In der Öffentlichkeit besonders bekannt sind die vier Forschungsschiffe, die für die Arbeit des Instituts eine unerlässliche Hilfe darstellen: die *Poseidon* (Baujahr 1976, 1059 BRZ, 18 Mann Besatzung und 12 Wissenschaftler), die *Alkor* (Baujahr 1990, 1.000 BRZ, 10 Mann Besatzung und 12 Wissenschaftler), die *Littorina* (Baujahr 1975, 168 BRZ, 5 Mann Besatzung und 6 Wissenschaftler) und die *Polarfuchs* (Baujahr 1982, 16 BRZ, 2 Mann und 6 Wissenschaftler)

◆   Gebäude Westufer: Düsternbrooker Weg 20, ☎ 6 00-0, FAX 6 00-28 05, 🖳 www.ifm-geomar.de, ✍ info@ifm-geomar.de

     41/42, Haltestelle Schwanenweg

🐋 Das Aquarium des Instituts, zu dem auch das schon erwähnte Seehundbecken gehört, zählt sicher zu den größten Attraktionen an der Kiellinie. In über 30 Schaubecken wird ein Einblick in die vielfältige Meeresfauna und -flora gegeben, was teilweise einen erheblichen Aufwand erfordert. So zirkulieren allein im 2,5 m tiefen Seehundbecken stündlich 50.000 l filtriertes Ostseewasser.

◆   ☎ 6 00-16 37, ✉ kontakt@aquarium-kiel.de, 🖥 www.aquarium-kiel.de,

   📑 1. April bis 30. September täglich von 9:00 bis 19:00,

   1. Oktober bis 31. März täglich von 9:00 bis 17:00

Seehundbecken im Institut für Meereskunde

⛵ Zwischen dem IFM-Geomar und den Gebäuden der Landesregierung kann man von Mai bis September der Container- und Zeltstadt des **Camp 24sieben**, einem Segelcamp für Jugendliche, einen Besuch abstatten. Die Organisation KIEL.SAILING CITY und die Kieler Stadtwerke bieten in diesem Camp Kindern und Jugendlichen die Möglichkeit, Kontakt mit dieser für Kiel so typischen Sportart aufzunehmen.

Von Schnuppertageskursen bis hin zu mehrtägigen Segelkursen reicht das Angebot. Für diejenigen, die es lieber etwas rasanter lieben, bietet sich auch die Chance zu einem Tagestörn mit einer echten Americas-Cup-Yacht.

 Landeshauptstadt Kiel, Team KIEL.SAILING CITY, Neues Rathaus, Andreas-Gayk-Straße 31 B, ▦ www.camp-24sieben.de oder ▦ www.kiel-sailing-city.de

🚌 41/42 oder 51, Haltestelle: Reventlowbrücke

Der Landtag

Jenseits der **Reventloubrücke** beginnen die Ministeriumsbauten der Landesregierung. "Herz" der Anlage ist dabei das Gebäude des **Landtages**, das heute allgemein schlicht "Landeshaus" genannt wird und das vor Jahren durch die "Barschel-Affäre" (1988) und die daraus entstandene "Schubladen-Affäre" (1993) ungewollte Popularität erhielt. In jener Zeit verging wochenlang kaum ein Abend, ohne dass Bilder aus dem Kieler Landtag über die bundesdeutschen Bildschirme flimmerten. Besonders der sich auch heute noch in Betrieb befindliche Paternoster animierte die Heerscharen von Journalisten zu allerlei (un)sinnigen Betrachtungen: Nirgendwo lässt sich das Schicksal von Auf- und Abstieg derartig sinnbildlich darstellen.

Dabei waren dem Gebäude weder seine heutige Funktion noch sein zeitweiliger Bekanntheitsgrad in die Wiege gelegt worden. 1865 kaufte der preußische Staat das Gelände und ließ die darauf stehende Seebadeanstalt abreißen. Der Oberkommandierende der Marine, Prinz *Adalbert von Preußen*, machte dann den Vorschlag, *"dort die Marineschule in einem der Gegend zur Zierde gereichenden Style zu bauen"*.

Am 6. Oktober 1888 wurde das Gebäude nach fünfjähriger Bauzeit als "Marineakademie des Deutschen Reiches und Haus der Marineschule" feierlich eingeweiht. Doch schon bald stellte sich heraus, dass das Gebäude mit der Personalentwicklung der Marine nicht Schritt halten konnte, und so wurde 1910 in Flensburg-Mürwik eine neue Marineschule bezogen, die dort auch heute noch ansässig ist.

Nach der vom Versailler Vertrag vorgeschriebenen formellen Auflösung der Marineakademie im Jahre 1919 zog der kommandierende Admiral der Marinestation Ostsee in das Gebäude ein und blieb dort bis 1945.

Am 16. August 1946 war definitiv die Entscheidung gefallen, Kiel zur Landeshauptstadt zu machen, was zu Empörung und Enttäuschung in den konkurrierenden Städten Rendsburg und Schleswig führte. Damit war aber auch klar, dass man ein angemessenes Landtagsgebäude zur Verfügung stellen musste, und schon bald entstanden die Pläne zu einem Regierungsviertel am Fördeufer.

Der Landtag und der gläserne Plenarsaal

Es dauerte noch vier Jahre, bis der Landtagspräsident am 3. Mai 1950 die erste Plenarsitzung in der ehemaligen Marineakademie eröffnete und dabei erleichtert feststellte, dass *"das Wandern des Schleswig-Holsteinischen Landtages"* vorbei sei. Vorher nämlich hatten die Sitzungen in verschiedenen Kieler Gebäuden stattgefunden (z.B. im heutigen Schauspielhaus, im Hörsaal der Milchforschungsanstalt oder im Festsaal der alten Pädagogischen Hochschule), was für die Parlamentarier nicht gerade eine Arbeitserleichterung darstellte.

Zum 100. Geburtstag im Jahre 1988 wurde das Landtagsgebäude gründlich saniert, und es vereinte das Landesparlament (mit der Landtagsverwaltung) und den Regierungssitz (mit der Staatskanzlei) unter einem Dach - eine einmalige Nähe von Legislative und Exekutive in der föderalen Landschaft der Bundesrepublik! Das von der Verfassung vorgegebene Spannungsverhältnis zwischen Regierung und parlamentarischer Kontrollinstanz musste also in einem Gebäude ausgetragen werden.

Mittlerweile allerdings sind im Kieler Regierungsviertel "normale" Verhältnisse eingekehrt: Das Gebäude des ehemaligen Landwirtschaftsministeriums wird nunmehr als Sitz des Ministerpräsidenten (oder der Ministerpräsidentin - Schleswig-Holstein war das erste Bundesland mit einer weiblichen Regierungschefin!) genutzt. Die vor dem neuen Amtssitz stehende Plastik des legendären Holsteiner Wallachs *Meteor* stellt dabei keineswegs eine Anspielung auf den jeweiligen Amtsinhaber (feminin oder maskulin) dar, sondern stammt noch aus der Zeit der früheren Nutzung des Gebäudes.

Seither beschränken sich die Auseinandersetzungen von Parlament und Regierung auf das Plenum des Landtages. Ob es bei diesen Auseinandersetzungen turbulent oder zivilisiert zugeht, können die Spaziergänger am Hindenburgufer seit dem 2. April 2003 besonders gut verfolgen: An diesem Tag wurde nämlich der neue, gut einsehbare gläserne Plenarsaal eingeweiht. Wenn die davor stehende gläserne Skulptur des Bildhauers *Stefan Kern* leuchtet, bedeutet dies: Jetzt tagt der Landtag!

✗   Auch die Landtagsrestauration, die früher im obersten Stockwerk des Landeshauses untergebracht war und daher nicht nur durch ihr ansprechendes gastronomisches Angebot, sondern auch durch ihren herrlichen Blick über die Kieler Förde beruhigend auf eventuell erregte Gemüter einwirkte, ist mittlerweile umgezogen und im Erdgeschoss untergebracht. Über einen separaten Eingang ist sie übrigens für jedermann zugänglich - was zu ganz unverhofften Begegnungen zwischen Politikern und Wahlvolk führt!

◆   Anmeldung für Besuchergruppen: ☎ 9 88-11 18 und 9 88-11 21
      ⌨ www.landtag.ltsh.de

In unmittelbarer Nachbarschaft des Landeshauses liegt das Gebäude der **Wasserschutzpolizei** (erbaut 1925/26 als *Marine-Nachrichten-Versuchsanstalt*) und ein paar Schritte weiter die **Blücherbrücke**. Bis vor wenigen Jahren war dies der Liegeplatz des Segelschulschiffes der Bundesmarine, der *Gorch Fock*. Dieser Platz war aus zwei Gründen ideal: Zum einen konnte das Schiff so auch den Touristen präsentiert werden, die die Dreimast-Bark bis dahin nur vom alten Zehnmarkschein kannten, zum anderen lag sie dort im unmittelbaren Blickfeld des Landtages, dessen Patenschiff sie ist. Doch das Bundesverteidigungsministerium mochte die Unterhaltskosten für die Blücherbrücke nicht mehr tragen und verkaufte die Pier an eine private Betreibergesellschaft.

Heute liegen hier Charter-Segler sowie zur Kieler Woche ausländische Segelschiffe, während die *Gorch Fock* im **Tirpitzhafen** einen wenig besucherfreundlichen Liegeplatz gefunden hat.

Sporthafen Düsternbrook

Unmittelbar jenseits der Blücherbrücke beginnt der **Sporthafen Düsternbrook**, von den Kielern auch **alter Olympiahafen** genannt. Für die olympischen Segelwettbewerbe 1936 hatte man nämlich an dieser Stelle einen schon vorhandenen Segelhafen erheblich vergrößert. Im Laufe der Jahre wurde die Anlage durch weitere Hafenbecken nach Norden und Süden hin erweitert. Heutzutage ist der Hafen aber auch begehrt als Zuschauertribüne während der Kieler Woche. Vom Mittelsteg aus wird unter anderem nämlich die Seeregatta Kiel / Eckernförde gestartet, die sich als "Aalregatta" bei in- und ausländischen Seglern großer Beliebtheit erfreut - nicht zuletzt durch die Tatsache, dass jede teilnehmende Yacht einen geräucherten Aal erhält.

◆ Hafenmeister: ☎ 26 09 20 26, FAX 26 09 20 27,

▢ www.sporthafen-kiel.de, ✒ duesternbrook@sporthafen-kiel.de, 288 Liegeplätze, Gastlieger möglich, Wassertiefe bis 3,5 m

🚌 Buslinien 41 und 42

Gegenüber dem Sporthafen ließ *Friedrich Krupp* von 1900 bis 1901 ein luxuriöses Hotel, das Logierhaus des *Kaiserlichen Yachtclubs*, erbauen sowie etwas weiter südlich das eigentliche Club-Gebäude. Nach 1918 verkaufte die Firma Krupp beide Gebäude an den Staatsrechtler *Bernhard Harms*.

Harms gilt als "Erfinder" einer wirtschaftswissenschaftlichen Betrachtungsweise, die statt des bisher gültigen national-ökonomischen Ansatzes globale Zusammenhänge sichtbar und nutzbar machte. Kein Wunder also, dass das 1914 von ihm gegründete Forschungsinstitut den Namen "Kaiserliches Institut für Seeverkehr und Weltwirtschaft" trug; heute heißt es nur noch **Institut für Weltwirtschaft** - was seiner Bekanntheit keineswegs schadet.

Institut für Weltwirtschaft

Die neue Forschungseinrichtung saß zunächst recht beengt am *Schlossgarten*, aber nach dem Ersten Weltkrieg ergriff Harms die Gelegenheit beim Schopfe, die Kruppschen Gebäude als angemessenen Standort für ein neues Institutsgebäude zu kaufen und in ein "Studienhaus" und ein "Kollegienhaus" umzuwandeln.

1944 wurden der südliche und der mittlere Teil des Studienhauses schwer beschädigt. Glücklicherweise waren die Forschungsabteilungen zu diesem Zeitpunkt evakuiert, und auch das Wirtschaftsarchiv sowie die 1919 gegründete Bibliothek überstanden die Zerstörung, da sie nach Bad Segeberg bzw. in den Ratzeburger Dom ausgelagert waren.

Bernhard Harms, der ursprünglich einmal Buchdrucker hatte werden sollen, um den elterlichen Druckereibetrieb in Aurich zu übernehmen, erlebte diese schlimmen Jahre nicht mehr. Er starb 1939 in Berlin, nachdem er 1933 auf Druck der Nationalsozialisten sein Amt als Leiter des Instituts hatte aufgeben müssen. Am Fuße des Turmes am Nordende des Gebäudes erinnert ein Gedenkstein an den Institutsgründer und seine Frau.

1951 war der Wiederaufbau des Gebäudes soweit abgeschlossen, dass der Forschungsbetrieb in vollem Umfang wieder aufgenommen werden konnte. Die Bibliothek war noch für zwanzig Jahre in ehemaligen Kasernen im Stadtteil **Wik** untergebracht, ehe sie 1971 in einen Neubau an der Rückseite des ehemaligen Krupp-Hauses ziehen konnte.

Das Institut für Weltwirtschaft ist heute ein weltweit renommiertes Forschungsinstitut, das nicht nur in Wirtschaftskreisen sehr bekannt ist. Die von ihm mitverfasste Gemeinschaftsdiagnose der führenden deutschen Wirtschaftsforschungsinstitute sorgt bei den Regierenden in Berlin regelmäßig für Spannung: Schelte oder Lob der Gutachter finden nämlich ein breites Echo in der Presse. Auch der jeweils fünf namhafte Ökonomen umfassende "Sachverständigenrat zur Begutachtung der gesamtwirtschaftlichen Entwicklung" (kurz *die Fünf Weisen genannt*), in dem das Kieler Institut regelmäßig vertreten ist, trifft mit seinen Analysen nicht immer auf Gegenliebe bei der jeweiligen Bundesregierung oder den Tarifparteien.

Natürlich ist bei den so Gescholtenen die Versuchung groß, einen derartigen "Besserwisser" mit einem Spottnamen zu versehen. In diesem Fall gab ein Straßenbahnschaffner der Vorkriegszeit ungewollte Hilfestellung. Ihm war der Name der Haltestelle "Institut für Seeverkehr und Weltwirtschaft" zu kompliziert, so dass daraus "Institut für sehr verkehrte Weltwirtschaft" wurde - eine Steilvorlage für alle, deren Wirtschaftspolitik vor den Augen des gestrengen Hauses keine Gnade findet!

Wie das ☞ IFM-Geomar gehört auch die "Weltwirtschaft" (so die gängige Abkürzung) mit ihren rund 300 Mitarbeitern zur **Leibniz-Gemeinschaft** (früherer Name: "Gemeinschaft Blaue Liste"), einem bundesweiten Zusammenschluss von zur Zeit 88 besonders förderungswürdigen Forschungseinrichtungen. Ebenfalls Mitglied in diesem erlauchten Kreis ist die seit dem Jahr 2007 vom Institut unabhängige Bibliothek, die seither unter ihrem offiziellen Namen **Deutsche Zentralbibliothek für Wirtschaftswissenschaften (ZBW)** firmiert. Ebenfalls 2007 wurde die ZBW um die Bibliothek des ehemaligen Hamburgischen Weltwirtschafts-Archivs (*HWWA*) erweitert und hat seitdem noch einen weiteren sehr schönen Standort an der Hamburger Außenalster. Der Bestand beider Häuser umfasst derzeit etwa 4 Millionen Bände, wobei hierin die zunehmende Zahl an elektronischen Publikationen noch nicht mit eingerechnet ist. Damit ist die ZBW die größte wirtschaftswissenschaftliche Bibliothek der Welt.

◆ Düsternbrooker Weg 120, ☎ 8 81 41, FAX 8 58 53, ⌨ www.uni-kiel.de/IfW/, ✆ info@ifw-kiel.de, ZBW ▯ Mo bis Fr von 9:00 bis 19:00, ☎ 8 81 41, FAX 8 81 45 20, ⌨ www.zbw.eu, ✆ info@zbw.eu

 41/42, Haltestelle: Institut für Weltwirtschaft

Kieler Yacht - Club

In unmittelbarer Nachbarschaft (räumlich wie historisch) zum Institut für Weltwirtschaft liegt das Club-Gebäude des **Kieler Yacht-Clubs**, der weltweit nur KYC genannt wird. Kaum ein Sportverein ist derart eng mit der Kieler

Geschichte der letzten reichlich hundert Jahre verbunden wie dieser Segelclub, dessen Name noch heute teils Bewunderung, teils Ablehnung auslöst.

Dabei hatte alles ganz harmlos angefangen. Marine-Ingenieure und wohl-
habende Hamburger Kaufleute entdeckten in der zweiten Hälfte des 19. Jh.
die tidenfreie Kieler Förde als ideales Segelrevier. Die ersten von ihnen orga-
nisierten Wettfahrten wurden 1866 noch mit Fischerbooten ausgetragen, ehe
1875 die erste in Kiel gebaute Segelyacht auf dem Revier erschien: Es war
die *Argo* des Marine-Ingenieurs *Gustav Sonntag*, der somit als einer der
Väter des Kieler Segelsports gelten kann.

1883 wurde mit dem *Friedrichsorter Regattaverein* ein erster Segelclub
gegründet, dessen Mitglieder fast ausschließlich Marine-Offiziere waren.
Unterstützt vom segelbegeisterten Prinzen Heinrich von Preußen (☞ Alt-
stadt, Schloss/"Kilia") wurde dann 1887 der "Marine-Regattaverein" aus der
Taufe gehoben, der seinen Sitz in der damaligen Marineakademie (dem heu-
tigen ☞ Landtag) hatte. Aus diesem wiederum ging der *Kaiserliche Yacht-
Club* hervor - der Vorläufer des heutigen KYC. Die Mitglieder waren in erster
Linie Offiziere und Kaufleute, aber auch Mitglieder hoher und höchster
Gesellschaftskreise jener Zeit: Ob König *Leopold II.* von Belgien, Prinz *Eitel
Friedrich von Preußen*, Kaiserin *Auguste Victoria* oder *Friedrich Krupp von
Bohlen und Halbach* - sie alle waren Mitglieder dieses erlauchten Zirkels.

Es versteht sich von selbst, dass ein derartiger Club Bedarf an einem
angemessenen Gebäude hatte. Da die Marineakademie die zur Verfügung
gestellten Räume dringend selbst brauchte, sah man sich nach einem repräsentativen Ersatz um; doch obwohl 1897 der Mitgliedsbeitrag auf 24 Reichsmark erhöht worden war, reichte das Clubvermögen bei weitem nicht für
einen Neubau aus. Da griff Friedrich Krupp dem Verein hilfreich unter die
Arme. Er hatte das gesamte Gelände vom heutigen *Haus Weltclub* bis zum
Wirtschaftsministerium erworben und baute darauf das neue Clubhaus und
das "Logierhaus" für Gäste des Clubs - eben jenes Gebäude, in dem seit
1918 das Institut für Weltwirtschaft sitzt.

Das Clubhaus wurde 1900 glanzvoll eingeweiht und bot den mittlerweile 1.200 Vereinsmitgliedern jeden Komfort. Ständig waren sechs Köche
angestellt, die gleichzeitig für 600 Personen kochen konnten, der Weinkeller
beherbergte stets 25.000 Flaschen, und 1,5 t Eis wurden täglich verbraucht.
Ihren Höhepunkt fand diese erste glanzvolle Phase des KYC beim 25. Club-

jubiläum 1912, zu dem alles erschien, was in Seefahrt, Politik und Gesellschaft Rang und Namen hatte. Friedrich Krupp, der dem Club so tatkräftig geholfen hatte, konnte diese Feierlichkeiten allerdings nicht mehr miterleben, denn er starb bereits 1902.

Der Erste Weltkrieg unterbrach jäh das sportliche und gesellschaftliche Treiben. 1915 wurde das Clubhaus in ein Lazarett umgewandelt, und an Segeln auf der Kieler Förde war nicht zu denken. Zum einen war der Hafen vermint, zum anderen wurden Messingbeschläge und Bleikiele eingeschmolzen.

Nachdem die Firma Krupp 1918 das Vereinsdomizil an das Institut für Weltwirtschaft verkauft hatte, stand der Kaiserliche Yacht-Club heimatlos da. Zwar boten Clubmitglieder ihre Privathäuser als provisorische Unterkunft an, aber von Dauer konnte diese Lösung natürlich nicht sein.

Es sollte noch bis zum Jahr 1926 dauern, bis der Kaiserliche Yacht-Club (jawohl, so hieß er auch in der Weimarer Republik!) ein neues Zuhause beziehen konnte. Es stand, in unmittelbarer Nachbarschaft zum früheren Gebäude, auf dem Grundstück des Maschinenhauses für die ehemaligen Club-Anlagen. Nun war zwar ein neues Haus da, aber der alte Geist blieb.

Das betont konservative, die neuen Zeiten bewusst ignorierende Auftreten des KYC oder zumindest eines Teiles seiner Mitglieder brachte dem Verein im "roten" Kiel nicht gerade viele Sympathien ein. 1928 sah sich der Reichswehrminister und Chef der Marineabteilung, Admiral *Erich Raeder*, daher sogar gezwungen, seinen Offizieren den Austritt aus dem Kaiserlichen Yacht-Club zu befehlen.

Den Nationalsozialisten waren Vokabeln wie großbürgerlich, feudal, monarchistisch, mit denen der KYC behaftet war, ein noch größerer Dorn im Auge, und so wurde am 28. Oktober 1936 die Auflösung des Clubs verkündet, und an seine Stelle trat der *Yacht-Club von Deutschland*; Hakenkreuz statt Kaiserkrone flatterte im neuen Stander.

Nach dem Ende des Zweiten Weltkrieges verbot die englische Besatzungsmacht zunächst alle seglerischen Aktivitäten, und in das Clubhaus am Hindenburgufer zog der *British Kiel Yacht-Club* ein.

1952 räumten die Engländer die Anlage für den schon 1945 (neu)gegründeten Kieler Yacht-Club. Langsam und stetig ging es mit dem KYC (der nun alles Royalistische aus seinem Namen gestrichen hatte) bergauf, und zur Olympiade 1972 konnte den Gästen aus aller Welt ein neuer Hotelanbau präsentiert werden. 1987, zum 100. Geburtstag, veranstaltete der Club eine einmalige Regattaserie, die *Kiel Worlds*.

Es handelte sich dabei um eine Weltmeisterschaft, die gleichzeitig in allen olympischen Bootsklassen ausgetragen wurde. Doch damit nicht genug: Im August desselben Jahres wurde die Eintonner-Weltmeisterschaft auf der Förde veranstaltet, die niemand Geringerer gewann als der damalige Kronprinz (und heutige König) *Harald* von Norwegen.

Bei allem sportlichen Glanz unterliegt aber auch ein renommierter Verein den Gesetzen des Marktes und so stellte sich mit der Zeit heraus, dass der Hotelanbau nicht rentabel zu bewirtschaften war. Als umfangreiche Sanierungsarbeiten anstanden, die der gewiss nicht arme Club aus eigener Kraft nicht bezahlen konnte, griff (Tradition verpflichtet!) die *Alfried-Krupp-von-Bohlen-und-Halbach-Stiftung* ein, was nicht zuletzt dem Engagement des Stiftungsvorsitzenden und Kieler Ehrenbürgers *Berthold Beitz* zu verdanken ist. Mit dieser finanziellen Unterstützung wurde der Hoteltrakt abgerissen, sowie der Altbau von Grund auf renoviert. Neben den eigentlichen Clubräumen stehen seitdem 21 luxuriöse Hotelzimmer und -suiten sowie weiterhin das Restaurant zur Verfügung.

◆   Hindenburgufer 70, ☏ 8 50 21/23, FAX 8 26 74, 🖥 www.KYC.de,
      ✉ sekretariat@kyc.de

🖚   Hotel Kieler Yacht Club, ☏ 8 81 30, FAX 8 81 34 44, 🖥 www.hotel-kyc.de

Seit 1991 besitzt der *Kieler Yacht-Club* übrigens eine "Filiale" in Strande an der Kieler Außenförde, nämlich das *Alfred-Krupp-Haus*, das als Vereins- und Jugendheim genutzt wird.

◆   ☏ 0 43 49/14 31

Wenige Schritte nördlich der Einmündung des **Carl-Loewe-Weges** liegt das Haus **Weltclub**. Es wurde zur Segelolympiade 1936 als Unterkunft für die Teilnehmer gebaut. Nach schweren Beschädigungen im Zweiten Weltkrieg und dem veränderten Wiederaufbau 1951 diente es als internationale Begegnungsstätte für Studenten. Heute wird das Gebäude weitgehend vom ☞ Institut für Weltwirtschaft genutzt, das hier Büroräume besitzt und die Teilnehmer seines Postgraduierten-Studiums unterbringt.

Um noch einmal auf die olympischen Spiele von 1936 zurückzukommen: Die Siegerehrungen fanden auf dem kleinen dreieckigen Platz gegenüber der Anlegestelle **Bellevue** statt.

Oberhalb dieses Platzes steht ein Seesoldatendenkmal von *Alwin Blaue* und *Hermann Suhr.*

Seebad Düsternbrook

Einen Hauch des Badelebens, das im 19. Jahrhundert an der Kieler Innenförde stattfand, vermittelt heute noch das **Seebad Düsternbrook**. Die 1935/36 vom Architekten *Rudolf Schroeder* gebaute und seither mehrmals veränderte Anlage ist der Ersatz für ein Freibad, das 1865 an etwa gleicher Stelle eröffnet wurde.

Dieses wiederum ersetzte ein von dem dänischen Architekten *Axel Bundsen* im klassizistischen Stil erbautes Badehaus, das 1822 in Betrieb genommen wurde und später dem Bau der Marineakademie, dem heutigen ☞ Landtag, weichen musste.

Das Badehaus von Bundsen (der übrigens auch das Herrenhaus von Gut Knoop auf dem nördlichen Ufer des Nord-Ostsee-Kanals entwarf) spielte eine Rolle in der Zeit vor der Schleswig-Holsteinischen Erhebung von 1848. In dem der Badeanstalt angeschlossenen "Logierhaus" wurden nämlich Feste veranstaltet, die nicht nur privaten, sondern zunehmend auch politischen Charakter hatten. Hier trafen sich national und liberal gesonnene Leute, wie z.B. der an der Kieler Universität lehrende Historiker *Gustav Droysen*, um zu feiern und zu diskutieren.

Natürlich wäre es falsch anzunehmen, dass in der Düsternbrooker Badeanstalt die Erhebung gegen den dänischen Gesamtstaat geboren worden wäre - aber sie hat einen Teil dazu beigetragen, bei breiten Bevölkerungsschichten ein politisches Bewusstsein zu erzeugen.

Der heutige Nach-Nachfolger erzeugte hingegen jahrelang garantiert "nur" eine erfrischende Abkühlung an heißen Sommertagen. In jüngster Zeit ist man allerdings doch wieder ein Stück weit zu den Wurzeln zurückgekehrt, wenn auch nicht ganz freiwillig: Die Aufrechterhaltung des Badebetriebes

wurde der Stadt Kiel nämlich zu teuer und so suchte sie einen privaten Betreiber. Der wiederum bietet ein umfangreiches gastronomisches Programm und
auch kulturelle Veranstaltungen finden hier statt - allerdings ist wohl nicht
davon auszugehen, dass diese wiederum den Nährboden für politische
Umwälzungen bilden werden.

Das ändert aber nichts an der Tatsache, dass die Seebadeanstalt ein ech-
ter Magnet geworden ist und man an schönen Sommertagen geduldig nach
einem freien Plätzchen suchen muss.

Ganz Verwegene, die auch im Winter nicht auf eine "Erfrischung" in der
Förde verzichten möchten, erwerben einen Schlüssel zu der im Winter natürlich geschlossenen Badeanstalt und lassen sich auch durch Eisschollen nicht
von ihrem täglichen Bad abhalten.

◆   ☎ und FAX 3 41 85, 🖥 www.seebad-duesternbrook.de, 🕐 täglich von 10:00 bis
          19:00

🚌   41/42,61 Haltestelle Bellevue und Fördeschifffahrt, Anleger Bellevue

Ein paar hundert Meter weiter in nördlicher Richtung liegt, zwischen der
Parkstraße und der **Koesterallee**, ein schlichtes, gleichwohl repräsentativ wir-
kendes dreigeschossiges Gebäude, das zwischen 1934 und 1935 erbaut
wurde.

Seine Ähnlichkeit mit dem zeitgleich in Berlin entstandenen Reichsluft-
fahrtministerium ist kein Zufall, denn der rote Ziegelsteinbau wurde für das
Luftkreiskommando der Wehrmacht erbaut und am 21. Oktober 1935 von
Hermann Göring eingeweiht. Im Mai 1945 wurde es von englischen Trup-
penteilen besetzt und diente fortan unter dem Namen "Somerset House"
(der Name erinnerte an einen Palast in der Londoner Innenstadt) der britischen Militärverwaltung als Dienstgebäude.

Am 24. Januar 1956 zog die neu gegründete Bundeswehr in das Gebäude ein, das heute Sitz des *Wehrbereichskommandos I* ist.

Jenseits der Koesterallee hat die 1904 gegründete *Seglervereinigung Kiel*
(allgemein nur SVK genannt) ihr Clubhaus und ihre Bootsanleger.

Wenige Schritte weiter nördlich steht die Skulptur Hafen 77, die Felix
Fehlmann aus den Bordwänden des verschrotteten Schiffes *Highlandsteamer*
formte.

Tirpitz-/Scheerhafen

Am nördlichen Ende des Hindenburgufers gelegen, ist der **Tirpitzhafen** zu einer Drehscheibe nationaler und internationaler Marineschiffe geworden. Besonders während der Kieler Woche geben sich Kriegsschiffe aus aller Herren Länder (auch aus den Nachfolgestaaten der ehemaligen Sowjetunion) und deren Besatzungen hier ein Stelldichein. Wenn dann noch an den Besuchstagen viele Neugierige aus Kiel oder von außerhalb angelockt werden, um die Schiffe zu besichtigen, bietet sich dem oberflächlichen Betrachter ein beinahe friedliches, zumindest buntes Bild.

Dabei sind gerade der Tirpitzhafen und der unmittelbar nördlich daran anschließende **Scheerhafen** ein Beispiel dafür, was für eine dominante Rolle die Interessen der Marine bei der Entwicklung der Stadt seit dem 19. Jahrhundert gespielt haben und wie eingleisig dadurch die Entwicklung des Hafens und der ganzen Stadt verlief.

Ursprünglich wollte die Stadt an dieser Stelle der **Wiker Bucht** einen neuen Handelshafen errichten, was in Anbetracht der unmittelbaren Nachbarschaft zum im Bau befindlichen **Nord-Ostsee-Kanal** sicher auch sinnvoll gewesen wäre. Aber bis sich die verantwortlichen Gremien der Stadt Kiel endlich auf ein Konzept geeinigt hatten, verging viel Zeit (auch heute noch ein bekanntes Phänomen ...); wie sich schnell herausstellte, zuviel. Die Kaiserliche Marine, insbesondere der neue Chef des Reichsmarineamtes, Admiral *Alfred von Tirpitz*, hatte bereits die Hand auf das Gelände gelegt und ließ ab 1902 einen neuen Kriegshafen bauen. Zwar wehrte sich die Stadt verzweifelt gegen diese Pläne, doch im "Wiker Hafenprozess" unterlag sie 1904 endgültig den Reichsinteressen - und war damit für lange Zeit auf Gedeih und Verderb an die Marine gekettet. Die damals entstandenen Hafen- und Kasernenanlagen dienten zunächst vor allem als Schutz für die neu entwickelten Torpedoboote (ebenfalls ein Werk Tirpitz') sowie Minensucher und U-Boote. Die Großkampfschiffe lagen zu dieser Zeit meist auf Reede.

Nach dem Ersten Weltkrieg bekam der Kriegshafen allmählich seine heutige Form: Südlich der Kanalmole liegen die Hafenbecken des Scheerhafens, südlich davon wiederum der eigentliche Tirpitzhafen, der durch eine Nord- und eine 1938/39 gebaute Südmole begrenzt wird. Diese beiden Piers heißen bis heute **Scheermole** bzw. **Tirpitzmole**.

Blickfang der dem Hindenburgufer gegenüberliegenden Tirpitzmole ist zweifellos das Segelschulschiff *Gorch Fock*, das hier einen neuen Liegeplatz gefunden hat, nachdem das Bundesverteidigungsministerium ihren früheren Stammplatz, die *Blücherbrücke* gegenüber dem Landeshaus, an ein privates Unternehmen verkaufte. Im Gegensatz dazu kann von einem Rückzug der Marine aus "ihrem" Stadtteil Wik keine Rede sein. Seit das Bundesverteidigungsministerium beschlossen hat, Kiel zu einer "logistischen Drehscheibe" im westlichen Ostseeraum zu machen, werden neue Investitionen in die hier ansässige Bundeswehrfachschule, sowie in Hafenanlagen und Straßen getätigt.

Dass ehemalige Militäranlagen auch völlig anders genutzt werden können, beweist der **Flandernbunker**, der genau gegenüber der Haupteinfahrt in den Tirpitzhafen liegt. Ursprünglich gehörte der *Flandernplatz*, auf dem der Bunker in den Jahren 1942/43 gebaut wurde und ihm auch den Namen gab, ebenfalls zum Militärgelände. Auf einer Grundfläche von etwa 500 m² entstand ein Betonklotz mit 2,5 m Wand- und 3,5 m Deckenstärke. Auch wenn sich diese Maße sehr eindrucksvoll lesen, so wird doch dem Betrachter schnell klar, dass der Bau für einen Schutzraum der Bevölkerung zu klein ist. Und in der Tat diente der Flandernbunker als Flugabwehr- und Notkommando-Zentrale.

Nach dem Zweiten Weltkrieg rottete der martialisch anmutende Bau still vor sich hin; an einen Abriss oder gar eine Sprengung wagte sich so recht niemand heran - und das wohl nicht nur wegen der Kosten! Vor einigen Jahren erwarb ausgerechnet ein pazifistischer Verein die immer noch eindrucksvolle Ruine, setzte sie instand und nutzt sie seither als Veranstaltungsort.

ℹ️   Verein Mahnmal Kilian e.V., Hindenburgufer 275, ☎ 8 05 86 33

📧 info@kriegszeugen.de, 🗓 Mo bis Do 9:00 bis 17:00, Fr 9:00 bis 15:00

💻 www.mahnmalkilian.de

Petruskirche

✝   Die **Petruskirche** im durch die Marine geprägten Stadtteil **Wik** ist sicher der architektonisch bedeutendste Sakralbau in Kiel. Dass seine Architekten, die Schweizer *Robert Curjel* und *Karl Moser*, lange Zeit in Karlsruhe arbeiteten (wie auch Hermann Billing, der Erbauer des ☞ Rathauses), ist sicher kein Zufall, denn die Technische Hochschule der badischen Stadt war gegen Ende des 19. und zu Beginn des 20. Jahrhunderts eines der prägenden Zentren aktueller Architektur. Erstaunlicher ist da schon die Tatsache, dass dieser seinerzeit hochmoderne Kirchenbau eine Auftragsarbeit für die Kaiserliche Marine war. Die erste Kieler Garnisonskirche am **Niemannsweg** (seit 1907 **Pauluskirche**) war für die rasant wachsende Zahl an Marinesoldaten zu klein geworden, und so beschloss man, inmitten der neu entstandenen Hafen- und Kasernenanlagen in der Wik eine neue Kirche zu bauen (☞ Tirpitz-/Scheerhafen).

Die beiden Architekten verzichteten völlig auf einen historisierenden Baustil, und brachten stattdessen die Funktion als Marinekirche deutlich zum Ausdruck: Der gedrungene Turmkörper und der stützenlose rechteckige Innenraum (1.100 Sitzplätze) vermitteln den Eindruck von Wehrhaftigkeit. Das Glanzstück der 1905 bis 1908 erbauten Kirche ist jedoch die Bohlenkonstruktion des offenen Dachstuhls, der an einen umgedrehten Schiffsrumpf erinnert - wobei es dem Betrachter überlassen bleibt, ob er den Begriff "Schiff" eher mit Marineschiff oder Kirchenschiff in Verbindung bringt. Die hohe bauliche Qualität führte dazu, dass die Petruskirche 1980 in das schleswig-holsteinische Denkmalbuch als "Kulturdenkmal von besonderer Bedeutung" eingetragen wurde.

Nach Kriegszerstörungen 1944 und dem Wiederaufbau fünf Jahre später diente der Bau als zivile Kirche und wird seit 1984 ausschließlich als Konzertsaal benutzt, wozu er durch seine hervorragende Akustik wie geschaffen ist. Seit 1986 ist die Petruskirche auch fester Bestandteil des (☞ Kieler Highlights) Schleswig-Holstein Musik Festivals.

◆   Weimarer Straße, 🖥 www.petrus-kirche.eu

🚌   61/62, Haltestelle Weimarer Straße

⌘   Wer dem Straßenzug **Feldstraße/Prinz-Heinrich-Straße** folgt, oder aus der Innenstadt auf der **Holtenauer Straße** nach Norden fährt, stößt an der Kreuzung der Auffahrt zur Olympia-Brücke auf das Hinweisschild **Maschinenmuseum Kiel-Wik**. Technikinteressierte folgen einfach der Ausschilderung und stehen nach wenigen Minuten vor dem jüngsten Kieler Museum. In einem ehemaligen Lokomotivschuppen haben hier zwei maschinenbesessene

Enthusiasten eine bemerkenswerte Sammlung unterschiedlichster Antriebsag-
gregate zusammengetragen; vom Motorenmodell für die Ingenieursausbil-
dung bis zur kompletten Hauptmaschine eines U-Bootes ist hier alles vertreten, was in irgendeiner Form dem Antrieb dient. Neben der Technik selbst ist
dabei bemerkenswert, dass fast alle Aggregate irgendwann im vergangenen
Jahrhundert einmal ihren Dienst in Kiel versahen. Außerdem wird großer Wert
darauf gelegt, dass die Maschinen größtenteils auch noch funktionieren und
dadurch Technik buchstäblich "begreifbar" wird. Da die beiden Sammler ihr
Museum ausschließlich in ihrer Freizeit betreiben, können sie nur sehr spo-
radische Öffnungszeiten anbieten. Eine telefonische Anmeldung ist daher
erforderlich, aber jederzeit möglich. Besonders Schulklassen nehmen dieses
Angebot gerne an.

♦   Am Kiel-Kanal 44, ▯ jeden 3. Sonntag im Monat 11:00 bis 17:00 oder nach Ver-
         einbarung, ☎ 5 94 34 50, 🖳 www.maschinenmuseum-kiel-wik.de
         ✍ info@maschinenmuseum-kiel-wik.de

Die Umgebung des Museums ist ein Beispiel für den gelungenen Struk-
turwandel einer alten Industrieanlage. Auf dem Gelände eines ehemaligen
Kraftwerks ist hier ein modernes Gewerbegebiet entstanden, in dem Technik-
und Dienstleistungsbetriebe aller Art eine Heimat gefunden haben.

Wer dem Hinweisschild **Nord-Ostsee-Kanal Aussichtspunkt** folgt, landet
auf der Südseite der Schleusenkammern des Nord-Ostsee-Kanals. Die Besucherplattform bietet einen hervorragenden Blick auf das Geschehen in der
Schleuse, der Weg dorthin ist allerdings seit einigen Jahren deutlich eingeschränkt.

Dies hat seinen Grund allerdings nicht darin, dass die Kanalverwaltung
etwa keine Besucher mehr haben will; vielmehr wurden nach den Anschlägen
auf das New Yorker World Trade Center die internationalen Sicherheitsstan-
dards (Stichwort ISPS-Code) auch für Hafen- und Schleusenanlagen deutlich
verschärft.

Erhalten blieb zum Glück die Möglichkeit, auf dem Weg zur Aussichtsterrasse auch einen Blick auf einen der beiden noch erhaltenen Sandsteinadler
zu werfen, die früher als Reliefs die damaligen Türme der *Levensauer* Hochbrücke (☞ Nord-Ostsee-Kanal) verzierten.

Düsternbrooker Gehölz

 41/42, Haltestelle Lindenallee oder Roonstraße;
61/62, Haltestelle Düvelsbeker Weg

Wer auf der Höhe des Dampferanlegers "Bellevue" das Hindenburgufer verlässt und ein paar Schritte den Uferabhang hinaufgeht, steht nach wenigen Metern im **Düsternbrooker Gehölz**, einem beliebten Stadtwald. Er erstreckt sich heute von der **Krusekoppel** im Süden bis zur **Lindenallee** im Norden und ist bei Spaziergängern, Hundebesitzern und Liebespaaren als (einigermaßen stilles) Refugium gleichermaßen beliebt. Im Winter tummeln sich dort mitunter sogar Rodler und Skilangläufer, die allerdings auf der benachbarten Krusekoppel erheblich bessere Bedingungen vorfinden.

Obwohl bei weitem nicht der größte Wald im Kieler Stadtgebiet (das **Tannenberger Gehölz** zwischen **Nord-Ostsee-Kanal** und dem Stadtteil **Projensdorf** oder das **Viehburger Gehölz** im Süden Kiels sind erheblich weitläufiger), hat das Düsternbrooker Gehölz als Naherholungsgebiet eine lange Tradition.

Ursprünglich wurde es von den Bauern des damaligen Dorfes und heutigen Kieler Stadtteils **Brunswik** als Futterplatz für die Schweine benutzt. Doch schon 1792 bezeichnete das *Akademische Taschenbuch zum Nutzen und Vergnügen für Studirende* Düsternbrook als einen der besten *"Kielischen Vergnügungsörter außer der Stadt"*. Drei Jahre später wandte sich sogar der in Kiel lehrende Zoologe *Johann Christian Fabricius* in einem Brief an den dänischen König, in dem er bat, den Kielern das Gehölz *"zu dem Vergnügen unserer Studirenden und der Stadt"* zu überlassen.

Da er die Sorgen und Nöte von Herrschern offensichtlich kannte, fügte er noch hinzu: *"Als Forsten sind sie äußerst unbedeutend, ... aber als Lusthölzer könnten ausgenutzt, eingerichtet, wegen ihrer herrlichen Lage ganz vortrefflich werden"*.

Und tatsächlich hat man von einigen Punkten des Waldes einen wunderbaren Blick über die Förde, auch wenn ein Reisender 1844 offensichtlich anderes im Auge hatte, als er schrieb: *"Was die Augen mancher Wanderer am meisten anzieht, das sind die schönen Kielerinnen"*. Der schöne Ausblick auf das Wasser wird am nördlichen Ende des Düsternbrooker Gehölzes leider zum Teil durch einen klotzigen Hotelneubau verstellt, der 1972 als

Ersatz für das im Kriege zerstörte und danach nicht wieder aufgebaute *Hotel Bellevue* hochgezogen wurde und sicher nicht zu den Glanzlichtern der Kieler Bausubstanz gehört.

Krusekoppel/Freilichtbühne

 41/42, Haltestelle Reventlouallee oder Institut für Weltwirtschaft

 Südlich des Düsternbrooker Gehölzes, von den Gebäuden der Landesregierung durch den teilweise vierspurigen **Düsternbrooker Weg** getrennt, liegt ein steil ansteigendes Gelände, die **Krusekoppel**. Sie verdankt ihren Namen, aber auch die erstaunliche Tatsache, dass es in zentraler Lage an der Kieler Förde noch ein so großes, unbebautes Gelände gibt, ihrem früheren Besitzer, dem Bauern *Heinrich Kruse*, der von der Insel Fehmarn stammte und sich 1856 in Kiel niederließ. Er vermachte seine Koppel 1896 der Stadt Kiel, wobei er seine großzügige Stiftung an eine Bedingung knüpfte: *"Ich will, dass mein im Düsternbrook belegener Grundbesitz während eines Zeitraums von hundert Jahren nicht geteilt, sondern als ein ungetrenntes Ganzes erhalten bleibt"*. Kruse hatte in den Jahrzehnten vor seiner Schenkung das stürmische und selten von Rücksichtnahme auf Natur und Menschen geprägte Wachstum Kiels miterleben können und wollte seinem ehemaligen Grund und Boden wohl ein ähnliches Schicksal ersparen.

 Die Stadt Kiel war nun jedenfalls im Besitz eines Geländes in bester Lage, das "nur" als Erholungsgebiet dienen konnte. Die Kieler Bürger nahmen dieses Angebot schnell an, und auch die Pflanzenwelt nutzte diesen unerwarteten Freiraum: Mehrere der großen Bäume, darunter auch eine 160 Jahre alte Esskastanie, stehen inzwischen als Naturdenkmale unter besonderem Schutz.

 Als sich nach dem Zweiten Weltkrieg die Kieler Woche mehr und mehr zu einem großen Volksfest der gesamten Kieler Bevölkerung entwickelte, fand auf der Krusekoppel auch das "Fest auf grünem Rasen" statt, ein Sportfest, an dem sich alle Kieler Schulen beteiligten.

 In dieser Zeit entstand am Fuße der Krusekoppel auch eine **Freiluftbühne** für Veranstaltungen unterschiedlicher Art. Doch im Laufe der Jahre verfiel die

Anlage zusehends, und die von Finanzsorgen geplagte Stadt hatte weder genügend Geld noch ein überzeugendes Konzept zur Sanierung. Kurz bevor die Bühne aus Sicherheitsgründen hätte abgerissen werden müssen, bildete sich der *Förderverein Krusekoppel*, um diese wunderschön gelegene Anlage mit ihren zweitausend Sitzplätzen zu erhalten und für Konzerte und ähnliche kulturelle Veranstaltungen vermieten zu können. Mit eigenen Mitteln und mit Hilfe von Sponsoren setzten 1989/90 die Initiatoren ihre Pläne in die Wirklichkeit um - nicht immer zur Freude der Anwohner, die anfangs heftig gegen eine Wiederbelebung der Krusekoppel-Bühne protestierten. Doch schließlich einigten sich der Förderverein und die Nachbarn (unter ihnen auch die Landesregierung, deren Gästehaus gleich hinter der Krusekoppel liegt) auf einen Kompromiss: Bis zu neun Veranstaltungen dürfen jährlich zwischen Mai und September stattfinden, von denen keine länger als bis 22:00 dauern darf.

Auch in punkto Parkplätze fand man eine Lösung: die Besucher der Krusekoppelbühne dürfen kostenlos das Parkhaus des Landtages an der Ecke Düsternbrooker Weg/Reventloualle benutzen.

Nach allen bisherigen Erfahrungen hat das relativ frühe Ende der Veranstaltungen die Stimmung noch nie beeinträchtigt. Ob *Miriam Makeba, Jackson Browne, Leningrad-Cowboys* oder Jazz-Veranstaltungen im Rahmen des Schleswig-Holstein Musikfestivals - die Konzerte auf der Krusekoppel waren fast immer ein voller Erfolg.

In den letzten Jahren wurden während der Kieler Woche Teile der bei Kindern so sehr beliebten "Spiellinie" von der Kiellinie hierher verlagert - und damit (sicher unbeabsichtigt) an die Tradition der Bühne angeknüpft.

◆   Freilichtbühne Krusenkoppel, Düsternbrooker Weg 81, ☎ 24 01 40 99, FAX 24 01 40 96, 🖳 www.freilichtbuehne-kiel.de, ✍ info@feilichtbuehne-kiel.de

🌸 Forstbaumschule

Nördlich vom Düsternbrooker Gehölz überquert man die Kreuzung **Lindenallee/Niemannsweg**, um in die **Forstbaumschule** zu gelangen. Viele Kieler denken bei diesem Namen in erster Linie an so reizvolle Dinge wie Feierabend und Biergarten; eine Assoziation, die sich in der gleichnamigen Gastwirtschaft am südwestlichen Ende des Parks angenehm umsetzen lässt.

Der Gründer der Anlage, *August Niemann*, hatte allerdings ernstere Pläne, als er den Park 1788 als Baumschule anlegte. Zum einen sollten hier Bäume für die königlichen Gehege herangezüchtet werden, zum anderen wurden die Soldaten des Jägercorps hier zu Forstleuten ausgebildet.

Die Forstbaumschule

Die 1805 erweiterte Anlage geriet 1857 ernsthaft in Gefahr, abgeholzt zu werden, da der dänische König dringend Geld brauchte. Die Kieler Öffentlichkeit war empört, und das *Kieler Wochenblatt* schrieb sogar: *"Das ist ungefähr so, als ob man einem schönen Mädchen das lockige Haar oder gar ein Auge nehmen wolle"*. Glücklicherweise kam es nicht zur Rodung, und 1874 ging die Forstbaumschule in den Besitz der Stadt über, die 1898 den Baumschulbetrieb aufgab und einen öffentlichen Park daraus machte.

Aus der Zeit als Baumschule ist noch eine Anzahl seltener in- und ausländischer Bäume erhalten, wie zum Beispiel ein Mammutbaum. Der alte Baumbestand, die angelegten Teiche und die Hanglage machen die Forstbaumschule zu einem ausnehmend malerischen und daher besonders beliebten Naherholungsgebiet.

Bei Kindern und Feierabendsportlern sehr beliebt ist ein "Bolzplatz", der die Forstbaumschule nach Westen hin zur **Feldstraße** begrenzt. Diese Wiese, auf der hin und wieder auch Cabarets oder kleine Zirkusse gastieren, trägt wegen ihrer Nachbarschaft zur katholischen *St. Heinrich-Kirche* im Kieler Volksmund den Namen "Katholikenwiese" oder auch nur "Katho".

❧ Diederichsenpark

Östlich des Niemannsweges (gegenüber der Forstbaumschule) liegt der **Diederichsenpark**, von dem aus man einen besonders schönen Blick auf die Kieler Förde, den **Friedrichsorter Leuchtturm** und die Außenförde hat.

Diese Anlage ist erst seit der Kieler Woche 1958 ein öffentlicher Park. Das Grundstück gehörte früher dem wohlhabenden Kieler Kaufmann und Reeder *Heinrich Diederichsen*, der es samt der darauf stehenden *Villa Forsteck* 1893 von dem Hamburger Kaufmann *Heinrich Adolph Meyer* gekauft hatte.

Zeitweilig war die Villa ein kultureller Mittelpunkt in Kiel.

So gab *Clara Schumann* hier am 28. Juni 1875 ihr letztes Konzert, nachdem ihr Arm nach einer neuartigen Therapie des Kieler Chirurgen *Prof. Friedrich von Esmarch* behandelt worden war.

1944, zwei Jahre nach dem Tode Diederichsens, wurde der stattliche Bau jedoch von Bomben zerstört. Heute erinnert nur die etwa 1 m hohe, quer durch den Park verlaufende Grundmauer an das Haus.

Blücherplatz

 61/62, Haltestelle Yorckstraße; 11/21, Haltestelle Hardenbergstraße, der Blücherplatz liegt etwa 5 Fußminuten von jeder der Haltestellen entfernt.

Wie schon mehrfach gesagt, wuchs die Kieler Bevölkerung nach 1871 sprunghaft an. Um den dringend benötigten Wohnraum möglichst schnell zur

Verfügung stellen zu können, nahmen die Stadtplaner ästhetische Sünden zwangsläufig (oder auch mangels besseren Könnens) in Kauf.

Diesen unbefriedigenden Zustand versuchte man durch einen Generalbebauungsplan zu ändern, den 1901 der Kölner Stadtplaner *Joseph Stübben* entwickelte. Sein Entwurf sah statt der bisherigen, schachbrettartigen Straßenplanung eine systematische Gliederung von Straßen und Plätzen vor. Darüber hinaus versuchte Stübben, an das Ende von Straßen oder Blickachsen Ruhezonen oder optisch markante Gebäude zu setzen. Ein typisches Beispiel für die Umsetzung dieses Planes ist der Bereich des **Blücherplatzes**. Seine südliche Begrenzung, die **Esmarchstraße**, ist mit einem breiten, grünen Mittelstreifen versehen und bildet eine Achse vom Stadtteil Düsternbrook bis zum **Ravensberg**, auf dem ein Wasserturm einen weithin sichtbaren Akzent bildet.

Der Platz, der im Kieler Adressbuch von 1903 noch als "nicht bebaut" verzeichnet ist, erhielt bis zum Ausbruch des Ersten Weltkrieges, also in nur reichlich zehn Jahren, eine geschlossene Bebauung. Begünstigt wurde diese erstaunliche Entwicklung sicher auch dadurch, dass die Bauvorschriften in wilhelminischer Zeit weniger strikt waren. Die Gestaltung eines Gebäudes blieb, von Rahmenvorschriften abgesehen, dem Bauherren, dessen Geldbeutel und dem Können des beauftragten Architekten überlassen.

Am Blücherplatz haben die Bauherren, meist Bauunternehmer, Architekten oder Handwerker, aus dieser gesetzlichen Freizügigkeit etwas gemacht. Repräsentative Fassaden, die in den letzten Jahren meist sehr gelungen, teilweise aber auch weniger geglückt restauriert wurden, zeugen vom Wohlstand der Erbauer - aber natürlich auch dem ihrer Mieter, die sich die großen Wohnungen in diesen Häusern leisten konnten. Überwiegend wohnten höhere Beamte oder Offiziere in diesem Quartier, was auch durch die Wahl der Straßennamen in der Umgebung des Platzes zum Ausdruck kommt. Ob *Yorck*, *Clausewitz*, *Scharnhorst*, *Gneisenau*, *Stein* oder *Kleist* - Militär, Politik und Geistesleben Preußens sollten dem Viertel seinen Stempel aufdrücken. Der Platz selbst wurde leider nie so aufwendig gestaltet wie die ihn umgebenden Straßen, die übrigens von den Zerstörungen des Zweiten Weltkrieges weitgehend verschont blieben. Früher war er lediglich mit Sand aufgeschüttet, seit dem Kriegsende zeigt er sich als mehrfach geflickte, einfallslose Asphaltfläche, die die meiste Zeit über als Parkplatz dient.

An jedem Montag und Donnerstag jedoch erwacht der Blücherplatz zum Leben: Dann findet (und das bereits seit 1908!) von 7:00 bis 13:00 ein Wochenmarkt statt, der nicht nur für buntes Treiben, sondern in den angrenzenden Straßen auch für chaotische Verkehrsverhältnisse sorgt.

☺ Wer sich vom Markttrubel erholen möchte und wohlmöglich ein Fan der Rockmusik ist, muss an der Ostseite des Blücherplatzes den Schallplattenladen Aftermath aufsuchen. Hinter den etwas düsteren Schaufenstern warten wahre Schätze in Vinyl gepresst auf den sachkundigen Liebhaber - sogar einige Schellack-Platten sind im Angebot zu finden.

Ein Wort noch zum Namensgeber der *Esmarchstraße*. Der Kieler Chirurg *Professor Friedrich von Esmarch* (1823-1908) entwickelte unter anderem das Verbandspäckchen für Soldaten, führte den Eisbeutel als medizinisches Gerät ein (was ihm übrigens bei seinen Studenten den Spitznamen "Fiete Isbüdel" einbrachte) und erarbeitete das Verfahren der künstlichen Blutleere bei Operationen.

Die Esmarchstraße endet, wie bereits gesagt, im Westen auf dem Ravensberg. Blickfang dieses Hügels ist der **Wasserturm**, der 1898 hier errichtet wurde, als die bisherigen Wasserwerke die schnell wachsende Bevölkerung des Kieler Nordens nicht mehr ausreichend versorgen konnten.

Bis in die achtziger Jahre des 19. Jahrhunderts hinein, bezogen die Kieler ihr Wasser aus dem südlich der Stadt gelegenen **Galgenteich**, wobei die Leitungen von dort nur ein geringes Gefälle (13,8 m über dem Hafennullpunkt) aufwiesen. Das Schloss bezog sein Wasser aus dem **Schreventeich** (☞ Schrevenpark) aber die natürlichen Voraussetzungen waren dort auch nicht besser. Ansonsten war man auf Brunnen angewiesen - was in heißen Sommern immer wieder zu Wassermangel führte. Erst als an der **Lübecker Chaussee** und im Stadtteil **Schulensee** moderne Wasserwerke gebaut wurden, besserte sich die Situation. Aber für den Kieler Norden mit seinen immer höher werdenden Häusern waren auch diese Werke nicht ausreichend. So entschloss man sich, den auf dem Ravensberg schon stehenden Wasserbehälter durch einen zweistöckigen Neubau zu ersetzen. Ein sogenannter Intzscher Ringbehälter (benannt nach dem Wasserbauingenieur *Otto Intze*) enthielt bei einem Wasserstand von 5,80 m rund 1.500 m³ Wasser, das von einer gasgetriebenen Pumpanlage in den oberen Behälter befördert wurde. So konnten auch die höhergelegenen Wohnhäuser zuverlässig mit Trinkwasser versorgt werden.

Die alten technischen Anlagen sind übrigens heute noch vollständig erhalten. Da der 1976 in das Denkmalbuch eingetragene Turm schon seit einiger Zeit nicht mehr der Wasserversorgung dient und daher eigentlich nutzlos ist, wurde er zu einem symbolischen Preis von einer D-Mark an den Lichtdesigner *Johannes Dinnebier* verkauft, der nach einer erforderlich gewordenen Restaurierung den markanten Blickfang als Veranstaltungsort insbesondere für Theateraufführungen nutzt. So ist der Turm die Hauptspielstätte des privaten **Lore & Lay Theaters**.

Nach den Worten seines Besitzers ist der Wasserturm auf dem Ravensberg "der wohl schönste, den ich gesehen habe!" Der Mann muss es wissen, denn er besitzt bereits mehrere derartige Türme!

◆ Wasserturm Ravensberg Verwaltungs GmbH, Niebuhrstraße, ☎ 23 95 97-0
 💻 www.wasserturm-ravensberg.de

◆ Lore & Lay Theater, ☎ 6 96 99 68, 💻 www.loreundlay-theater.de

Schauspielhaus/Neues Schauspielhaus

Das **Schauspielhaus** ist die Spielstätte des Kieler Sprechtheaters, während Oper, Operette und Musical im **Opernhaus** am **Rathausplatz** ihre Heimat haben (☞ südlich und westlich der Altstadt, Opernhaus). Die Gründung der Bühne geht, ähnlich wie beim Opernhaus, auf private Initiative zurück.

Im Jahr 1898 eröffnete *Friedrich Wriedt*, ein theaterbegeisterter Kieler Bürger, in der Holtenauer Straße 103 das Schillertheater, bei dessen Betrieb allerdings kommerzielle Interessen allemal wichtiger waren als künstlerischer Anspruch. Dies änderte sich, als 1907 (ausgerechnet in dem Jahr, in dem das heutige Opernhaus als "Neues Stadttheater" eröffnet wurde) der Theaterdirektor *Franz Gottscheidt* das Haus pachtete und durch Verschmelzung mit dem Stadttheater professionelle Bedingungen geschaffen wurden. Schnell machte sich das Schauspielhaus als zweites, kleineres Kieler Theater einen Namen. Neben Komödie und Operette wagte man sich auch an die Inszenierung moderner Theaterliteratur heran, die im großen Stadttheater kaum auf die Bühne zu bringen war.

Der von Gottscheidt eingeschlagene Weg wurde von seinen Nachfolgern (hier sei vor allem *Max Alberty* genannt) beibehalten, und das Schauspielhaus erlangte einen guten Ruf als ambitioniertes Theater. Ab 1933 waren notgedrungen konventionelle Stücke angesagt, ehe durch Kriegszerstörungen das Theaterleben in Kiel ganz zum Erliegen kam.

Nach Kriegsende diente das Schauspielhaus zunächst völlig anderen Zwecken: In ihm fanden die Sitzungen des von der britischen Besatzungsmacht ernannten (und ab 1947 frei gewählten) schleswig-holsteinischen Landtages statt.

Neues Schauspielhaus

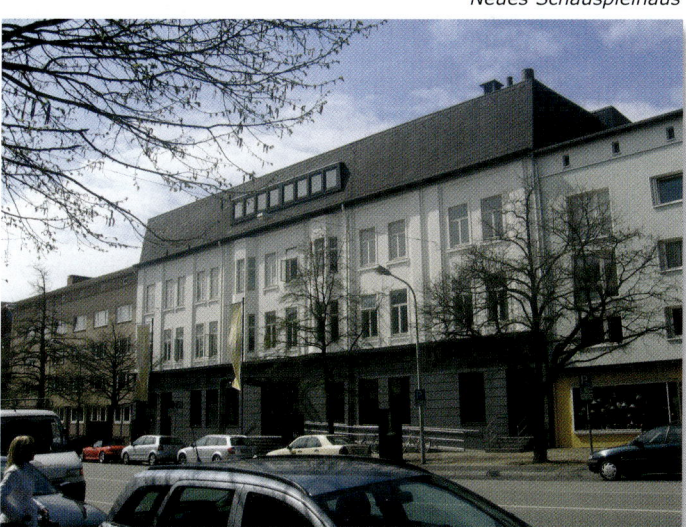

Später wurde das Gebäude verpachtet und als Kino benutzt, da sich die Stadt Kiel entschlossen hatte, zunächst das im Krieg schwer beschädigte Opernhaus zu renovieren und daher kein Geld für die Wiederaufnahme des Betriebes im Schauspielhaus besaß.

Dies änderte sich erst unter der Intendanz von *Alfred Noller*, der ab 1950 beide Bühnen leitete und im Schauspielhaus aktualisierte Klassiker, aber auch zeitgenössische Autoren wie *Jean Paul Sartre* oder *Arthur Miller* aufführte. In den 60er Jahren wurde in der ehemaligen Hausmeisterwohnung im ersten Stock die **Studiobühne** eingerichtet, die seither besonders dem experimentellen Theater dient.

Zu Beginn der 90er Jahre wurde der Öffentlichkeit bekannt, was Mitarbeiter und Insider des Schauspielhauses schon lange wussten: Das Gebäude und die völlig veraltete Technik waren in so schlechtem Zustand, dass eine Weiterführung des Spielbetriebes nicht mehr zu verantworten war. Nach langen Diskussionen entschloss man sich zu einem Neubau unter Beibehaltung der historischen und denkmalgeschützten Fassade.

Das Ensemble zog in die **Halle 400,** eine ehemalige Schiffbauhalle auf dem Kieler Ostufer, und im Schauspielhaus hielten die Handwerker Einzug. In rund zwei Jahren Bauzeit wurde nach den Plänen des Kopenhagener Architektenbüros *Dissing* und *Weitling* ein komplett neues Theater errichtet, das 411 Besuchern Platz bietet (in der Studiobühne sind es 99) und mit modernster Bühnen- und Beleuchtungstechnik aufwartet. Und endlich beseitigt auch eine leistungsfähige Klimaanlage selbst den dicksten "Mief" - ein Umstand, den Akteure wie Zuschauer gleichermaßen begrüßen. Am 4. April 1998, 100 Jahre nach der Gründung des Schiller-Theaters, war mit Ernst Barlachs Der arme Vetter Premiere im "Neuen Schauspielhaus", das die Tradition des unterhaltenden, aber auch engagierten Sprechtheaters in Kiel fortsetzen wird.

◆ Holtenauer Straße 103, ☎ 9 01-39 10, FAX 9 01-6 28 89, Kartenservice:

   ☎ 9 01-9 01, FAX 9 01-6 28 70, ✆ kartenservice@theater-kiel.de

   🖳 www.theater-kiel.de

🚌 11, 50, 501/502 Haltestelle Düppelstraße;

   51 Haltestelle Holtenauer Straße/Waitzstraße

☺ Nur wenige Fußminuten vom Schauspielhaus entfernt, liegt das **Polnische Theater Kiel**, eine exzellente kleine Privatbühne, die 1983 von polnischen Künstlern gegründet wurde, die vor dem damals in Polen herrschenden Kriegsrecht geflohen waren.

◆ Düppelstraße 61, 24105 Kiel, ☎ 80 40 99, FAX 8 44 24,

   🖳 www.polnisches-theater-kiel.de, ✆ t.galia@freenet.de

☺   Zwischen Schauspielhaus und Universität gelegen, ist das Kultur- und Kommunikationszentrum **Hansastraße 48** ein Beweis für die kulturelle Vielfalt des Universitätsviertels. Sowohl das Gebäude als auch die Institution haben eine für dieses Quartier typische Geschichte. Um 1980 wurde das lange brachliegende und ziemlich heruntergekommene Fabrikgebäude von Hausbesetzern in Besitz genommen, um darin ein alternatives, selbstverwaltetes Wohnprojekt zu verwirklichen. Im Laufe der Jahre ist daraus ein kleines aber feines Forum für kulturelle und politische Veranstaltungen entstanden. Besonders Kabarettisten und Kleinkünstler lieben diese Bühne. Daneben gibt es noch eine Druckerei, eine Fahrradselbsthilfe-Werkstatt und (besonders wichtig!) die kollektiv betriebene Kneipe *Sponti Hansa*.

◆   Hansastraße 48, ☏ 56 46 57, FAX 56 11 13, ✎ info@hansa48.de,
       💻 www.hansastrasse48.de

Eine weitere kulturelle "Institution" Kiels liegt ganz im Westen dessen, was man als "das Universitätsviertel" bezeichnen könnte, nämlich die **Traum GmbH**. Auf dem Weg dorthin kann man durch ein Quartier mit dem wenig schmeichelhaften Namen **Stinkviertel** schlendern, das nicht zuletzt wegen der recht günstigen Mieten bei Studenten sehr beliebt ist. Die zweifelhafte Bezeichnung rührt vermutlich von einer Gerberei sowie einem Schlachthof her, die im Viertel einmal ansässig waren. Ob dieser Name auch der Grund dafür war, dass die Stadt Kiel hier die erste Müllverbrennungsanlage installierte (nach dem Motto: Ist der Ruf erst ruiniert...) lässt sich heute nicht mehr sagen. Jedenfalls ist es heute in Kiel durchaus nicht "uncool", das "Stinkviddel" als Adresse anzugeben.

Doch zurück zur *Traum GmbH*. Sie liegt unmittelbar westlich des Stinkviertels in einem Gewerbegebiet, das mit seiner faden Zweckarchitektur gewiss nicht an eine kulturelle Einrichtung denken lässt. Auch war der ursprüngliche Zweck des alten Gebäudes ein gänzlich anderer: Als Teile Kiels noch nicht an die Kanalisation angeschlossen waren, wurden hier die berühmt-berüchtigten Toiletteneimer gewaschen.

Aber ähnlich wie bei der ☞ *Pumpe* scheint dieser sicher sehr nützliche, gleichwohl nicht sehr appetitliche Zweck in dem Augenblick die Fantasie einiger Leute beflügelt zu haben, als das Gebäude für seine ursprüngliche Aufgabe nicht mehr gebraucht wurde. Gegen zum Teil erheblichen Widerstand der Nachbarschaft entstand hier ein vielseitiges Kulturzentrum, das neben Live-Auftritten, Disco und Restaurant auch ein Kino mit sehr abwechslungsreichem und anspruchsvollen Programm bietet. Außerdem überzeugt die gelungene Kombination von moderner Veranstaltungs- und alter Fabrikarchitektur. Leider musste die Traum GmbH, die im Gegensatz zu Pumpe und Räucherei rein kommerziell wirtschaftet, ihren ursprünglichen Namen "Traumfabrik" nach einem Rechtsstreit ändern; der Beliebtheit der "Trauma" (so wird sie in Kiel meist genannt) tut das aber keinen Abbruch.

◆   Grasweg 19, ☏ 54 4 45-0, Kino: ☏ 5 44 45-14,
       ✒ traumgmbh@t-online.de, 🖵 www.traumgmbh.de

Universität

Die Christian-Albrechts-Universität (so der offizielle Name der Kieler Uni) ist nach ihrem Gründer, dem Gottorfer Herzog *Christian Albrecht* benannt (☞ Einführung, Geschichte). Der offiziellen Eröffnung am 5. Oktober 1656 ging eine jahrelange Planung und Vorbereitung voraus, die schon von Christian Albrechts Vater, Herzog *Friedrich III.*, und dem dänischen König *Christian IV.* in den 40er Jahren des 17. Jh.s begonnen wurde.

Der Herzog stellte für die Ausstattung jährlich 6.000 Taler zur Verfügung, während die Stadt im ehemaligen Kloster die Räumlichkeiten bereithielt. Immerhin 140 Studierende waren bei Eröffnung der Universität eingeschrieben, die von 16 Professoren unterrichtet wurden.

Die Kieler Bürger traten der neuen Einrichtung eher skeptisch gegenüber, was sich auch nach der prunkvollen Einweihungsfeier nicht so schnell ändern sollte. Die wesentlichen Kritikpunkte waren die "große Theuerung", zu der die Universität führen werde und das "dissolute Leben", das die Studenten nach Meinung einiger Bürger führen würden. Außerdem unterstanden Professoren und Studenten nicht städtischem, sondern herzoglichem Recht, waren also im Fall des Falles nur schwer zu belangen.

So ganz unrecht hatten die Kieler mit ihren Befürchtungen, zumindest was den zweiten Kritikpunkt anbetrifft, offenbar nicht. Jedenfalls wandte sich der Universitätsgründer Christian Albrecht, selbst zeitweilig nicht gerade ein Kind von Traurigkeit, mit einer deutlichen Warnung an die Studenten:

"Nachdem Wir auch in Erfahrung gelangen, dass zu Zeiten einige Alumni das überbleibende Bier ausschütten, unter dem Gebete tumultieren und Gespötte treiben, trunken in die Communität kommen, darin Saufereien mit Bier und Tabak anstellen, den Degen entblößen ... so wollen Wir solches alles bei Vermeidung Unserer Ungnade und exemplarischer Bestrafung hiermit ein für alle Male verboten haben".

Welche Wirkung das Wort des Herzogs auf die Studenten hatte, ist leider nicht überliefert, aber sie muss doch positiv gewesen sein, denn immerhin erlebte die Universität ihren 100. Geburtstag - allerdings in recht traurigem Zustand: Die Räumlichkeiten waren so verfallen, die Studenten- und Professorenzahl so abgesackt, dass man auf eine Jubiläumsfeier verzichtete. Erst nachdem Kiel ab 1773 zum dänischen Gesamtstaat gehörte und die **Christiana Albertina** zur Universität des gesamten Landes wurde, besserten sich die Zustände: Neue Professoren (vor allem Mediziner) kamen nach Kiel, und ein neues Universitätsgebäude in der Nähe des Schlosses wurde gebaut. Dieser Bau beherbergte später das Museum vorgeschichtlicher Altertümer, ehe er im Zweiten Weltkrieg zerstört wurde.

Ein Problem war damals schon die Unterbringung der Studenten. Immerhin kamen um 1800 auf knapp 10.000 Einwohner über 300 Studenten. Meist wohnten sie unter heute kaum mehr vorstellbarer Enge bei Bürgern in der nicht gerade großzügigen Altstadt zur Untermiete. Nicht genug damit, dass diese Familien meist an mehrere Studenten Zimmer vermieteten, oft genug mussten sich zwei Studenten ein winziges Zimmer teilen.

Doch nicht nur die Wohnungsnot, auch die norddeutsche Mentalität schien ein Problem für die Kieler Uni zu sein.

So urteilte ein aus Süddeutschland stammender Professor 1803 über "die Natur der Holsteinischen Köpfe": *"Ach du lieber Gott! Da ist kein Fünkchen wissenschaftlicher Geist, keine Liebe, außer zum Brot. Die Seelen sind so fest wie der Körper, sie scheinen sich ganz in Rindfleisch und Grütze verkörpert zu haben. Die Gesichter sind wie in Holz geschnitzt, überall bleiben sie unverändert, unbewegt."*

Kaum zu glauben, dass vor diesem Hintergrund die Kieler Universität in der ersten Hälfte des 19. Jh.s zum geistigen Zentrum der Schleswig-Holsteinischen Erhebung gegen das dänische Königshaus wurde. Doch als sich am

24. März 1848 die Kieler Garnison unter der Führung des *Prinzen von Noer* per Bahn nach Rendsburg begab und dort ausgerechnet die stärkste dänische Festung im Handstreich besetzte, waren auch bewaffnete Studenten der Christian-Albrechts-Universität mit von der Partie.

Nach 1867, Schleswig und Holstein gehörten inzwischen zu Preußen, entwickelte sich die Universität sprunghaft. Neue Gebäude am Schlossgarten (☞) wurden gebaut, und die Zahl der Studenten und Professoren stieg rasch an. Besonders die Naturwissenschaften und die Medizin gewannen in den folgenden Jahren und Jahrzehnten internationale Bedeutung. Namen wie die der Nobelpreisträger *Max Planck* (Physik, 1918), *Otto Meyerhoff* (Medizin, 1922), *Philipp Lenard* (Physik, 1905), *Otto Diels* (Chemie, 1950), *Kurt Adler* (Chemie, ebenfalls 1950) oder *Eduard Buchner* (Chemie, 1907) standen für die Bedeutung der Kieler Universität; vom "fehlenden wissenschaftlichen Geist" konnte nun wirklich keine Rede mehr sein.

Aber nach 1933 verfiel auch die Christian-Albrechts-Universität in den Ungeist der nationalsozialistischen Machthaber. *"Das Anthropologische Institut der Kieler Universität hat Studenten auf's flache Land geschickt, die genauest die Körpermaße der dort ansässigen Bauern festzustellen haben"*, so stand es in der Kieler Tageszeitung. Doch beim Vermessen von Köpfen und Füßen im Sinne der "Rassenreinheit" blieb es nicht: Über 40 Professoren und Dozenten wurden von den Nazis vertrieben - oft genug denunziert von den eigenen Kollegen oder Studenten. Diese Zeit gehört mit Sicherheit zum düstersten Kapitel auch der Universität.

Nach Kriegsende 1945 war die Universität besonders schwer zerstört. Der Schlossgarten in Nachbarschaft zu den kriegswichtigen Werften war ein "Standortnachteil" besonderer Art, und so lag ein großer Teil der Gebäude in Schutt und Asche. Dass der Vorlesungsbetrieb trotzdem schon sehr bald wieder aufgenommen werden konnte (immerhin waren im Sommersemester 1946 2.240 Studenten immatrikuliert), verdankt die Christian-Albrechts-Universität der Firma *ELAC* (Electroacustic). Dieses Unternehmen lebte in erheblichem Umfang von Rüstungsaufträgen, die natürlich sofort nach Kriegsende gestoppt wurden. Die 1926 bezogenen Gebäude am **Westring** (der damals Weddingenring hieß) waren weitgehend unbeschädigt, und so zog die heimatlose Universität dort ein. Das ELAC-Direktorium förderte diesen Umzug nach Kräften, weil man hoffte, auf diese Weise die Gebäude erhalten und so schnell wie möglich eine Produktion ziviler Güter aufbauen zu können. Mit dem ständigen Anwachsen der Studentenzahlen (im Jubiläumsjahr 1965 waren es über 7.000) wurde bald auch die neue Heimat der Universität zu klein. Und so hat sich seit den 60er Jahren des 20. Jahrhunderts der Campus ständig weiter ausgedehnt, was für die Studenten oft lange Wege bedeutet. Deshalb gehört es in Kiel fast schon zum guten Ton, vom Westring trampende Studenten zu den Fakultätenblöcken oder zur neuen **Universitätsbibliothek** an der unteren Olshausenstraße mitzunehmen.

Heute präsentiert sich die Christian-Albrechts-Universität mit über 20.000 Studenten und einer entsprechenden Anzahl an Lehrenden und Angestellten als einer der größten Arbeitgeber Schleswig-Holsteins. Zusammen mit der **Fachhochschule Kiel** (die frühere **Pädagogische Hochschule** ist seit 1994 als **Erziehungswissenschaftliche Fakultät** in die Universität integriert) stellt sie für Kiel und die gesamte Region ein gewaltiges Kapital dar. So ist es nur folgerichtig, dass auf dem alten Gelände der *ELAC*, in direkter Nachbarschaft zur Universität ein Wissenschaftspark entstanden ist, in dem die Vernetzung von Forschung und hochtechnisierter Industrie gefördert wird. Speziell auf dem Gebiet der Medizin ist dies schon mit großem Erfolg gelungen.

Ein Gebäude inmitten dieser Hightech-Landschaft dient allerdings ausschließlich musealen Zwecken: hier befindet sich das Außenlager der Stadtmuseen Warleberger Hof und Schiffahrtsmuseum (☞).

♦ Olshausenstraße 40, ☎ 8 80-00, FAX 8 80-20 72, Pförtner (Tag und Nacht besetzt) ☎ 8 80-23 15, 🖳 www.uni-kiel.de, ✍ mail@uni-kiel.de

📖 Universitätsbibliothek: Leibnizstraße 9, ☎ 8 80-47 75 oder -47 76, ✍ sekretariat@ub.uni-kiel.de, 🖳 www.ub.uni-kiel.de, 🕐 Mo bis Fr von 9:00 bis 22:00, Sa von 9:00 bis 20:00, So 10:00 bis 18:00

🚌 Buslinien 61/62 und 81/82,Haltestellen Universitätsbibliothek bzw. Leibnizstraße

🏊 Aus touristischer Sicht ist besonders das Sportzentrum mit seiner Schwimmhalle interessant.

♦ Olshausenstraße 70-74, ☎ 8 80-37 55, FAX 8 80-37 55, 🖳 www.hochschulsport.uni-kiel.de, ✍ info@usz.uni-kiel.de

🚌 61/62 und 81/82, Haltestelle Leibnizstraße

🌻 Auch der Neue Botanische Garten mit seinen Gewächshäusern lädt gerade im grauen Kieler Winter zum Besuch.

◆ Am Botanischen Garten 1-9, ☎ 8 80-42 75 und 8 80-42 76, FAX 8 80 15 27, 🖥 www.uni-kiel.de/Botanik.botgar.html, 📧 office@bot.uni-kiel.de

November bis Februar ◩ täglich von 9:00 bis 15:00, März und Oktober täglich von 9:00 bis 17:00, April bis September täglich von 9:00 bis 18:00

🚌 22, 32, Haltestelle Leibnizstraße; Linie 81, Haltestelle Botanischer Garten

✗ Restaurants/Kneipen/Nachtleben

Die **Seeburg**, am Südende der Kiellinie gelegen, bietet neben guter Küche einen besonders reizvollen Blick auf die Kieler Förde (neben dem Restaurant ist hier auch eine Mensa für die nahe gelegenen Universitätskliniken und eine Kneipe/Bistro mit Biergarten eingerichtet).

Ursprünglich wurde die Seeburg übrigens aus Anlass des 25-jährigen Thronjubiläums Kaiser Wilhelms II. als Mensa der Universität gegründet.

◆ Düsternbrooker Weg 2, ☎ 56 11 25

Das **Quam** bietet neben kleinen Leckereien eine gute Weinkarte und anspruchsvolle Menüs.

◆ Düppelstraße 60, ☎ 8 51 95

Im **Ruffini** findet man eine sehr gelungene Mischung aus bodenständiger und mediterran angehauchter ausländischer Küche. Außerdem wird hier besonderer Wert auf einen guten Weinkeller gelegt.

Natürlich kann ein solches Angebot nicht ganz billig sein - trotzdem ist die sehr vernünftige Preisgestaltung ein weiterer Pluspunkt des kürzlich komplett renovierten Restaurants.

◆ Blücherplatz 14, ☎ 8 25 95, FAX 2 96 96 74, 📧 ruffini@genuss-in-kiel.de

Die **Forstbaumschule** ist Kiels größter Biergarten, in dem sich an einem schönen Sommertag die ganze Stadt zu treffen scheint. Aber auch in der kalten Jahreszeit kann man hier, inmitten eines reizvollen Parks, zu erschwinglichen Preisen essen und trinken.

Der Biergarten der Forstbaumschule

◆   Düvelsbeker Weg 46, ☎ 33 34 96, 🖳 www.forstbaumschule.de
         ✍ info@forstbaumschule.de

In unmittelbarer Nachbarschaft zur Universität gelegen, ist das **Oblomow** fast schon eine Institution unter Kiels Studentenkneipen. Skeptiker, die vom Namen des Lokals auf die Atmosphäre schließen, können beruhigt sein: Mit seiner umfangreichen Speisekarte und seinen Live-Veranstaltungen steht das Oblomow in krassem Gegensatz zum legendären Namensgeber!

◆   Hansastr. 82, ☎ 89 14 67, 🖳 www.oblomow-kiel.de

Wer gute italienische Küche sucht und dabei auch auf ein vernünftiges Preis-Leistungs-Verhältnis wert legt, wird in **La Tavernetta** fündig. Wegen der großen Beliebtheit des Restaurants empfiehlt sich aber besonders am Wochenende eine Tischreservierung.

◆   Knooper Weg 131, ☎ 6 47 33 38, 🖳 www.la-tavernetta.de,
         ✍ info@la-tavernetta

Die ☞ Traum GmbH bietet ein vielfältiges Programm an Konzerten, Kino, Disco usw. Auch die gemütliche Kneipe ist einen Besuch wert (unbedingt die Pizzen probieren!).

◆   Ecke Hansastraße/Ohlshausenstraße, ☎ 80 14 67

Das **MAX** ist ein weiteres Veranstaltungszentrum ganz in der Nähe der Traum GmbH. Neben zahlreichen Konzerten und Veranstaltungen lockt die MAX-Disco z.B. mit Ü30-Partys (auch Jüngere sind dann herzlich willkommen, müssen aber einen höheren Eintritt zahlen).

◆   Eichhofstr. 1, 🖥 www.max-kiel.de

Ein wichtiger Mittelpunkt des Kieler Nachtlebens ist ohne Zweifel die **Bergstraße 17.** Zwischen Kleinem Kiel und Dreieckplatz tummeln sich rund um diese Hausnummer diverse Discotheken, Clubs, Billard-Cafés und Kneipen. Hier kann man auch in den Kieler "Untergrund" abtauchen, denn einige Lokalitäten befinden sich hier im Kellergeschoss. Unter der Woche bezahlt man in aller Regel keinen Eintritt und auch die Getränkepreise sind durchaus studentenfreundlich. Hervorzuheben unter den (häufig wechselnden) Discos ist z.B. das Tucholsky, das sich mit Rock, Pop und Charts vorrangig an ein jüngeres Schüler- und Studentenpublikum richtet.

◆   🖥 www.bergstrasse-kiel.de

Gleich nebenan, auch in der Bergstraße gelegen, ist der **Luna Club** eine feste Größe im Kieler Nachtleben. Regelmäßig finden hier u.a. Jazzkonzerte statt, wechselnde DJ's legen z.B. House, Reggae oder Drum'n'Bass auf, oder man kann einem Poetry Slam oder dem Filmclub beiwohnen.

◆   🖥 www.lunaclub.com

Ein weiterer kleiner, aber feiner Club mit Wohnzimmer-Atmosphäre ganz in der Nähe der Bergstraße ist die Schaubude (ehem. Tanzdiele). Auch hier gibt es regelmäßig Live-Musik zu hören, von Elektropop über Garagenrock, Blues und Dancehall bis Reggae.

◆   Legienstr. 40, 🖥 www.kieler-schaubude.de

Nördlich des Kanals

Feuerlöschschiff MS Kiel

Nord-Ostsee-Kanal

Der Nord-Ostsee-Kanal in Zahlen
Erbaut: 1887 bis 1895
Erweiterung: 1907 bis 1914
Länge: 98,637 km
Breite im Wasserspiegel: 162 m (z.T. bis 102,5 m)
Breite in der Sohle: 90 m
Wassertiefe: 11 m
Höchstgeschwindigkeiten: 15 km/h (8,1 kn)
12 km/h (6,5 kn) für Schiffe mit mehr als 8,5 m Tiefgang
Alte Schleusen: Nutzlänge 125 m, Nutzbreite 22 m
Neue Schleusen: Nutzlänge 310 m, Nutzbreite 42 m
Zahl der Passagen: 30.314 (ohne Sportfahrzeuge)
Ladung in t: 70,5 Mio.

Geschichte und wirtschaftliche Bedeutung
"In dem Kopfe eines Hamburger Kaufmanns spukt wieder einmal der Gedanke, die Nordsee mit der Ostsee zu verbinden." Mit diesen harschen Worten kommentierte 1878 die in Rostock erscheinende Ostseezeitung die Veröffentlichung der Pläne des Hamburger Reeders *Hermann Dahlström*, einen Kanal zwischen der Elbmündung und der Ostsee zu bauen.

Mittlerweile sind die Zweifler von damals eindrucksvoll widerlegt worden. Der Nord-Ostsee-Kanal, international nur "Kiel-Canal" genannt, ist die meistbefahrene künstliche Wasserstraße der Welt. So unsinnig sind Dahlströms Pläne also offenbar nicht gewesen, allerdings auch nicht besonders neu. Es hat seit dem späten Mittelalter immer wieder Pläne und Versuche gegeben, die Cimbrische Halbinsel (Schleswig-Holstein/Jütland) zu durchstoßen. Der Umweg durch das Skagerrak war lang und obendrein sehr gefährlich; noch um die Mitte des 19. Jh.s gingen dort in einem einzigen Jahr bis zu hundert Schiffe verloren. Kein Wunder also, dass man nach ungefährlicheren Lösungen suchte, um Waren und Personen von der Ost- zur Nordsee und umgekehrt zu bringen. In der Wikinger-Zeit behalf man sich damit, die Ladungen oder auch ganze Schiffe über Land von **Haitabu** (bei **Schleswig**) zur Eider zu schaffen und von dort aus weiter in die Nordsee zu fahren - ein langwieriges und mühsames Unterfangen! Im Jahre 1571 bat der Gottorfer Herzog *Adolf Kaiser Maximilian III.* um die Erlaubnis, einen Kanal von Kiel zur Eider bauen zu dürfen. Zwar verlief auch dieser Plan aus technischen, wirtschaftlichen oder politischen Gründen im Sande, aber der Streckenverlauf, den Herzog Adolf im Auge hatte, erwies sich als realistischer als alle bisherigen Planungen.

Zwei Jahrhunderte nach dem gescheiterten Plan Herzog Adolfs wurde ein neues Projekt ins Auge gefasst, und diesmal waren die Umstände so günstig wie nie zuvor. Der Weg der neuen Wasserstraße folgte annähernd der gleichen Strecke, doch besaß der Plan diesmal mächtige Befürworter: zum einen den dänischen Außenminister und Leiter der deutschen Kanzlei in Kopenhagen, Graf *Andreas Peter Bernstorff*, zum andern den dänischen Finanzminister *Carl Schimmelmann*. Sie erteilten 1773 den Auftrag zum Bau eines Kanals von Kiel zum Oberlauf der Eider, von wo aus man in die Nordsee gelangen konnte. Bei entsprechendem Bedarf sollte später noch ein Durchstich von der Eider zur Elbe erfolgen, um schneller zum Hamburger Hafen gelangen zu können.

Als der 43 km lange Kanal (die Fahrt einschließlich Eiderlauf betrug 175 km) 1784 eingeweiht wurde, war er eine technische Sensation und obendrein die größte künstliche Wasserstraße Europas. Bei 3,45 m Wassertiefe und einer Breite von 29 m am Spiegel bzw. 18 m an der Sohle konnten ihn Schiffe bis zu einer Ladekapazität von 100 "Commerzlasten" (heute etwa 260 Tonnen) befahren. Bei achterlichem Wind wurde auf dem *Schleswig-Holsteinischen Kanal* gesegelt, bei ungünstigen Winden mit Pferden getreidelt. Die Nachrichtenübermittlung von Schleuse zu Schleuse übernahmen Brieftauben, und für Schiffe mit mehr als 60 m³ Laderaum bestand Lotsenpflicht. An den Kanal knüpften sich große wirtschaftliche Hoffnungen, und der dänische Staat baute in Holtenau, Rendsburg und Tönning Packhäuser für den Warenumschlag.

In Holtenau standen an der Kanaleinfahrt zwei **Obelisken** mit vergoldeten Kronen, von denen einer heute noch vor dem ehemaligen **Packhaus** zu besichtigen ist. Wer die Inschrift PATRIAE ET POPULO liest, sollte daran denken, dass mit "patria" nicht etwa Schleswig-Holstein (das wurde erst 1844 "deutscher Sitte hohe Wacht") und schon gar nicht Deutschland gemeint war, sondern der dänische Gesamtstaat.

Teile des **Alten Eiderkanals**, wie der Schleswig-Holsteinische Kanal heute allgemein genannt wird, kann man heute noch zwischen dem **Gut Knoop** und der restaurierten **Rathmannsdorfer Schleuse** besichtigen.

Anfahrt aus Kiel erfolgt über die Holtenauer Hochbrücke, Abzweigung **Holtenau**. An der ersten Ampel nach der Abzweigung rechts abbiegen, dann der Ausschilderung **Altenholz-Knoop** bzw. **Altenholz-Stift** folgen. Vor dem Gutseingang scharf nach rechts der Straße folgen und wenige hundert Meter weiter links in die **Knooper Dorfstraße** einbiegen und auf dieser so weit fahren, bis rechter Hand der Eiderkanal zu sehen ist. Der Spazierweg verläuft unmittelbar am Kanalufer und ist schmal und teilweise feucht.

Wer lieber mit dem Auto direkt an die Rathmannsdorfer Schleuse fahren möchte, fährt auf der B76 über die neue **Levensauer Hochbrücke** bis zur Abzweigung **Felm/Levensau**. Danach der Ausschilderung **Eiderkanal-Schleuse** folgen.

Das Herrenhaus des bereits erwähnten Gut Knoop ist eines der schönsten klassizistischen Gutshäuser in Schleswig-Holstein. Graf *Baudissin* ließ es 1795 - 1800 durch den dänischen Architekten *Axel Bundsen* errichten. Zur Hilfe kam dem Bauherren dabei das beträchtliche Vermögen seiner Frau *Caroline*, einer Tochter des mecklenburgischen Kaufmanns und dänischen Finanzministers Graf *Schimmelmann*. Carolines Schwester, Gräfin *Julia Reventlow-Schimmelmann*, verwandte ihren Erbteil übrigens ähnlich geschmackvoll und ließ das prachtvolle Herrenhaus ☞ Emkendorf erbauen.

♦   Besichtigung nach Anmeldung, Kontakt: Gerhard Hirschfeld, ☎ 36 10 12, FAX 3 69 91 35,

Doch auch die größten technischen Sensationen unterliegen dem Zahn der Zeit, und der nagte natürlich auch am Schleswig-Holsteinischen Kanal. 100 Jahre nach der Eröffnung war die Wasserstraße völlig veraltet und passte auch nicht mehr ins veränderte politische, sprich: strategische Umfeld. Seit der Gründung des Deutschen Reiches wollte Reichskanzler **Otto von Bismarck** durch einen flexibleren Einsatz der deutschen Hochseeflotte außenpolitischen Spielraum gewinnen, vor allem gegenüber dem schiffstechnisch haushoch überlegenen England. Also verfolgte er beharrlich den Plan, einen neuen Kanal bauen zu lassen. In Generalfeldmarschall *Helmut Karl Bernhard von Moltke* hatte er allerdings einen genauso entschiedenen Gegner. Der argumentierte, der Westausgang des Kanals sei für die britische Flotte vom damals noch englischen Helgoland aus mühelos zu erreichen, und so müsse zum Schutz des Kanals eine zu große Anzahl an Soldaten bereitgestellt werden.

Da Befürworter und Gegner auf ihren Argumenten beharrten, waren die Pläne für einen neuen Kanal zunächst auf Eis gelegt. In dieser verfahrenen Situation veröffentlichte der eingangs erwähnte Herman Dahlström sein Kanalkonzept, das sowohl kaufmännische als auch militärische Belange berücksichtigte. Natürlich zeigte Bismarck sofort lebhaftes Interesse an dem Plan und unterstützte ihn nach Kräften. Als es schließlich 1886 zum *Reichsgesetz betreffend die Herstellung des Nord-Ostsee-Kanals* kam, war der Dahlström-Plan in zwei wesentlichen Punkten verändert worden: Erstens übernahm das Reich die gesamten Baukosten, während der Hamburger Reeder die Gründung einer Aktiengesellschaft mit staatlicher Beteiligung vorgeschlagen hatte; zweitens war der neue Reichskriegshafen Kiel östlicher Ausgangspunkt der Wasserstraße, obwohl Dahlström der Meinung war, dass Eckernförde die wirtschaftlich günstigere Lösung sei.

Bei der feierlichen Grundsteinlegung am 3. Juni 1887 waren die Diskussionen um solche Details vergessen und hatten einer allgemeinen vaterländischen Begeisterung Platz gemacht. *"Ein Werk deutscher Kraft, ein Spiegel deutscher Einheit"* nannte Oberhofprediger *Dr. Kögel* den Bau in seiner Predigt. Der greise Kaiser *Wilhelm I.*, der den Kanalbau stets unterstützt hatte, legte den Grundstein höchstpersönlich, stand aber der patriotischen Stimmung eher zurückhaltend gegenüber. Seine Begründung dafür, dass er mit 90 Jahren noch die Reise von Berlin nach Kiel auf sich nahm, lautete schlicht: *"Ich bin schon lange nicht mehr in der Provinz gewesen."*

Die Baustelle, die sich in den kommenden Jahren durch Schleswig-Holstein fraß, war für damalige Verhältnisse gigantisch. 94 Feldbahnloks, 65 Nass- und Trockenbagger sowie 20 Kräne wurden aus dem ganzen Reich zusammengezogen, um 80 Mio. m^3 Erdreich zu bewegen. 8.000 Arbeiter aus ganz Deutschland, Italien, Polen und Russland waren an dem Bau beteiligt, für die ganze Barackenstädte aus dem Boden gestampft wurden. Der Tageslohn für einen Erdarbeiter betrug 3,30 Mark, von denen 55 Pfennige für Verpflegung und einen Becher Milchkaffee abgezogen wurden. Auch

wurde streng darauf geachtet, dass die Arbeiter nicht etwa sozialdemokrati-
schen oder anarchistischen Kreisen angehörten.

Am 21. Juni 1895 wurde das Bauwerk dann vom Enkel des Gründers,
Kaiser *Wilhelm II.*, eingeweiht. Dazu fuhr er nachts mit seiner Yacht *Hohenzollern* bei Brunsbüttel in den Kanal ein und befuhr die neue Wasserstraße an
der Spitze eines internationalen Schiffskonvois. In Holtenau schließlich
durchschnitt die Staatsyacht ein über die Schleuse gespanntes Band und
eröffnete damit den Kanal offiziell.

Während des Konvois durch den Kanal kam es bei Rendsburg zu einem
kleinen Zwischenfall: Eine Musikkapelle hatte an der Kanalböschung Aufstel-
lung genommen und spielte die Nationalhymnen aller vorbeifahrenden Schiffe. Als eine türkische Yacht in Sicht kam, stellten die Musiker fest, dass sie
die Noten der türkischen Hymne nicht besaßen. Nach kurzer Beratung spielten sie deshalb *Guter Mond, du gehst so stille...*

Der Kanal wurde auf den Namen *Kaiser-Wilhelm-Kanal* getauft und trug
diesen Namen auch bis nach dem Ersten Weltkrieg, doch war noch ein drit-
ter deutscher Kaiser am Bau beteiligt, *Friedrich III.*, der 1888 nach nur 100
Tagen Regentschaft starb. Allen drei Kaisern sind in dem **Leuchtturm** an der
Holtenauer **Kanaleinfahrt** Gedenktafeln gewidmet.

Von einem besonders großzügigen Geschenk anlässlich der Kanaleröff-
nung profitieren heute noch die Kanalbesucher - und natürlich alle Holtenauer: Gemeint ist die herrliche **Platanenallee**, die der japanische Kaiser *Mutsu-
hito* Wilhelm II. vermachte, und die die nördlichste Platanenallee Europas ist.

Die pompöse Einweihungsfeierlichkeit konnte nicht darüber hinwegtäu-
schen, dass der Nord-Ostsee-Kanal schon bald nach seiner Einweihung zu
klein war. Die Militärs, die seinen Bau maßgeblich gefördert hatten, ahnten
nicht, mit welcher Geschwindigkeit das Wettrüsten auf dem Wasser vonstat-
ten ging. Die neuen Großkampfschiffe der "Nassau"-Klasse waren jedenfalls
zu groß für den Kanal, der deshalb bereits ab 1907 von 66,7 auf 102,5 m
Spiegelbreite vergrößert und mit neuen, nun 300 m langen Schleusen versehen werden musste. Diese Schleusen dienen übrigens nicht der Überwindung
von Höhenunterschieden, sondern nur dem Tidenausgleich der Ostsee bzw.
der Elbe und verzeichnen einen Hub von nur etwa 20 cm bis 1 m.

Die Vergrößerung des Kanals fiel mit dem Ausbruch des Ersten Weltkrieges zusammen, in dem der Kanal nun seinen strategischen Nutzen unter

Beweis stellen sollte. Um es gleich vorwegzunehmen: Weder im Ersten noch im Zweiten Weltkrieg konnte die Wasserstraße einen militärischen Vorteil erbringen. Von spektakulären Einzelmaßnahmen abgesehen (so schaffte man es während des Zweiten Weltkrieges, mit dem gigantischen Schlachtschiff *Bismarck* durch den Kanal zu fahren, was eine seemännische Meisterleistung darstellte), war kein strategischer Nutzen aus dem Kanal zu ziehen. Das wiederum hatte den Vorteil, dass die kriegsbedingten Beschädigungen des Nord-Ostsee-Kanals ausgesprochen gering blieben und die Schäden durch mangelnde Wartung während der Kriegswirren erheblich umfangreicher waren.

War also der militärische Nutzen des NOK ziemlich dürftig, so war (und ist!) seine wirtschaftliche Bedeutung unvergleichlich höher. Mehr als 40.000 Schiffspassagen mit zusammen über 80 Mio. Tonnen Fracht werden jährlich auf dem Kanal gezählt. Der Grund für dieses hohe Verkehrsaufkommen ist einleuchtend: Eine durchschnittliche Wegersparnis von etwa 250 Seemeilen im Vergleich zur Route um Skagen herum machen die Durchfahrt durch den Kanal interessant - "time is money".

Leider ist das aber nur die halbe Wahrheit, denn der Nord-Ostsee-Kanal entwickelt sich für seinen "Besitzer", das Bundesverkehrsministerium, zu einem Sorgenkind. Der Verwaltungshaushalt ist nur zu etwa einem Drittel durch Einnahmen gedeckt, zwei Drittel werden vom Steuerzahler übernommen. Der Grund für dieses betriebswirtschaftlich schlechte Ergebnis liegt in der Geografie. Der Kanal hat den "Geburtsfehler", dass die durch ihn mögliche Wegersparnis zwar für sich betrachtet recht ansehnlich ist, aber doch nicht so erheblich, dass ein Reeder keine andere Möglichkeit hätte, als seine Schiffe durch den Kanal laufen zu lassen. Beim Suez- oder Panama-Kanal, die jeweils Tausende von Seemeilen einsparen, sieht die Rechnung natürlich ganz anders aus. Aber 200 bis 400 Meilen (je nach Ausgangs- und Endhafen) auf der freien (sprich: kostenfreien) See sind für viele moderne, schnell laufende Frachtschiffe kein zwingender Grund mehr, einen relativ geringen Zeitgewinn (die Fahrt auf dem Kanal ist auf 12 bzw. 15 km/h begrenzt) mit hohen Passagegebühren zu bezahlen. Die moderne Schiffstechnik läuft also dem Nord-Ostsee-Kanal buchstäblich davon.

Wirklich lohnend ist die Benutzung des Kanals für regelmäßige Liniendienste, weil diese durch höhere Umlaufgeschwindigkeiten in einem bestimmten Zeitraum (z.B. dem Verlauf eines Jahres) ihre vorhandenen Kapazitäten besser nutzen können, auch wenn der Zeitgewinn pro einzelne Fahrt gering ist. Daher ist es kein Zufall, dass die Zahl der sogenannten "Feeder", kleiner bis mittelgroßer Container-Schiffe für den Verteilerverkehr zwischen großen Containerterminals und kleinen Häfen, stark zugenommen hat. Ein weiterer Gewinn für den Nord-Ostsee-Kanal ist die wirtschaftliche Entwicklung in den neuen EU-Mitgliedsländern der östlichen Ostsee, also in Polen und in den Baltischen Ländern. Zu deren Häfen ist die Weg-/Zeitersparnis durch eine Kanalpassage nämlich erheblich größer als zu den westlichen Anrainerstaaten.

Angesichts knapper werdender öffentlicher Mittel ist hin und wieder schon die (betriebswirtschaftlich durchaus verständliche) Forderung laut geworden, den Nord-Ostsee-Kanal zu schließen. Doch dies ist sicher eine kurzsichtige Haltung, denn sie lässt die schwer in konkreten Ziffern auszudrückende volkswirtschaftliche Bedeutung des Kanals außer acht. Ganze Regionen, wie z.B. Hamburg mit seinem Umland, profitieren in so hohem Maße vom Nord-Ostsee-Kanal, dass eine Schließung sicher viel mehr wirtschaftliche Probleme schaffen als lösen würde.

Abgesehen davon ist der NOK einer der größten Arbeitgeber im strukturschwachen Schleswig-Holstein. Rund 1.500 Mitarbeiter plus knapp 500 Lotsen und Kanalsteurer (das sind Steuerleute, die speziell für den Kanal geschult wurden) sind direkt vom Kanal abhängig. Dazu kommen die Angestellten der Makler, Schiffsausrüster und der Rendsburger Werften, die allesamt ohne den Nord-Ostsee-Kanal nicht existieren könnten. Gingen diese Arbeitsplätze verloren, kämen auf den Bund Kosten zu, die zweifellos weit höher wären als die € 40 Mio. Betriebskosten und etwa die gleiche Summe an Baukosten, die der Kanal jährlich verschlingt.

Angesichts dieser Tatsache und vor dem Hintergrund des sich stark entwickelnden östlichen Ostseeraumes hat das Bundesverkehrsministerium deshalb eine umfangreiche "Renovierung" des Kanals beschlossen. Über mehrere Jahrzehnte sollen in einem Vier-Stufen-Plan Vertiefungen und Begradigungen durchgeführt und neue Schleusen gebaut werden. Das Investitionsvolumen dürfte mehrere hundert Millionen Euro betragen.

◆   Uferstraße, Kiel-Holtenau, Schleusenbesichtigung mit Führung sowie Besuch des Kanalmuseums, ☐ täglich um 11:00, 13:00 und 15:00, Anmeldung ☎ 36 03-4 07

Fahrten auf dem Kanal veranstaltet die Adler-Reederei mit ihren Schiffen "Adler Princess" und dem Raddampfer "Freya". Abfahrt von der Bahnhofsbrücke gegenüber dem Hauptbahnhof. Karten bei der Touristinformation (),
🖥 www.adler-schiffe.de

◆ Von Cuxhaven aus veranstaltet die Reederei Cassen Eils Fahrten mit dem Motorschiff "Flipper", ☎ 047 21/3 50 82-84, FAX 0 47 21/3 11 61,
🖥 www.nordostseekanal-reisen.de

 62, 91, Haltestelle Schleuse

Alte und neue Schleuse

Hinüber und herüber - Brücken, Fähren, Tunnel

Ist der Nord-Ostsee-Kanal selbst schon ein beeindruckendes Bauwerk, so trifft dies natürlich auch auf die Brücken zu, die ihn überqueren und die die Landschaft unmittelbar am Kanal prägen. Derzeit sind es zehn Hochbrücken, auf denen der Verkehr in jeweils mehr als 40 m Höhe über die Schifffahrtsstraße geführt wird. Beim Bau dieser Brücken stehen die Hochbauingenieure heute wie vor 100 Jahren vor dem Problem, dass sie einerseits genügend Durchfahrtshöhe (mindestens 42 m) für die Schiffe gewinnen müssen, andererseits links und rechts des Kanals meist nur tiefliegendes, ebenes Gelände vorfinden, was zum Bau langer Auffahrrampen zwingt. Deshalb behalf man sich beim Bau des Kanals zunächst mit niedrigen Drehbrücken, die nur von Zeit zu Zeit für den Querverkehr geöffnet wurden. Dies war natürlich eine unbefriedigende Lösung, die sowohl den Straßen- als auch den Schiffsverkehr vor Probleme stellte.

Als bereits 1907 der *Kaiser-Wilhelm-Kanal* verbreitert werden musste, ersetzte man deshalb die erste Brückengeneration durch neue, konstruktiv aufwendige Hochbrücken. An zwei Stellen, in *Levensau* bei Kiel und in *Grünental* bei Albersdorf (zwischen Rendsburg und Brunsbüttel), half die Natur den Baumeistern mit hohen natürlichen Uferböschungen. Hier entstanden bereits zur Einweihung des Kanals Hochbrücken. Und von diesen hat die **Hochbrücke Levensau I** tatsächlich als einzige Brücke der ersten Generation überlebt.

Die am 3. Dezember 1894 (also reichlich ein halbes Jahr vor Inbetriebnahme des Kanals) eingeweihte Brücke erfreut sich bis heute bester "Gesundheit", wie die ständigen Überprüfungen und Wartungen immer wieder bestätigen. Allerdings hat sie es auch ein bisschen leichter als die anderen Brücken. Sie ist mit 180 m Länge und 2.600 t verbautem Stahl die kürzeste und leichteste aller Hochbrücken und trägt heute "nur" noch den Verkehr der Eisenbahnstrecke von Kiel nach Flensburg sowie der Landesstraße 27. Seit 1983 steht ihr nämlich die Hochbrücke **Levensau II** zur Seite, auf der die viel befahrene Bundesstraße 76 vierspurig über den Nord-Ostsee-Kanal geführt wird. Übrigens, nicht nur auf menschliche Besucher übt die alte Levensauer Brücke Anziehung aus: In ihren Widerlagerräumen überwintern jedes Jahr etwa 5.000 Fledermäuse, die aus Skandinavien hierher einfliegen und eine der größten Fledermauskolonien Europas bilden.

Das vielleicht eindrucksvollste Bauwerk am Nord-Ostsee-Kanal ist die **Eisenbahnhochbrücke Rendsburg**, die von *Friedrich Voss* zwischen 1911 und 1913 erbaut wurde, somit also zur zweiten Brückengeneration gehört. Das größte Problem bei der Planung dieser Überführung bestand darin, dass der Rendsburger Bahnhof nur etwa 1 km vom höchsten Brückenpunkt entfernt steht - viel zu nah für eine Rampe mit normalem Neigungswinkel. Deshalb führt die nördliche Abfahrt in einer Schleife unter dem eigenen Überbau hindurch und gewinnt damit die benötigte Strecke. Eine weitere Besonderheit dieses 2.486 m langen Bauwerks ist die **Schwebefähre**, die, an zwölf Seilen hängend, auf Schienen unter dem Mittelteil der Brücke verläuft und bis zu sechs Pkw und etwa 60 Personen befördern kann. Wer sich Brücke und Schwebefähre näher ansehen will, kann während der Sommermonate an einer geführten Tour teilnehmen, in deren Verlauf auch die 178 Stufen zur 40 Meter hoch gelegenen Aussichtsplattform am Südpfeiler der Brücke erklommen werden.

🛈   Tourist-Information Nord-Ostsee-Kanal, Schiffbrücken Galerie, 24768 Rendsburg, ☎ 0 43 31/2 11 20, FAX 0 43 31/2 33 69, 🖥 www.tinok.de, ✍ info@tinok.de

Blick von der Holtenauer Hochbrücke auf die neue Kanalschleuse

Die anderen Brücken der zweiten Generation sind nahezu alle durch Neukonstruktionen ersetzt worden. Jüngstes Beispiel für diesen Generationenwechsel ist die neue **Holtenauer Hochbrücke**. Sie ersetzt seit 1996 eine frühere, 1912 erbaute Brücke, die im Laufe der Jahre zu einem Kieler Wahrzeichen geworden war und die ebenfalls von Friedrich Voss stammte. Dieser alten Holtenauer Brücke hatte man 1972 die **Olympiabrücke** zur Seite gestellt, die während der Bauzeit ihrer neuen "Schwester" den gesamten Verkehr alleine aufnehmen musste und diesen Härtetest auch glänzend bestand.

Der Bau der neuen Holtenauer Hochbrücke stand übrigens nicht immer unter einem glücklichen Stern. Beim Abriss ihrer Vorgängerin, der alten Voss-Brücke, stürzte ein etwa 40 t schweres Segment zu Boden, wobei glücklicherweise niemand verletzt wurde. Außerdem kam es bei der Fertigung des neuen Brückenkörpers zu erheblichen Zeitverzögerungen, so dass die ursprünglich angepeilte Fertigstellung zum hundertsten Kanalgeburtstag 1995 um ein ganzes Jahr überschritten wurde.

Von der Olympiabrücke, über die der Verkehr aus Kiel nach Norden verläuft, bietet sich (wenn das Wetter ein bisschen mitspielt) ein fantastischer Blick auf die **Holtenauer Schleusen** die **Kanalinsel** und die Kieler Förde. Um ihn genießen zu können, fährt man aus der Stadt auf der **Feldstraße** oder **Holtenauer Straße** in Richtung Norden und biegt links in die **Prinz-Heinrich-Straße** ein, die die südliche Auffahrt zur Brücke bildet. Kurz vor dem eigentlichen Brückenkörper benutzt man rechter Hand den ausgeschilderten Parkplatz, von dem es nur einige Fußminuten bis zur Brücke sind. Aber Achtung: Auf der Brücke herrscht fast immer starker Wind!

Wer den Nord-Ostsee-Kanal lieber unter- als überqueren möchte, hat dazu in **Rendsburg** Gelegenheit, wo seit 1961 ein 1.300 m langer **Straßentunnel** die Bundesstraße 77 unter dem Kanal hindurchführt; in der Nachbarschaft dazu befindet sich ein 130 m langer **Fußgängertunnel**, in dem man das eigenartige Gefühl genießen kann, in 21 m Tiefe die meistbefahrene Wasserstraße der Welt zu unterqueren. Die 14 über die Kanallänge verteilten **Fähren** (kombinierte Fahrzeug- und Personenfähren) schließlich geben dem Besucher die Möglichkeit, während der Überfahrt den Kanalverkehr hautnah mitzuerleben. Besonders die Personenfähre zwischen den Kieler Stadtteilen **Wik** und **Holtenau** bietet bei dichtem Verkehr vor der Holtenauer Schleuse eindrucksvolle Schiffsansichten aus der Froschperspektive. Die Benutzung dieser wie aller anderen Kanalfähren ist übrigens kostenlos.

Endstation 11/21, 500

Der Nord-Ostsee-Kanal ist nicht nur auf und über dem Wasser interessant, sondern auch unter Wasser. Mit über 1.990 ha Wasserfläche ist er nämlich eines der größten Binnengewässer Schleswig-Holsteins und Lebensraum vieler Fischarten. Dieser für viele unerwartete Artenreichtum erklärt sich aus dem brackigen Kanalwasser, das sowohl vom Salzwasser der Ost- und Nordsee als auch vom Süßwasser der Eider gespeist wird. Neben Heringen findet man Aale, Sprotten, Brassen, Schleie, Karpfen und Dorsche, um nur die wichtigsten der über 50 Fisch- und Neunaugen-Arten zu nennen, die hier leben. Besonders der Hering hat darüber hinaus den Kanal auch als Laichplatz entdeckt. Wissenschaftler des IFM-GEOMAR (dem früheren Institut für Meereskunde) fanden heraus, dass die sanft abfallende Uferböschung ein ideales Laichsubstrat bildet, das durch die Wellen der vorüberfahrenden Schiffe ständig überspült wird und dadurch besonders sauerstoffhaltig ist. So hat sich eine Bauweise, die eigentlich nur zum Schutz der Uferbefestigung gewählt worden war, als ideale Kinderstube für Heringe erwiesen.

Ein Fischreichtum wie im Nord-Ostsee-Kanal lockt natürlich die Angler an, und so zählt man jährlich etwa 7.000 Petri-Jünger, die hier ihr Glück versuchen. Als besonders fischreich hat sich dabei der Abschnitt zwischen den Kanalfähren **Sehestedt** und **Breiholz** erwiesen.

Allerdings sollten Angler darauf achten, weder die Berufsschifffahrt noch die besonders dicht am Ufer fahrenden Sportschiffer zu behindern!

Dass die Schifffahrt auf dem Kanal unbedingt Vorrang hat, stellte die Kanalverwaltung bereits 1934 in einem Schreiben an den Regierungspräsidenten in Schleswig fest. Darin heißt es: "Der Kanal ist nur im schifffahrtlichen Interesse gebaut. Die Tatsache, dass nach seiner Erbauung auch Fische in den Kanalgewässern auftauchten, war ungewollt."

Flughafen Holtenau

Kiel-Holtenau ist nicht nur dem Schiffsverkehr verbunden, sondern auch der Luftfahrt und das gleich in doppelter Weise:

Zum einen beginnt nördlich der Einmündung des Nord-Ostsee-Kanals das weitläufige Gelände des **Marinefliegergeschwaders 5** (kurz: MFG 5). Diese Einheit ist kein Kampfgeschwader, sondern übernimmt Transport- und vor allem Rettungsaufgaben. Die Hubschrauber mit der knallroten "Bauch-binde" und der Aufschrift **SAR** (für **s**earch **a**nd **r**escue) auf dem Rumpf sind ein vertrauter Anblick im Kieler Luftraum und haben auf ihren Hunderten von Einsätzen schon vielen Menschen (nicht zuletzt Seglern oder unvorsichtigen Badegästen) das Leben gerettet.

Zum anderen befindet sich in Holtenau auch der zivile **Kieler Flughafen**, von dem aus allerdings kein Linienverkehr mehr startet.

Leider sind auch die Kieler Tage der Marineflieger gezählt. Ende 2012 wird das Geschwader verlegt und der Kieler Flughafen wohl neben den Sport-fliegern nur noch Geschäftsreisenden für Charterflüge zur Verfügung stehen.

Dies ist sehr bedauerlich, denn der zivile Luftverkehr kann in Kiel auf eine lange Tradition zurückblicken. Am 25. November 1927 gründeten das Deut-sche Reich, der Preußische Staat, der Provinzialverband der Provinz Schles-wig-Holstein und die Stadt Kiel die Flughafengesellschaft, um *"zur Förderung und Belebung von Handel und Wandel in der Nordmark beizutragen"*, wie es damals hieß. Und tatsächlich wurden 23 Ziele - teils täglich - angeflogen, darunter Amsterdam, Berlin (drei Stunden Flugzeit, heute 70 Minuten!), London, München und Paris. Nach dem Zweiten Weltkrieg konnte der Flug-betrieb erst wieder 1961 aufgenommen werden, da bis dahin die Royal Air-force den Platz beschlagnahmt hatte. Der Flugplan von 1962 verzeichnete unter anderem eine regelmäßige Flugverbindung nach Hamburg (!) sowie die Möglichkeit, einen "Keuchhustenflug" zu buchen: Höhenluft sollte den Betroffenen Linderung von ihrer Krankheit verschaffen.

🐟 Flughafen GmbH, Boelckestraße 10, ☎ 32 91 90, FAX 32 36 21,

✑ info@airport-kiel.de, 🖥 www.airport-kiel.de

🚌 501/502, 91 Haltestelle Flugplatz

Pries-Friedrichsort/Falckenstein

Zwischen dem Nordende des Holtenauer Fliegerhorstes und dem Doppel-stadtteil **Pries-Friedrichsort** liegt mit dem Yachthafen **Stickenhörn** einer der größten Segel- und Freizeithäfen an der Kieler Förde, der in Zukunft noch um den unmittelbar südwestlich daran anschließenden **Plüschow-Hafen** erweitert werden soll.

◆ Sporthafen Stickenhörn, 460 Liegeplätze, Gastlieger möglich, ⛴ Hafenmeister: ☎ 26 04 84 24, FAX 26 04 84 25, 📱 0172/8024353, 🖥 www.sporthafen-kiel.de ✉ stickenhoern@sporthafen-kiel.de

Pries-Friedrichsort ist wesentlich durch den Maschinen- und Schiffbau geprägt. Besonders die 1919 in Memel gegründete *Lindenau-Werft* hat sich mit dem Bau von Doppelhüllentankern und anderen Spezialschiffen einen international ausgezeichneten Ruf erworben und trägt erheblich zur Identifikation der Bewohner mit ihrem Stadtteil "Fiedelört" bei. Dies kann man besonders bei Stapelläufen beobachten, die regelmäßig zu wahren Volksfesten werden. In jüngster Zeit hat die Werft außerdem als Drehort der Fernsehserie "*Tatort*" eine außergewöhnliche "Nebenbeschäftigung" erhalten.

Das Dorf Pries ist bereits über 800 Jahre alt und damit älter als Kiel selbst. Friedrichsort hingegen wurde ab 1632 als Festung angelegt. Der dänische König *Christian IV.* baute sie auf angekauften Ländereien des Gutes ☞ Seekamp an die engste Stelle der Kieler Förde, nachdem er im Dreißigjährigen Krieg hatte erfahren müssen, dass sein Reich nach Süden hin gegen die starken Truppen *Tillys* und *Wallensteins* nur unzureichend geschützt war. Darüber hinaus verfolgte er auch wirtschaftliche Absichten: Ähnlich wie auf dem Öresund bei Kopenhagen forderte er auch hier von den einlaufenden Schiffen Zölle, was natürlich besonders die Stadtväter in Kiel erboste. Doch ehe es darüber zu einem echten Streit hätte kommen können, wurde die Festung, die nach ihrem Erbauer den Namen **Christianspries** trug, am 18. Dezember 1643 von schwedischen Soldaten eingenommen. Zwar bekam Dänemark nach dem Friedensschluss mit Schweden 1645 (Frieden von Brömsebro) die Festung zurück, doch Christians Sohn und Nachfolger *Friedrich III.* ließ die Anlage schleifen - nachdem die Herzogtümer Schleswig und Holstein ihm dafür eine angemessene Summe gezahlt hatten.

Dieser Handel erwies sich schon bald als Fehler für Dänemark, denn der gottorfsche Herzog Friedrich III. (nicht zu verwechseln mit dem gleichnamigen dänischen König) gestattete den Schweden im 1657 erneut ausgebrochenen Krieg mit Dänemark, ungehindert in den Kieler Hafen einzulaufen und dort Truppen anzulanden. Also fasste der dänische König den Entschluss, die eben erst abgerissene Festung wieder in Betrieb zu nehmen, was 1667 auch tatsächlich geschah. Wiederum wurde die Festung nach dem Erbauer genannt: **Friedrichsort**. Was folgte, waren 150 Jahre der Muße, um nicht zu sagen der Überflüssigkeit, in denen sich niemand so richtig um die Festung kümmerte, die zwar für 600 Soldaten ausgelegt war, auf der aber nur ein paar Artilleristen und Feuerwerker stationiert waren.

1813 wurde die Festung erneut von Schweden angegriffen, denn der dänische König hatte sich mit Napoleon verbündet und setzte selbst nach der Völkerschlacht bei Leipzig noch auf den Korsen. Die schwedisch-russisch-preußische Armee, die daraufhin in die Herzogtümer einmarschierte, besetzte auch die Festung Friedrichsort, die aber nach dem Kieler Frieden von 1814 erneut an Dänemark zurückgegeben wurde (☞ Einführung, Geschichte).

Die Dänen hatten nun jegliches militärisches Interesse an der Festung verloren, die ihnen bisher wenig Glück gebracht hatte. In den zwanziger und dreißiger Jahren des 19. Jahrhunderts diente die Anlage als Gefängnis für dänische Soldaten und Gefangene des Staates. Prominentester Häftling war der in dänischen Staatsdiensten stehende Jurist *Uwe Jens Lornsen*, der 1830 nach seiner Forderung nach einer eigenen schleswig-holsteinischen Verfassung zu einem Jahr Haft verurteilt wurde. An der Besetzung der Feste Friedrichsort während der Revolution von 1848 durch 150 Mann der schleswig-holsteinischen Bürgerwehr ist eigentlich nur erwähnenswert, dass dieser Trupp von einem jungen Leutnant mit Namen *Werner Siemens* (damals noch ohne "von"!) geführt wurde. Seine technische Begabung stellte der später so erfolgreiche Elektroindustrielle sogleich dadurch unter Beweis, dass er zur Abwehr eines befürchteten dänischen Gegenangriffs den Kieler Hafen durch Minen mit elektrischer Zündung sicherte, was zu jener Zeit eine völlig neue Idee war.

Übrigens war Werner von Siemens nicht der einzige Prominente, der auf der Festung seinen Dienst versah. 70 Jahre nach ihm war dort der kaiserliche Bootsmannsmaat Hans Bötticher stationiert, der unter seinem Dichternamen *Joachim Ringelnatz* bekannt wurde.

Die Rüstungsindustrie sollte seit der Siemensschen Erfindung für Friedrichsort von großer Bedeutung sein. Nach 1871 wurden Artillerie- und Minendepots für die neue deutsche Kriegsflotte angelegt, und 1891 kam noch eine Torpedofabrik hinzu, die im Ersten Weltkrieg über 6.000 Arbeiter beschäftigte.

Mit dem Untergang des Kaiserreichs und dem Zusammenbruch der Rüstungsindustrie drohte auch Friedrichsort der Kollaps. Einzig der Zusammenschluss des Dorfes Pries und des bisherigen Staatsbesitzes Friedrichsort mit der Stadt Kiel schien eine neue Lebensgrundlage zu schaffen. So wurden am 1. Oktober 1922 beide Ortschaften, zusammen mit dem benachbarten Holtenau, Teil der heutigen Landeshauptstadt. Die Rechnung schien auch aufzugehen. Die *Deutsche Werke AG* errichtete eine Produktionsstätte für Lokomotiven, Glühkopf- und Dieselmotoren. Nach einer kurzen Boom-Phase durch die Rüstungsprogramme der Nationalsozialisten war nach 1945 eine Demontage der Industrieanlagen beinahe unabwendbar. Doch Lokomotiven wurden auch weiterhin gebraucht - und der sich abzeichnende Ost-West-Konflikt rettete den Industriestandort. Neben dem Schiffbau bestimmt auch heute noch der Motoren- und Lokomotivenbau die wirtschaftliche Struktur des Stadtteils.

Heute präsentiert sich Pries-Friedrichsort als ein moderner Stadtteil, dem trotzdem die unterschiedliche Entwicklung seiner beiden Teile anzumerken ist: Pries hat sich seinen dörflichen Charakter bewahrt, auch wenn es mehr und mehr von "Städtern" bevölkert wird, die seine ländliche Idylle schätzen. Friedrichsort, der "urbane" der beiden Teile, hat all die Annehmlichkeiten und kommunalen Einrichtungen zu bieten, die heute zu einem Gemeinwesen gehören: Sportstätten, Kindertagesheime und seit 1972 als weiterführende Schule eine der ersten integrierten Gesamtschulen in Schleswig-Holstein. 1992 schließlich wurde die **Friedrichsorter Straße** in eine Fußgängerzone umgewandelt. Darüber hinaus sind im alten Ortskern einige der teilweise prachtvollen Bauten aus wilhelminischer Zeit restauriert und durch Firmenansiedlungen mit neuem Leben erfüllt worden.

Einen Besuch abstatten sollte man der **Bethlehemkirche**. Der 1875 als preußische Garnisonskirche errichtete Holzbau wurde bis 1953 sowohl für protestantische als auch für katholische Gottesdienste benutzt und besticht mit einer ganz eigenen maritimen Inneneinrichtung. Die Marinesoldaten allerdings nannten die Kirche, die ihren heutigen Namen erst 1987 erhielt, spöttisch "Gebetsschuppen". Ob das an der ungewöhnlichen Ausrichtung des Alters nach Westen, an der schlichten Verputzung des inneren Fachwerks oder mehr an der Tatsache lag, dass sie in der Regel zum Gottesdienst abkommandiert wurden, lässt sich heute nicht mehr sagen.

◆ 🖳 www.bethlehem-kirche.de, ✑ kontakt@bethlehem-kirche.de

Die alte Festung, die einmal der Ausgangspunkt für die Ortsgründung war und die in Teilen immer noch erhalten ist, unterstand lange Jahre dem Bundesverteidigungsministerium und war leider nicht zu besichtigen. Seit sich aber die Bundesmarine aus Friedrichsort zurückgezogen hat, soll die sehenswerte Anlage der Öffentlichkeit zugänglich gemacht werden. In welcher Form dies geschehen soll, ist zur Zeit aber noch unklar - vielleicht sollten sich die Kieler Stadtväter und -mütter einmal die baugleiche und in hervorragendem Zustand befindliche Festung in Kopenhagen ansehen, um eine Vorstellung davon zu bekommen, was sich aus so einer Anlage machen lässt! Immerhin sind nach Absprache Besichtigungen möglich.

♦   ☎ 3 99 11 25, ⌨ www.festung-friedrichsort.de

Der Friedrichsroter Leuchtturm, links im Hintergrund das Marine-Ehrenmal in Laboe

Keinesfalls entgehen lassen sollte man sich einen Strandbesuch am 30 m hohen **Friedrichsorter Leuchtturm** - auch in Jahreszeiten, die einen normalerweise nicht an Strandleben denken lassen.

Hier befindet sich, wie schon erwähnt, die mit 1.000 m Abstand von Ufer zu Ufer engste Stelle der Kieler Förde, so dass man alle ein- und auslaufenden Schiffe "hautnah" beobachten kann. Besonders am ersten Samstag der Kieler Woche, wenn die Hochseeyachten zur Seeregatta Kiel/Eckernförde starten, bieten sich dem Besucher spannende Bord-an-Bord-Kämpfe. Wohlmöglich noch begehrter ist der Friedrichsorter Strand dann eine Woche später als "Tribüne" für die **Windjammerparade**, mit der sich die zahlreichen Großsegler aus Europa und Übersee von der ☞ Kieler Woche verabschieden.

Der heutige Friedrichsorter Leuchtturm ersetzt seit 1970 einen 1868 erbauten wesentlich kleineren Turm, der den Spitznamen "der kleine preußische Grenadier" trug. Dessen Turmspitze mit dem Leuchtfeuer steht seit dem Jahr 2003 auf dem *Heinrich-Rixen-Platz* in der Nähe der Fußgängerzone, nachdem er lange das Ostende des Kieler ☞ Bootshafens zierte.

Noch ein Wort zu dem **Gut Seekamp**, das ja durch den Verkauf von Ländereien an den dänischen König zur Gründung Friedrichsorts einen wichtigen Beitrag leistete: Nachdem es über Jahrhunderte im Besitz verschiedener Adliger war, erwarb der Maler *Hans Olde*, Mitbegründer der Künstlervereinigung *Münchner Sezession*, das Anwesen, ehe dessen Sohn, Hans Olde der Jüngere, es 1925 an die Stadt Kiel verkaufte. Landwirtschaftlich noch bis 1972 genutzt, verfielen die Gebäude zusehends und auch ihre Nutzung als Boots- und Baustofflager war sicher nicht angemessen.

Seit 1993 jedoch nutzt die Stiftung des Bildhauers und Kieler Kulturpreisträgers *Hans Kock* die Anlage. Das Gutshaus dient den Kleinplastiken des Künstlers als ständiger Ausstellungsraum, während der ehemalige Pferdestall für wechselnde Ausstellungen verschiedener Künstler sowie als Veranstaltungsraum genutzt wird. Im weitläufigen Garten des Gutshofes ist ein Skulpturenpark aus 12 großformatigen Plastiken *Kocks* entstanden.

🛈　Hans-Kock-Stiftung Gut Seekamp, Seekamper Weg 10, ☎ 37 23 22,
　　　🖥 www.museen-sh.de/ml/inst.php?inst=22

🚌　501/502, Haltestelle Seekamp

🚗　Aus Kiel auf der Förderstraße Richtung Schilksee, ca. 300 m nördlich der Ampelkreuzung Förderstraße/Koppelberg der Ausschilderung links in den Seekamper Weg folgen.

☏   Nördlich an den Friedrichsorter Strand schließt sich der **Falckensteiner Strand** an, einer der beliebtesten Strände an der Kieler Förde. Man erreicht ihn mit dem Auto oder Fahrrad, indem man (von der Innenstadt gesehen) die **Fördestraße** Richtung Norden bis zur Kreuzung **Dorfstraße/Koppelberg** fährt, an dieser Kreuzung rechts abbiegt und dem **Koppelberg** bis zu den ausgeschilderten Parkplätzen folgt. Dieser Strand bietet sich besonders für Kinder an, da das Wasser sehr seicht ist.

◆   Strandwache ☎ 39 12 03 (erreichbar Juli und August), Strand eingeschränkt bewacht bis 15. September

Schilksee

Vom Falckensteiner Strand aus kann man bis zum Strand von **Schilksee** laufen - im flachen Wasser oder, ein paar Meter landeinwärts, auf dem Uferweg. Mit Schilksee verbinden heute die meisten Besucher (und nicht wenige Kieler) neben dem Strandleben in erster Linie das **Olympiazentrum**, das die Architekten *Hinrich Storch* und *Walter Ehlers* (Hannover) entwarfen. Diese Anlage, über die die Seglerzeitschrift *Yacht* 1972 bemerkte: *"Das ist Segeln total!"*, hat mit dazu beigetragen, dass sich seit dem Beginn der 70er Jahre das Gesicht und der Charakter Schilksees völlig verändert haben. War es früher ein beschaulicher, beinahe dörflicher Vorort, so hat das Olympiazentrum daraus ein Mekka des internationalen Segelsports gemacht.

Auf dem Gelände eines ehemaligen Marinematerialdepots gelegen, bietet es Regatta- und Fahrtenseglern ein geradezu ideales Umfeld: Breite, schwimmende Betonstege mit über 800 Stegliegeplätzen, ein großes Hafenvorfeld mit mobilen Kränen, eine 65 m breite Jollenbühne, Strom, Wasser und Beleuchtung an allen Landliegeplätzen, Segelwasch- und Trockenanlagen sowie Parkplätze in unmittelbarer Nähe zu den Liegeplätzen.

Ein hoch über dem Hafenvorfeld verlaufendes Promenadendeck bietet einen Überblick über den gesamten Hafen und das Geschehen auf dem Wasser.

≋   Am nordwestlichen Ende des Olympiazentrums befindet sich die **Meerwasserschwimmhalle Schilksee**.

◆   🕮 Mo von 6:00 bis 20:00, Di von 6:00 bis 9:00, Mi von 6:00 bis 18:00, Do von
       6:00 bis 18:00), Fr von 6:00 bis 22:00, Sa von 8:00 bis 20:00, So von 8:00
       bis18:00, ☎ 26 04 04 41, FAX 26 04 04 49, 🖳 www.kieler-baeder.de
🚌   33, 501/502, 901, Haltestelle Olympiazentrum

Olympiazentrum in Schilksee

Über der quer durch den Gebäudekomplex verlaufenden Promenade
befanden sich während der Spiele 1972 die Unterkünfte für die Segler, Offiziellen und Journalisten. Nach Beendigung der Olympischen Spiele wurden
diese über 400 terrassenförmig angeordneten Apartments in Eigentumswoh-
nungen umgewandelt. Doch das Olympiazentrum war nur der Startschuss zu
einer regen Bautätigkeit, die seitdem in Schilksee stattgefunden hat. Besonders im Süden des erst seit 1959 nach Kiel eingemeindeten Ortes entstanden weiträumige Miets- und Einfamilienhausanlagen, von denen einige mit
Architekturpreisen ausgezeichnet wurden.

Westlich der *Fördestraße*, die Schilksee in zwei Teile zerschneidet, liegt
der alte Dorfkern, an dem die Bautätigkeit der vergangenen Jahre nahezu
spurlos vorübergegangen zu sein scheint. Hier kann man noch die alten,
teilweise reetgedeckten Häuser sehen, die früher den Charakter von Kiels

nördlichstem Stadtteil ausmachten. Westlich von Schilksee liegt der **Fuhlensee**, der eigentlich gar kein See ist, sondern ein *Noor*, d.h. eine durch Strandbildung abgetrennte Meeresbucht.

 33, 501/502, Haltestelle Olympiazentrum

 Fördedampfer, Anlegestelle Schilksee

 Olympiahafen Kiel-Schilksee: 869 Liegeplätze, 400 Landliegeplätze für Jollen, Gastliegeplätze vorhanden, ⓘ Hafenmeister, ☎ 26 04 84 21/22, 📱 01 72/8 02 43 52, ✉ schilksee@sporthafen-kiel.de, 🖥 www.sporthafen-kiel.de

Olympiahafen in Schilksee

ℛ Strandwache, ☎ 37 22 94 und ☎ 37 22 80 (erreichbar Juli und August), Strand eingeschränkt bewacht bis 15. September

Strande

Zwischen Schilksee und dem Ort **Strande** verläuft die nördliche Stadtgrenze von Kiel. Strande gehört also nicht zur Landeshauptstadt, sondern liegt im **Landkreis Rendsburg/Eckernförde**. Und tatsächlich hat sich der Ort einen eigenen, eher dörflichen Charakter bewahrt. Besonders der Yachthafen wird von den Kielern, aber auch von vielen auswärtigen Seglern geschätzt, da er noch etwas von der traditionellen Hafenatmosphäre vermittelt, die in den meisten modernen Anlagen verloren gegangen ist.

Der Strand in Strande

🏄 Da der Fußweg von Schilksee unmittelbar am Wasser entlangführt, kann man ungestört den Schiffsverkehr auf der Kieler Förde und in der Schilkseer Bucht beobachten. Unmittelbar nördlich von Strande kommt man am "Surfer-Strand" entlang, der, wie der Name bereits verrät, fest in Hand der Windsurfer ist und sogar einen eigenen Parkplatz für Pkw und Wohnmobile bietet. Unverdrossene, die den Beginn des Frühjahres gar nicht abwarten können, starten von hier aus auch im Winter zu einem ebenso nassen wie rasanten Vergnügen.

☺ Eine Institution am Surfer-Strand ist der "Surf-Kiosk", der an warmen Tagen eine Mischung aus Biergarten- und Strandatmosphäre bietet. Natürlich darf er auch von Nicht-Surfern benutzt werden!

Endhaltestelle der 501

 Fördedampfer, Anleger Strande

ℹ Fremdenverkehrsverein Strande, Strandstraße 12, 24229 Strande,
☎ 0 43 49/2 90, FAX 0 43 49/8 09 60

Von Strande aus sollte man einen Spaziergang am Strand entlang zum Bülker Leuchtturm machen, dem nordwestlichsten Punkt der Kieler Förde.

Wer diese Strecke lieber mit dem Auto fahren möchte, muss vorsichtig sein, da die Straße hinter dem Ortsausgang von Strande teilweise sehr eng wird.

Fußgängern und Radfahrern steht der gut ausgebaute Plattenweg zur Verfügung.

Bülk hat allerdings nicht nur einen Leuchtturm zu bieten, sondern auch eine hochmoderne Kläranlage, die die Kieler Abwässer in mehreren Stufen physikalisch, chemisch und biologisch reinigt. Sie hat der Gegend den Spitznamen "Schietenhuk" eingebracht.

Westlich des Bülker Leuchtturms beginnt das Südufer der **Eckernförder Bucht**, das eine besonders schöne **Steilküste** zu bieten hat. Etwa 30 m tief fällt das Land zum Wasser ab und lässt den geologischen Aufbau der Küste erkennen.

Zwischen den Ortschaften **Stohl** und **Dänisch-Nienhof** läuft oder radelt man durch einen lichten Wald und genießt den herrlichen Blick auf die Ostsee. Bei einigermaßen klarer Sicht kann man von hier aus auch den **Kieler Leuchtturm** sehen. Der 1967 eingeweihte, 55 Tonnen schwere Aluminiumturm steht auf einem Betonsockel, der ins Wasser abgesenkt wurde. Sein 33,5 m hohes Leuchtfeuer (Lichtstärke: 400 Watt) mit einer jeweils 3 Sek. dauernden Hell- und Dunkelphase ist ungefähr 20 Seemeilen weit zu erkennen. Er weist mit seinen weißen, grünen und roten Sektoren allerdings nicht nur einlaufenden Schiffen den Weg in die Kieler Förde, sondern dient auch als Lotsenstation.

Der Turm ersetzte das **Kieler Feuerschiff**, das fast an der gleichen Stelle gelegen hatte. Nach seiner Außerdienststellung wurde das Schiff zu einem Großsegler umgebaut und segelte viele Jahre, mit grünem Rumpf und grünen Segeln, unter dem Namen *Alexander von Humboldt* als Charterschiff durch Nord- und Ostsee, ehe es im Jahr 2009 abgewrackt wurde. Bekanntheit erlangte das Schiff nicht zuletzt dadurch, dass es einer deutschen Bierreklame das gewünschte maritime Image verlieh.

🚌 Wer fußmüde geworden ist, kann von Dänisch-Nienhof aus den Omnibus nutzen, um zurück nach Kiel zu gelangen.

♦ Buslinien 900 (von und nach Kiel) und 922 (von und nach Friedrichsort)

Der Name der Gemeinde **Schwedeneck**, zu der sowohl *Stohl* als auch *Dänisch-Nienhof* gehören, weist darauf hin, dass hier im Dreißigjährigen Krieg schwedische Truppen eine Art Brückenkopf besaßen.

ℹ️ Kurverwaltung Schwedeneck, Am Kurstrand 1, 24229 Schwedeneck
☎ 0 43 08/3 31, FAX 0 43 08/12 60, 🖥 www.ostseebad-schwedeneck.de

✕ Kneipen/Restaurants/Nachtleben

Wem nach einem langen Strandspaziergang der Magen knurrt, kann im **Strandhotel Strande** auf sehr angenehme Weise etwas dagegen unternehmen. Nicht zuletzt Fisch in verschiedenster Zubereitungsart nimmt auf der hervorragenden Speisekarte breiten Raum ein. Im Sommer besonders beliebt ist die große Außenanlage.

♦ Strandstraße 21, 24229 Strande, ☎ 0 43 49/91 79-0, FAX 0 43 49/91 98-40,
✉ info@strandhotel.de, 🖥 www.strandhotel.de

Hinter Dänisch-Nienhof folgt, den Strand entlang, Surendorf, das ebenfalls zur Gemeinde Schwedeneck gehört. Direkt am wunderschönen Kurstrand gelegen findet man hier ein Ausflugslokal der besonderen Art. In der **Strandoase** stapft man vom Sand am Strand direkt in den Strandsand im (!) Lokal und im Biergarten.

In entspanntem Ambiente, auch Hunde und Kinder dürfen sich hier tummeln, wird z.B. leckere Pizza serviert. Als besonderes Highlight werden hier auch Vollmondpartys veranstaltet.

♦   Am Kurstrand 16, 24229 Surendorf, ☎ 0 43 08/18 99 05,
        🖥 www.strandoase-surendorf.de., ✇ info@strandoase-surendorf.de

Kaffe, Bier, oder Wein trinken, Tango tanzen und dabei dem Schiffsverkehr zuschauen - das alles geht nicht zur gleichen Zeit? Wer so denkt, kennt das **Schiffercafé** in Holtenau nicht! In den Räumlichkeiten eines einstmals legendären Schiffsausrüsters bietet das Café die Möglichkeit, diese scheinbar unvereinbaren Tätigkeiten miteinander zu verbinden - und das täglich von 10:00 bis 20:00 Uhr. Wem die gebotene Musik nicht gefällt, kann eigene CDs mitbringen und auflegen.

♦   Tiessenkai 9, ☎ 9 08-96 76, 🖥 info@schiffercafe-kiel.de, je nach Saison gibt es wechselnde Öffnungszeiten.

Das Ostufer

Das Marine-Ehrenmal in Laboe

Die wechselvolle, teilweise stürmische Entwicklung Kiels ist nirgendwo so deutlich zu sehen wie auf dem Ostufer. Die bis in die Mitte des 19. Jahrhunderts nahezu unveränderten Dörfer wie **Gaarden** oder **Ellerbek** wuchsen durch die Ansiedlung von Werften und deren Zulieferern sprunghaft an. Waren um 1870 etwa 600 Menschen im Schiffbau beschäftigt, so waren es um die Jahrhundertwende bereits über 6.000, und um 1960 herum zählte die einzig verbliebene Großwerft *HDW* etwa 12.000 Beschäftigte. Dieser Anstieg führte zu einer hektischen Bautätigkeit, die soziale oder architektonische Belange selten genug berücksichtigte. Doch nicht nur die Boomzeiten hinterließen ihre Spuren, auch die Schiffbaukrise seit ca. 1970 muss in erster Linie das Ostufer ausbaden: Die Reduzierung der Belegschaft bei HDW auf ca. 2.400 Beschäftigte schafft viele soziale Probleme in den betroffenen Stadtteilen. Aber das Ostufer ist auch der Bereich Kiels, in dem die Umwandlung von einer konventionellen Industrielandschaft zu einer neuen Wirtschaftsstruktur aus Dienstleistung, Forschung und industrieller Fertigung am deutlichsten voranschreitet; das viel geschmähte, oft geschundene "andere Ufer" ist anscheinend (wieder einmal!) der Motor für einen wirtschaftlichen Wandel in Kiel.

♦   💻 www.ostufer.net

Sanierungsgebiet Hörn/Norwegenkai

Sichtbarster Beweis für strukturelle Veränderungen in Kiel ist derzeit das Gebiet am südlichsten Ende der Kieler Förde, die **Hörn**. Genau gegenüber dem Kieler Hauptbahnhof, auf ehemaligem Werftgelände, befindet sich eines der derzeit größten Sanierungsgebiete Europas. Bezuschusst aus Strukturförderungsmitteln der Europäischen Union, erfährt eine langjährige Industriebrache die völlige Umwandlung in ein kombiniertes Gewerbe- und Wohngebiet, die **Kiel-Hörn Kai-City**.

Auf dem ca. 25 ha großen Areal entstehen nach derzeitigem Planungsstand etwa 400 neue Wohnungen, und in den darin integrierten Gewerbe- und Dienstleistungsbetrieben sollen etwa 2.500 Arbeitsplätze geschaffen werden. Das Bauvorhaben, das strengsten ökologischen Anforderungen Rechnung trägt, war dezentrales Modellprojekt des Landes Schleswig-Holstein auf der EXPO 2000 in Hannover.

Allerdings gestaltet sich das Anwerben von Investoren, ohne die ein Projekt dieser Größenordnung trotz aller öffentlichen Fördermaßnahmen nicht zu realisieren ist, als äußerst schwierig. So ist der Stand der Sanierungsarbeiten noch nicht so weit vorangekommen, wie man es sich auf Seiten der Stadt bei Planungsbeginn erhofft hatte. Aber man kann bei der Hörnsanierung getrost von einer Generationenaufgabe sprechen und sollte daher nicht der Versuchung erliegen, zeitweiliger Misserfolge wegen von der ursprünglichen Planung abzuweichen.

Rechts Norwegenkai -
links Schwedenkai - vorn Mitte Dreifeldklappbrücke

Bei der Bedeutung der Fährschifffahrt für Kiel ist es nur natürlich, dass das neben Ostsee-Kai und Stena-Terminal dritte Fährterminal, der **Norwegen-Kai**, den Anfang im Sanierungsgebiet machte und seine Arbeit im August 1997 nach feierlicher Eröffnung durch die norwegische Königin *Sonja* aufnahm. Von hier fahren im täglichen Wechsel zwei Fährschiffe der Color-Line in die norwegische Hauptstadt. Dieser Linienverkehr, übrigens die einzige Fährverbindung von Deutschland nach Norwegen, besteht seit 1961 und wurde damals am ☞ Ostseekai (der zu diesem Zeitpunkt noch Oslo-Kai hieß) auf dem Westufer abgewickelt. Doch die ständige Zunahme an Passagieren und Fracht machte einen Umzug auf das doppelt so große Gelände an der Hörn erforderlich. Wie groß die Nachfrage auf dieser Route mittlerweile geworden ist, zeigt sich nicht zuletzt daran, dass die norwegische Reederei seit Dezember 2004 ein supermodernes, 74.600 BRZ großes Luxusschiff, die *Color Fantasy*, einsetzt, dessen luxuriöse Ausstattung und zahlreichen Unterhaltungsmöglichkeiten an Bord kaum noch etwas mit dem zu tun haben, was man sich allgemein unter einem Fährschiff vorstellt.

Und damit nicht genug: Wegen des enormen Erfolges gerade dieser Luxusfähre, ersetzt seit Herbst 2007 die *Color Magic*, ein weiteres derartiges Schiff, die gute alte *Kronprins Harald*, die an eine irische Reederei verkauft wurde. Mit derartigen Zuwächsen bei Passagierzahlen, Frachtaufkommen sowie Schiffsgrößen dürfte der Begründer der Linie, der norwegische Reeder *Anders Jahre* kaum gerechnet haben. Das erste Schiff, das seine Jahre-Line (die 1990 mit der Norway-Line zur heutigen Color-Line fusionierte) einsetzte, war gerade mal ein Zehntel so groß wie die heutigen Luxus-Liner.

Auch wer nicht die Absicht hat, nach Oslo zu reisen, sollte dem Abfertigungsgebäude auf dem insgesamt rund 65.000 m² großen Norwegenkai einen Besuch abstatten. Der Bau besteht aus einer aufgeständerten zweigeschossigen Halle, die durch ihre großflächige Verglasung einen Panoramablick auf die Innenstadt und das Westufer der Förde bietet. Neben der Aussicht gibt es in der Haupthalle auch schiffstechnische Details zu bewundern, wie beispielsweise die riesige Kurbelwelle, die bis 1995 in der Hauptmaschine der früher eingesetzten Fähre Prinsesse Ragnhild den Dienst versah.

♦   Color-Line GmbH, Norwegen-Kai, ☎ 73 00-0, Reservierungen: ☎ 73 00-3 00, 🖷 7300-400, 🖳 www.color-line.de, ✆ kundendienst@colorline.de (Fahrtdauer etwa 19 Stunden)

Der neue Fähranleger ist über eine Fußgängerbrücke mit dem Westufer und dem Kieler Hauptbahnhof verbunden. Mit dieser Brücke, einer "Dreifeld-Klapp-Zugbrücke", betrat man technisches Neuland. Denn im Gegensatz zu herkömmlichen Klapp- oder Drehbrücken wird der Stahl-Brückenteil der **Hörn-Brücke** während des Öffnens einseitig in drei Segmente gefaltet.

Prompt traten sowohl bei der Fertigung als auch beim Probelauf technische Defekte auf, die aber behoben wurden. Seit dem 22. Dezember 1997 ist die neue Brücke in Betrieb - und hat gute Chancen, ein Wahrzeichen für Kiel zu werden .

Südlich des Norwegenkais entstand der **Germania-Hafen**, der etwa 30 Gastseglern Platz bietet. Um diesen Cityhafen und das gesamte Hörnufer herum verläuft das **Willy-Brandt-Ufer**, eine attraktive Promenade die nicht nur jede Menge Möglichkeiten für "Seh-Leute" bietet, sondern auch für eine engere Verknüpfung von Ost- und Westufer sorgt.

Die **Halle 400,** eine ehemalige Schiffbau-Halle, diente einige Jahre dem Kieler Theater als Spielstätte, da das Schauspielhaus in der Holtenauer Straße umgebaut wurde (☞ Nördlich der Altstadt, Schauspielhaus/Neues Schauspielhaus). Heute sind hier ein privater Rundfunksender und mehrere IT-Firmen ansässig. Außerdem wird die Halle als Tagungs- und Veranstaltungsort genutzt.

♦   An der Halle 400 , 🖳 www.halle400.de, ✎ info@halle400.de

Das Bürogebäude Hörn-Campus

Nach Süden hin abgeschlossen wird der innerste Teil der Kieler Förde durch das markante Bürogebäude **Hörn-Campus**. Vor diesem, einem Segel nachempfundenen, Bau des Architektenteams *Christensen-Bremer-Schmidt & Steuber* führt eine breite Treppe direkt hinunter zum Wasser. Hier kann man wunderbar sitzen, das Hafenpanorama auf sich wirken und die "Seele baumeln" lassen - vorausgesetzt das Wetter spielt mit! Sollte dies nicht der Fall sein (und das kommt in Kiel leider öfter vor), kann man sich in das Restaurant im Dachgeschoss des Hörn-Campus zurückziehen - womöglich ist der Ausblick von dort noch schöner!

◆   Kaistraße 101, 🖥 www.hoern-campus.de

Gaarden

Der Stadtteil, der am meisten vom Schiffbau geprägt wurde, ist **Gaarden**. Bis etwa 1860 war er ein über Jahrhunderte kaum verändertes Dorf, das von den Kielern gerne als Sommerfrische genutzt wurde. Doch mit der Ernennung Kiels zum Reichskriegshafen und der damit verbundenen Ansiedlung von Werften war es mit der Idylle innerhalb kurzer Zeit vorbei und die Einwohnerzahl stieg von 2.715 im Jahre 1871 auf 30.427 (1910).

Eine erste, von keinerlei Planungsvorgaben gelenkte Bauphase führte zu einer heterogenen Bebauung aus Wohnhäusern, Handwerksbetrieben, Läden und Mietshäusern.

Nachdem 1898 und 1900 neue Gesetze über den Ausbau der Kriegsflotte in Kraft traten und die Werften ihre Belegschaft weiter aufstockten und Gaarden darüber hinaus im Jahre 1901 nach Kiel eingemeindet wurde, wollte man die notwendige Stadterweiterung nicht mehr dem einzelnen Grundeigentümer überlassen, sondern verpflichtete den Kölner Stadtplaner *Joseph Stübben* mit der Planung der Stadtteile Gaarden-Süd und Gaarden-Ost (☞ Nördlich der Altstadt, Blücherplatz). Der von ihm vorgelegte Plan berücksichtigte sowohl die Straßenführung als auch öffentliche Plätze.

So wurde der **Vinetaplatz** als Zentrum Gaardens konzipiert. Im Gegensatz zur früheren Bebauung dienten die ihn umgebenden vier- bis fünfstöckigen Häuser ausschließlich als Wohnhäuser. Die gewerbliche Nutzung wurde in die Innenhöfe der Blöcke verlegt, was zu einer hohen Baudichte führte. Die

Mietshäuser waren zumeist sehr einfach ausgestattet. Ihre Zwei- bis Drei-Zimmer-Wohnungen besaßen meist kein eigenes Bad, und die Toiletten befanden sich außerhalb der Wohnungen.

In den späten 70er Jahren des 20. Jahrhunderts begann eine grundlegende Sanierung des Quartiers rund um den Vinetaplatz, die zu einer erheblichen Verbesserung der Wohnqualität geführt hat. Auf der Westseite des Platzes wurden die sogenannten "schiefen Häuser" abgerissen und an ihrer Stelle ein komplett neuer Gebäudekomplex mit Einkaufsmöglichkeiten und Wohnungen errichtet. Seine Funktion als zentraler Platz Gaardens hat der Vinetaplatz, dessen Name an die 1860 in Dienst gestellte Dampfkorvette "Vineta" erinnert, bis heute behalten. Mittelpunkt ist ein von Linden umstandener Brunnen mit der Skulptur *Tanzpaar* von *Hans Kock* (☞ Hans-Kock-Stiftung Gut Seekamp). Durch die teilweise Umwandlung der unmittelbar anschließenden **Elisabethstraße** zur Fußgängerzone ist so ein echtes Sub-Zentrum entstanden.

Waren, wie gesagt, die Wohnungen rund um den Vinetaplatz nur sehr dürftig ausgestattet, so galten die Arbeiterwohnungen der **Kruppschen Siedlung** (im Gebiet **Ostring/Preetzer Straße/Blitzstraße**) seinerzeit als vorbildlich. Mit Toiletten innerhalb der Wohnungen und Waschküchen für mehrere Mietsparteien waren sie, gemessen am damals üblichen Standard, fast komfortabel. Natürlich hatte *Friedrich Alfred Krupp* diese Wohnhäuser nicht uneigennützig bauen lassen. Für seine *Germania-Werft*, damals neben der *Kaiserlichen Werft* die größte in Kiel, brauchte er verlässliche Arbeitskräfte, die sich dem Unternehmen zugehörig fühlten; Streiks und andere Auseinandersetzungen kosteten Zeit und behinderten die Geschäfte. *"Niemand macht sich noch eine Vorstellung von der Not, die eintreten wird, und von den Vorteilen, die wir haben werden anderen gegenüber, wenn wir unseren Leuten ein sicheres Obdach geben"*, sagte er zur Begründung seines Engagements. Die vom Essener Baurat *Robert Schmohl* erbauten Häuser wurden Anfang der 1980er grundlegend renoviert und stehen heute unter Denkmalschutz.

☺   Schräg gegenüber der Kruppschen Siedlung befindet sich das **Kulturzentrum Räucherei**. Wie der Name verrät, war früher in dem Gebäude eine

Fischräucherei untergebracht. Sie wurde 1916 gegründet und war bei ihrer
Schließung, Anfang der 1970er Jahre, einer der größten Betriebe dieser Art
in Schleswig-Holstein.

Im großen Veranstaltungssaal, dem Herzstück der Anlage, kann man noch
Teile der alten Räucheröfen sehen. Die zur Arbeiterwohlfahrt gehörende
"Räucherei" hat sich zu einem der beliebtesten Kultur- und Kommunikations-
zentren in Kiel entwickelt.

♦   Preetzer Str. 35, ☎ 77 57 00, ▭ www.raeucherei-kiel.de

Bemerkenswert ist der in unmittelbarer Nachbarschaft zur "Räucherei"
gelegene **Iltisbunker**. Der iranische Künstler *Shahin Charmi* benutzte die früher hässliche graue Fassade für ein ebenso großes wie umstrittenes Gemälde
mit sozialrevolutionären Szenen, einem Porträt *Rosa Luxemburgs* und
(besonderer Stein des Anstoßes!) einem nackten Frauenkörper.

Gaarden und der Schiffbau

Nach 1865 entstanden von der **Hörn** bis nördlich der **Schwentine-Mündung**
drei große Schiffswerften: die (1902 von Krupp aufgekaufte) *Germania-
Werft*, die *Kaiserliche Werft* (später in *Deutsche Werke* umbenannt) und die
Howaldtswerke. Nach dem Ende des Zweiten Weltkrieges waren die Werften
zu über 80 % zerstört und sollten von den Alliierten komplett demontiert
werden. Doch die englische Besatzungsmacht sah ein, dass am Ende des
"Kiel-Canals" eine leistungsfähige Reparaturwerft nötig war, und genehmigte
den Wiederaufbau der Howaldt-Werft.

Damit hatte gerade die Werft überlebt, die weder auf dem Ostufer noch
als Schiffbaubetrieb gegründet worden war. Als "Maschinenbau-Anstalt und
Eisengießerei" hoben am 1. Oktober 1838 *Johann Schweffel* und *Ferdinand
Howaldt* ihr Unternehmen aus der Taufe. Das Gelände der Fabrik lag auf dem
Westufer an der heutigen **Kai-Straße**, wo eine Gedenktafel zu Füßen des ☞
Neuen Rathauses an die Firmengründung erinnert. Gefertigt wurden Dampf-
maschinen, Kessel für Schiffe, Öfen und Kochgeschirr.

Obwohl der Schiffsbau erst ab 1865 mit voller Kraft begann, machte das
Unternehmen während des Schleswig-Holsteinisch-Dänischen Krieges
(1848-51) auf sich aufmerksam, als es das erste schwimmfähige Untersee-

boot der Welt baute, den *Brandtaucher*. Allerdings sank das Boot schon bei der ersten Probefahrt und sein Konstrukteur *Wilhelm Bauer* musste in einer mehrstündigen Aktion gerettet werden.

Keine 20 Jahre nach dem ersten bei Howaldt gebauten Dampfer (der den hoffnungsvollen Namen *Vorwärts* trug) konnte der hundertste Schiffsneubau gefeiert werden.

Nachdem der Erste und der Zweite Weltkrieg überstanden waren, übernahmen die Howaldtswerke 1955 das Gelände der früheren Deutschen Werke und bauten darauf einen der modernsten Schiffbaubetriebe Europas. Seit der Zusammenlegung der Kieler und der Hamburger Howaldtswerke und der Fusion mit der Hamburger *Deutsche Werft AG* im Jahre 1968 heißt das Unternehmen *Howaldtswerke-Deutsche Werft AG*, kurz *HDW* genannt. So steht es auch unübersehbar auf den Portalkränen (Tragfähigkeit 450 bzw. 900 t), die zu einem Kieler Wahrzeichen geworden sind. Bis 1991 gehörte die Werft zum bundeseigenen *Salzgitter-Konzern*, ehe sie, nach dem Verkauf des landeseigenen Aktienanteils, von der *Preussag* aufgekauft wurde. Nach der Umstrukturierung der Preussag zum Tourismuskonzern (wozu HDW unter anderem durch Verkauf seines Wohnungsbestandes einen schmerzhaften Beitrag leisten musste!), ging die Werft in den Besitz des Oberhausener Konzerns *Babcock-Borsig* über. Zur Zeit gehört "Howaldt", wie das Unternehmen in Kiel kurz und bündig genannt wird, zum Werftenkonzern *Thyssen-Krupp-Marine Systems*.

Heute beschäftigt HDW rund 2.400 Mitarbeiter - die Werftenkrise der 70er und 80er Jahre hat deutliche Spuren hinterlassen, wenn man bedenkt, dass in der Boomzeit der 60er Jahre über 12.000 Arbeiter und Angestellte bei Howaldt beschäftigt waren. Trotzdem arbeiten bei HDW und seinen Zulieferern heute immer noch etwa 5 % der Industriebeschäftigten Schleswig-Holsteins.

Neben modernen Container-Schiffen, Kreuzfahrt- bzw. Fährschiffen sowie Megayachten nimmt der Marine-Schiffbau, insbesondere der U-Boot-Bau, eine besondere Stellung in der Produktpalette ein. Dies bringt die Werft hin und wieder in die Schlagzeilen, da das unternehmerische Denken der Firmenleitung und die Bestimmungen des Außenhandelsgesetzes immer wieder zu Interessenskonflikten führen.

◆   Werftstraße 112/114, ✆ info@hdw.de, 🖥 www.hdw.de

❧ Von der einstigen landschaftlichen Schönheit Gaardens merkt man noch etwas im **Werftpark** (zwischen **Ostring** und **Werftstraße** gelegen), der um die Jahrhundertwende angelegt wurde, als der Bau der Werften gewaltige Mengen an Erdaushub hinterließ. Bis heute ist er ein beliebtes Naherholungsgebiet geblieben.

Das Werftpark-Theater bietet anspruchsvolles Kinder- und Jugendtheater, das oft genug auch Erwachsene in seinen Bann zieht.

◆ Ostring 187a, ☎ 9 01-12 00, FAX 9 01-6 21 00, Kartenvorverkauf: ☎ 9 01-9 01, 9 01-12 00, FAX 9 01-6 28 70, ✑ kartenservice@theater-kiel.de
💻 www.theater-kiel.de/werftpark

🚌 22, 71, 101, Haltestelle Ernestinenstraße

Im Winter bietet die **Schwimmhalle Gaarden** geschütztes Badevergnügen.

◆ Johannesstraße 8, ☎ 26 04 04-21, FAX 26 04 04-29, ⬛ Mo und Di von 6:00 bis 17:00, Mi von 6:00 bis 8:00 sowie 15:00 bis 23:00 (13:00 bis 15:00 Frauenbadestunde), Do von 6:00 bis 13:00, Fr von 6:00 bis 8:00 sowie von 13:00 bis 23:00, Sa und So von 8:00 bis 18:00, 💻 www.kieler-baeder.de

🚌 11, 100, Haltestelle Kieler Straße, sowie Linien 11, 22, 31, 34, 100, 101 Haltestelle Karlstal

In der Johannesstraße befindet sich auch Kiels Jugendherberge.

◆ Johannesstraße 1, ☎ 73 14 88, FAX 73 57 23, ✑ jh-kiel@djh.de

🚌 11, Haltestelle Karlstal

Ellerbek

Der nördlich von Gaarden gelegene Stadtteil **Ellerbek** war ursprünglich ein altes Fischerdorf, wie die noch heute existierende *Buttgilde* von 1666 beweist. Der Name des Stadtteils geht wahrscheinlich auf den "Erlenbach" zurück, der an dieser Stelle in die Kieler Förde mündete. Die Ellerbeker Fischer versorgten Kiel seit jeher mit Heringen, Makrelen, Weißlingen, Dorschen, Steinbutt oder Schollen, die, eben erst angelandet, von den Fischerfrauen zum **Seegarten** auf dem Westufer gerudert und dort verkauft wurden (☞ Altstadt, Schifffahrtsmuseum).

Ein kleiner Fisch, der *clupea sprattus*, zu deutsch Breitling oder Brisling, machte (und macht bis heute!) dabei besonders von sich reden. Bei passender Temperatur geräuchert, wird daraus die goldglänzende **Kieler Sprotte**, zweifellos die bekannteste Kieler Delikatesse; so bekannt, dass sie heute in alle Welt exportiert wird und schon vor 100 Jahren in *Meyers Konversationslexikon* lobend erwähnt wurde - das Nachschlagewerk warnte sogar vor Fälschungen der Kieler Spezialität. Leider muss man als Kieler zugeben, dass die meisten Sprotten heutzutage aus Eckernförde kommen - was den Genuss natürlich nicht trübt! Neben dem Fischfang betrieben die Ellerbeker Fischer ab 1750 auch die Zucht von Miesmuscheln, deren Qualität sogar an europäischen Fürstenhöfen geschätzt wurde. Als sich jedoch die Werften von Gaarden aus immer weiter auch nach Alt-Ellerbek hin ausbreiteten, verschwanden die Muschelbänke. Doch ab etwa 1870 öffnete sich für die aufkommende Ellerbeker Fischindustrie ein neuer Markt: das Marinieren. Kieler Rollmops und saurer Brathering wurden nun in alle Welt verkauft. Vom Fischerdorf Ellerbek ist heute nichts mehr zu sehen, es wurde 1904 abgebrochen; Werftindustrie und das große Marinearsenal, das sich bis in den Nachbarstadtteil **Wellingdorf** erstreckt, bestimmen das Bild.

Doch auch als Naherholungsgebiet wird Ellerbek geschätzt. Durch die ganze Länge des Stadtteils ziehen sich der **Schwanensee-Park** und der **Stadtrat-Hahn-Park** mit reizvollen Teichanlagen.

Auch wenn Ellerbek längst kein eigenständiges Dorf mehr ist, so gilt es doch bei vielen Kielern immer noch als etwas Besonderes, wenn man sagen kann: "Ich bin kein Kieler - ich bin Ellerbeker."

Wellingdorf/Seefischmarkt

Wellingdorf, der Stadtteil, von dem aus die Brücken über die **Schwentine** führen, war lange Zeit durch den Fischhandel geprägt. Durch die Ausbreitung von Werftindustrie und Marine wurden um die Jahrhundertwende die Fischer des Kieler Ostufers von ihren angestammten Gebieten vertrieben und an der Schwentinemündung neu angesiedelt.

Der so entstandene **Kieler Seefischmarkt** gewann vor allem nach dem Ende des Zweiten Weltkrieges rasch an Bedeutung. Nicht nur die hungernde Kieler Bevölkerung musste mit Fisch versorgt werden, sondern auch über 500 aus den Ostgebieten geflohene Fischer suchten nach neuen Absatzmärkten. Anfangs ging dieses Rezept auch auf: Wurden 1938 noch 1.641 t Fisch angelandet, so waren es 1948 schon 11.895 und im Rekordjahr 1956 gar 42.930 t.

Doch gegenüber den konkurrierenden Fischmärkten in Bremerhaven, Cuxhaven und Hamburg machten sich bald die Standortnachteile Kiels bemerkbar. Fischdampfer aus Kiel, die in der Nordsee fischten, mussten die zusätzliche Fahrt durch den Nord-Ostsee-Kanal in Kauf nehmen und konnten ihre Ladung erst entsprechend später anlanden. Nur durch den Ausbau der Hochseefischerei konnte dieses Handikap eine Zeit lang ausgeglichen werden. Das Land Schleswig-Holstein mit der *Hochseefischerei Kiel GmbH* unterhielt eine eigene Trawlerflotte mit bis zu 16 Schiffen.

Die Fischereikrise der 70er Jahre des vorigen Jahrhunderts machte den Betrieb des Seefischmarktes als Auktionsplatz für die Hochseefischerei jedoch in zunehmendem Maße unrentabel, und so fand hier am 1. Juni 1979 die letzte Fischauktion statt. Seither hat der Kieler Seefischmarkt eher lokale Bedeutung. Fischer aus **Laboe**, **Heikendorf** oder **Möltenort** landen dort ihren Fang (gegenwärtig etwa 4.000 t pro Jahr) an und verkaufen ihn vornehmlich an den örtlichen Fischhandel und die Gastronomie. Darüber hinaus dient der Seefischmarkt als Umschlagplatz für Exportfisch (etwa 12.000 t jährlich), der per Lastwagen angeliefert und von hier aus weiterverkauft wird. Frühaufsteher können diesem Verkauf ab 5:00 zuschauen.

i   Fischverwertung Kieler Förde e.G., ☏ 72 30 65

Eine völlig veränderte Nutzung der frei gewordenen Flächen am Kieler Seefischmarkt ermöglichte ein Landesgesetz vom 2. Juli 1987. Mit diesem Gesetz wurde die *Stiftung für Marine Geowissenschaften* ins Leben gerufen, die seitdem das Forschungszentrum GEOMAR betrieb. Im Jahre 2004 fusionierte GEOMAR mit dem am Westufer der Förde gelegenen Institut für Meereskunde zum ☞ **IFM-GEOMAR Leibniz-Institut für Meereswissenschaften**

♦   Gebäude Ostufer: Wischhofstraße 1-3, ☏ 6 00-0, FAX 6 00-28 05,

📠 www.ifm-geomar.de, ✉ info@ifm-geomar.de

Vor dem GEOMAR-Gebäude stößt der Besucher auf eine zwölfköpfige Gruppe überlebensgroßer Herren mit Aktenkoffer. Es handelt sich um die Skulpturengruppe "Kybernetiker" des Neusser Künstlers Anatol Herzfeld, der auch durch mehrere Documenta-Beteiligungen bekannt geworden ist. Einmal im Jahr bietet das Gelände direkt hinter dem GEOMAR-Gebäude Western- und Gospel-Musik vom Feinsten; dann findet hier nämlich das Ostsee-Festival statt. Ob Dave Dudley, Wanda Jackson, Billy Walker oder die Golden Gospel Singers - alle sind auf diesem Festival schon aufgetreten. Über die künstlerische Qualität und die Vielfalt der Stilrichtungen hinaus wird von den Veranstaltern auch großer Wert auf eine erstklassige Sound-Technik gelegt.

♦   💻 www.ostseefestival.de

Doch nicht nur Kunst und Wissenschaft haben auf dem Gelände des ehemaligen Seefischmarktes eine Heimat gefunden; darüber hinaus wird das Areal von einer Reihe hochspezialisierter Firmen aus dem Bereich der Offshore-Technik benutzt.

Wie eingangs erwähnt, führen von Wellingdorf aus Brücken über die Schwentine. Eine sehr schön restaurierte befindet sich direkt neben dem GEOMAR-Gelände. Bis zum Bau der Schwentinehochbrücke im Jahre 1969 war sie die einzige Verbindung über den Fluss in den Stadtteil Neumühlen-Dietrichsdorf. Dessen Name rührt übrigens von der Bezeichnung "Nige Möhle" (neue Mühle) her und zeigt, dass an dieser Stelle von alters her Mühlen gestanden haben. Die heutige Schwentinebrücke ist aber nicht nur für Fußgänger und Fahrzeuge bestimmt; man hat auch an die im Wasser lebenden Zeitgenossen gedacht. Über eine Fischtreppe können Fische die Stauanlage westlich der Brücke überwinden.

Neumühlen-Dietrichsdorf

Das bereits erwähnte **Neumühlen-Dietrichsdorf** auf dem Nordufer der Schwentine und nördlichster Kieler Stadtteil auf dem Ostufer, war ebenfalls lange Zeit vom Schiffbau geprägt. Doch seit dem Rückzug der Howaldtswerke aus dem 1876 gegründeten *Werk Dietrichsdorf* gewinnt der Ostuferhafen, errichtet auf dem ehemaligen Werftgelände, zunehmend an Bedeutung.

🚢   Von hier aus fährt auch die kombinierte Passagier- und Frachtfähre
nach Klaipeda (Memel)

◆   Fährlinie Kiel - Klaipeda (Fahrtdauer ca. 22 Stunden), Buchungsagent für Pas-
        sagiere: DFDS LISCO Baltic GmbH, Ostuferhafen 15, ☎ 20 9 76-4 20,
        FAX 2 09 76-1 02, ✎ passage@dfdslisco.com, 🖥 www.dfdslisco.com

Vor dem Ostuferhafen lagen jahrzehntelang die Trümmer des ehemaligen
U-Boot-Bunkers "Kilian", der den zweiten Weltkrieg beschädigt, aber funkti-
onstüchtig überstanden hatte. In ihm, wie in anderen vergleichbaren Bunkern,
sollten gegen Ende des Krieges, als die alliierte Luftüberlegenheit immer größer wurde, U-Boote gebaut und gewartet werden. Nach dem Kriege versuchten britische Soldaten, den 1942 gebauten Bunker zwar zu sprengen, aber
dies gelang nur teilweise. Seitdem lagen die Trümmer mehr oder weniger
unbeachtet herum.

1987 entbrannte ein heftiger Streit um die Ruine. Der Landeskonserva-
tor hatte den "Kilian" zum Mahnmal erklärt und unter Denkmalschutz stellen
lassen. Die Kieler Hafenwirtschaft argumentierte dagegen, die Bunkerruine
stehe einem Ausbau des Ostuferhafens im Wege. Lange Zeit standen sich
beide Parteien unversöhnlich gegenüber. Erst im Februar 1997 genehmigte
die Landesregierung den Abriss des Bunkers. Am 23. November 2000 war
es dann so weit: 150 kg Sprengstoff, verteilt auf 60 Bohrungen, schafften
das, was die Bomben und Luftminen des Zweiten Weltkrieges nicht vermocht
hatten - Bunker "Kilian" fiel in sich zusammen und hinterließ rund 15.000 m³
Schutt. Damit war der Weg frei für die dringend erforderliche Hafenerweite-
rung. Deren Kosten blieben mit 35 Millionen Euro übrigens um gut ein Fünftel unter der veranschlagten Bausumme - bei großen Bauprojekten eher die
Ausnahme. Erheblichen Anteil daran hatte die Verwendung von kostengünsti-
gem Baggergut aus dem Nord-Ostsee-Kanal bei der Aufschüttung der Kaiflä-
chen.

Ein Gedenkstein auf dem Hafengelände erinnert an die über 1.000
Zwangsarbeiter, die den Bunker hatten bauen müssen, sowie an drei Maschi-
nisten der ehemaligen *Germaniawerft* und zwei Seeleute, die bei einem Luftangriff im April 1945 ums Leben kamen und seither unter den Trümmern
eingeschlossen liegen.

Auf einem westlich des Ostuferhafens gelegenen Teil des ehemaligen Howaldt-Geländes ist die *Fachhochschule Kiel* untergebracht, die sich zu einem wichtigen Impulsgeber für den Stadtteil und darüber hinaus für das gesamte Ostufer entwickelt hat. Die etwa 5.400 Studenten und die Hochschullehrer brachten neben Kaufkraft auch neue Ideen mit und öffneten ihren Campus auch für Nicht-Studenten.

Das **Industriemuseum Howaldtsche Metallgießerei** zum Beispiel erinnert nicht nur daran, dass der FH-Campus früher einmal Werftgelände war, vielmehr wird den Besuchern in Kiels ältestem noch existierenden Industriegebäude (erbaut 1883) hautnah ein Eindruck von den technischen Vorgängen des Formenbaues sowie des Gießens vermittelt. Doch nicht nur historische Technik (an deren Abläufen sich übrigens bis heute gar nicht so sehr viel geändert hat) kann der Besucher hier erleben, sondern auch einiges über die Firmen- und Sozialgeschichte der Howaldt-Werft erfahren. Darüber hinaus wird das 2005 aufwendig restaurierte Gebäude auch als Veranstaltungsort genutzt. Die Betreiber des von der *Deutschen Stiftung Denkmalschutz* geförderten Museums arbeiten übrigens ausschließlich ehrenamtlich, was die knappen Öffnungszeiten erklärt.

♦ Grenzstraße, ☎ 3 87 74 39, ▭ www.alte-eisengiesserei-kiel.de,
 ✆ gussmuseum@hotmail.de, ▯ April bis Oktober jeden Sonntag von 14:00 bis 17:00.

🚌 Buslinie 11 (Haltestelle Grenzstraße) und 100/101 (Haltestelle Tiefe Allee)

⌘   Aber eine Hochschule, die modernste Technik lehrt, fühlt sich natürlich auch der Darstellung der modernen Datenverarbeitung verpflichtet. So sollten nicht nur Computerfreaks die ebenfalls auf dem Hochschulgelände befindliche **Computerschausammlung Kiel** besuchen. Für Laien ist es wohlmöglich noch interessanter, die rasante Entwicklung dieser noch vergleichsweise jungen Technik nachzuvollziehen.

Vor allem die Geräte des Computerpioniers *Konrad Zuse* bilden einen Schwerpunkt der Sammlung und sind in dieser Vollständigkeit nur selten in Deutschland zu sehen. Allerdings sind die derzeitigen Räumlichkeiten kaum dazu geeignet, die etwa 4.000 Exponate sowie die umfangreiche historische Fachliteratur angemessen zu präsentieren. Deshalb wird die Sammlung im

Jahre 2011 in einen umgebauten ehemaligen Luftschutzbunker umziehen, der mit einer Ausstellungsfläche von rund 800 Quadratmetern dann deutlich bessere Bedingungen schaffen wird.

◆   Sokratesplatz 6, ☎ 2 10-17 51, FAX 2 10 17 41,

       🖥 www.computerschausammlung.de, 🖥 www.fh-kiel.de

Ein anderer ehemaliger Luftschutzbunker der Howaldt-Werft dient heute ausschließlich vergnüglichen Dingen. Der **Bunker-D** dient heute als Kommunikationszentrum, in dem Ausstellungen und Veranstaltungen der verschiedensten Art stattfinden. Nicht zu vergessen ist der Kinotag der in Zusammenarbeit mit dem Kommunalen Kino in der Pumpe (☞) jeden Mittwoch einen Film zeigt.

◆   🖥 www.fh-kiel.de

Eine weiter Attraktion auf dem Campus der Fachhochschule ist der **Mediendom**. Hier finden nämlich nicht nur Lehrveranstaltungen des Studienganges "Multimedia Production" statt, sondern auch die ausdrücklich für jedermann zugänglichen Veranstaltungen des Kieler Planetariums, bei denen man sich in die faszinierende Welt unendlicher Galaxien entführe lassen kann.

◆   Sokratesplatz 6, ☎ 2 10-17 41 (Di bis Fr von 8:30 bis 11:00 Uhr)

       🖥 www.mediendom.de, 🖥 www.sternwarte-kiel.de

🚌   Buslinie 11, Haltestelle "Fachhochschule

Wie schon gesagt, war Neumühlen-Dietrichdorf lange Zeit stark vom Schiffbau geprägt. An einer Stelle ist dies noch am Straßennamen abzulesen: der *Lohntütenweg* führt vom höher gelegenen Zentrum Dietrichsdorfs hinunter zum heutigen Fachhochschulgelände und den Hafenanlagen. Der Name rührt daher, dass hier die Arbeiterfrauen auf ihre Männer warteten und ihnen einen gehörigen Teil des Wochenlohns abnahmen - ehe alles in die umliegenden Kneipen getragen werden konnte!

Aber auch eine alte Arbeiterwohnsiedlung kann man in Neumühlen-Dietrichsdorf besichtigen, nämlich das *Afrika-Viertel*. Es entstand ab 1938 und verdankt seinen Namen der Tatsache, dass früher die Straßen nach deutschen Afrikaforschern benannt waren

Weithin sichtbares Wahrzeichen von Neumühlen-Dietrichsdorf ist der 133 m hohe Schornstein des **Gemeinschaftskraftwerkes Kiel**, das 1971 in Berieb genommen wurde. Diesem Kraftwerk hat Kiel auch einen Tunnel unter der Förde zu verdanken, durch den das Kieler Westufer mit Wärme und Energie versorgt wird.

Nördlich von Neumühlen-Dietrichsdorf verläuft die Grenze zwischen der Stadt Kiel und dem **Landkreis Plön**. Die Seebäder auf dem Ostufer der Kieler Förde liegen also gar nicht mehr auf Kieler Stadtgebiet, was ihrer Beliebtheit bei den Kielern natürlich keinen Abbruch tut.

Mönkeberg/Heikendorf

 Wer die Seebäder der Reihe nach kennen lernen und gleichzeitig einen ständigen Blick auf die Förde genießen will, dem sei der **Fördewanderweg** empfohlen, der in Dietrichsdorf beginnt und bis Laboe führt.

11/12, 100/101, Beginn: Haltestelle Hermannstraße, Ende: Endstation
Fördedampfer bis Anleger Mönkeberg

Der erste Badeort im Verlauf des Fördewanderweges ist **Mönkeberg**.
Dorfstraße 1, 24248 Mönkeberg, ☎ 04 31/2 39 72-0, FAX 04 31/2 39 72-6 50,
🖥 www.moenkeberg.de, 🖥 www.ostseebad-heikendorf.de
📧 info@gemeinde-moenkeberg.de

Seinen Namen hat der Ort von einer Ansiedlung von Minoriten erhalten, die schon 1244 urkundlich erwähnt wird und die zum Kieler Kloster gehörte.

Seit 1906 hat Mönkeberg, das von vielen Kielern als ruhiger Wohnort geschätzt wird, einen eigenen Dampferanleger. Links und rechts davon breitet sich ein sanft abfallender Sandstrand aus, der besonders Kindern ungefährliches Baden ermöglicht. Südlich von Mönkeberg liegt der knapp 30 m hohe Ölberg, von dem aus man einen herrlichen Blick auf die Förde und das Westufer hat. Seinen Namen verdankt der Berg einem ehemaligen Tanklager der Marine.

Nördlich von Mönkeberg beginnt die Gemeinde **Heikendorf**, die aus den Ortsteilen **Kitzeberg**, **Alt-Heikendorf** und **Möltenort** besteht.

🛈   Touristinformation Ostseebad Heikendorf, Strandweg 2, 24226 Heikendorf,
          ☎ 04 31/24 11 20, FAX 04 31/2 37 94 40, 🖳 www.ostseebad-heikendorf.de

⛳   Bei Golfspielern ist Kitzeberg wegen seiner herrlichen 9-Loch-Anlage beliebt.

Landeinwärts zwischen Kitzeberg und Alt-Heikendorf liegt das Gut **Schrevenborn** (☞ IFM-GEOMAR Leibniz-Institut für Meereswissenschaften), das beinahe vollständig von einem Wassergraben umgeben ist. Leider kann es nicht besichtigt werden.

Keinesfalls entgehen lassen sollte man sich einen Besuch im **Künstlermuseum Heikendorf**. Das 1865 als Wohnhaus eines Maurermeisters erbaute zweistöckige Gebäude wurde 1923 an den Maler *Heinrich Blunck* verkauft. Rund ein Jahrzehnt nach dessen Tod im Jahre 1963, regte der damalige Heikendorfer Bürgermeister *Herbert Sätje* an, eine "Heinrich-Blunck-Stiftung" ins Leben zu rufen, um das Haus und den künstlerischen Nachlass Bluncks sowie der anderen Mitglieder der zeitweilig bedeutenden *Künstlerkolonie Heikendorf* zu erhalten. Heinrich Bluncks Witwe *Käte* verfügte 1989 in ihrem Testament die Gründung der Stiftung, einige Jahre später stufte das Landesamt für Denkmalpflege das Haus als Kulturdenkmal ein.

Seither erfreut sich das Museum einer stetig wachsenden Beliebtheit beim Publikum und einer ebenso wachsenden Bedeutung als Ausstellungsort weit über die Region Kiel hinaus bis in den skandinavischen Raum.

♦   📖 Di bis Sa 14:00 bis 17:00, So 11:00 bis 17:00, Teichtor 9, 24226 Heikendorf
          ☎ 04 31/24 80 93, FAX 04 31/2 39 80 26,
          🖳 www.museen-sh.de sowie www.kulturnetz-sh.de
          ✉ kuenstlermuseum@t-online.de
🚌   Buslinie 100/101 Haltestelle "Künstlermuseum"

In **Möltenort** sollte man sich die Zeit für einen Rundgang durch den Hafen nehmen. Ähnlich wie Strande auf dem Westufer der Förde hat sich auch Möltenort ein eigenes Flair bewahrt. Fischer und Freizeitsegler, sonst nicht immer die besten Freunde, liegen hier friedlich nebeneinander und halten "Klönschnack". Außerdem kann man hier fangfrischen Dorsch oder Butt einkaufen.

An der engsten Stelle der Kieler Förde, scheinbar in "Griffweite" zum Friedrichsorter Leuchtturm, liegt das **U-Boot-Ehrenmal**. In ihm wird der gefallenen U-Boot-Besatzungen der beiden Weltkriege gedacht. Die Anlage wurde 1926 zunächst relativ schlicht gestaltet, ehe *Robert Tischler* sie 1938 nach nationalsozialistischem Geschmack umbaute. Im Zuge dieser Umgestaltung wurde auch der 15 m hohe Turm mit dem darauf sitzenden 15 t schweren Adler errichtet.

U-Boot-Ehrenmal

Bronzetafeln mit den Namen der Verstorbenen

In ihrer gegenwärtigen Form ist die Gedenkstätte nicht unumstritten. Besonders Angehörige von Opfern des U-Boot-Kriegs bemängeln, dass das Ehrenmal einseitig auf die U-Boot-Besatzungen, nicht aber auf die Toten der versenkten Handelsschiffe ausgerichtet ist. Trotzdem stimmt es nachdenklich, wenn man durch die kreisrunde Anlage läuft, vorbei an den Bronzetäfelchen mit den schier endlosen Namenslisten der Getöteten oder Verschollenen.

Windjammerparade vom Strand in Laboe aus gesehen

Laboe

i Tourismusbetrieb Ostseebad Laboe, Börn 2, 24235 Laboe, ☎ 0 43 43/42 75 53,
FAX 0 43 43/42 75 59, ✍ info@laboe.de, 🖳 www.laboe.de,
🖳 www.probstei.de, ⏱ 06. April bis 30. April: 10.00 bis 14:00, Mai und Juni:
08.00 bis 12:00 und 13:00 bis 17:00, Juli und August: 08:00 bis 13:00 und 14:00
bis 18:00, September: 08:00 bis 12:00 und 13:00 bis 16:00, Oktober bis 05.
April: Mo. bis Fr. 10:00 bis 14:00, 21.Dezember bis 05. Januar geschlossen.

Leicht erreichbar mit dem Fördedampfer oder über die B503 liegt **Laboe**
an der Kieler Außenförde. Sein flacher, feinsandiger Strand ist durch vorgela-
gerte Sandbänke geschützt, aber leider ist die Strandbenutzung kostenpflich-
tig.

Ursprünglich war Laboe ein Bauerndorf, als Hafen erlangte der Ort erst
um die Mitte des 19. Jh.s Bedeutung. Mit finanzieller Hilfe des Klosters
Preetz und mit Spenden Probsteier Bürger wurde ab 1856 ein Hafen erbaut,
der für die Bauern der Probstei die Möglichkeit bot, von hier aus ihre Waren
zu verschiffen. Die Atmosphäre des heutigen Yacht- und Fischereihafens wird
leider durch ein einfallsloses Apartmentgebäude gestört; trotzdem ist ein
Besuch des Hafens lohnenswert, der gleichzeitig östlicher Endpunkt für die
Fördedampfer ist.

Gegen Ende des Sommers wird der Laboer Hafen zu einem Treffpunkt
klassischer Segelboote und -yachten. Oldtimerfreunde aus Deutschland,
Skandinavien und zunehmend auch aus Polen und den baltischen Ländern
treffen sich dann zur *Klassik-Regatta*. Von der historischen Jolle bis zu den
großen 12-mR-Yachten trifft sich alles, was in der Traditionsschifffahrt Rang
und Namen hat. Das teilweise erhebliche Alter der schwimmenden Raritäten
bringt es mit sich, dass die Wettfahrten in der Regel keineswegs knallhart-
sportlich sondern eher "sutje" angegangen werden. Und nach der Regatta
sind Fachsimpeln, Erfahrungsaustausch oder einfach nur "Klönschnack"
ebenso wichtiger Bestandteil der Veranstaltung.

Unmittelbar südlich daran schließt die neue Marina **Baltic Bay** an. Neben
den 345 Wasserliegeplätzen und den üblichen technischen Einrichtungen
bietet diese Anlage auch ein hohes Maß an Komfort; ob Reparaturen und

Umbauten in der benachbarten Werft, ob Shoppen in der Glaspassage oder ob Schlemmen im Restaurant - hier ist dies alles möglich und außerdem bequem zu Fuß zu erreichen. Außerdem zeigt die ganze Anlage auch eine erfreuliche - und bei Gebäuden dieser Art leider nicht immer übliche - architektonische Qualität.

♦ Börn 17, 24235 Laboe, ☎ 0 43 43/42 11 51, FAX 0 43 43/ 42 11 50,
   ⌨ www.balticbay.com sowie ⌨ www.schiffswerftlaboe.de,
   ✍ info@balticbay.com

🏊 Im Meerwasser-Hallenbad, direkt am Strand gelegen, bieten 28°C Wassertemperatur Badevergnügen auch in der kalten Jahreszeit.

♦ Strandstraße 25, 24235 Laboe, ☎ 0 43 43/12 49, ⌨ www.mwsh-laboe.de,
   🕐 Mo und Di von 10:00 bis 18:00, Mi von 10:00 bis 22:00, Do von 10:00 bis 16:00, Fr von 10:00 bis18:00, Wochenende und feiertags von 10:00 bis 17:00, Kinderstunde Fr von 15:30 bis17:00

🏠 Wahrzeichen von Laboe ist das weithin sichtbare **Marine-Ehrenmal**, das sich mit seiner Turmhöhe von 72 m deutlich von der flachen Landschaft abhebt (📷 Seite 165).

Bauherr des 1927 bis 1936 von *Gustav August Munzer* gebauten Ehrenmals war der *Deutsche Marinebund*, der die Anlage auch heute noch verwaltet und sie als *"Gedenkstätte für die auf See Gebliebenen aller Nationen und Mahnmal für eine friedliche Seefahrt auf freien Meeren"* versteht.

Von der obersten Plattform des 85 m über dem Meeresspiegel liegenden Turmes hat man eine fantastische Aussicht über die Kieler Förde, die Eckernförder Bucht und die offene Ostsee bis hin zu den südlichen Inseln Dänemarks, aber auch über die Hügellandschaft der Probstei. Wen die Zahl der Treppenstufen (es sind 341) schreckt, der kann bequem mit einem der zwei Fahrstühle in 30 Sek. zur Turmspitze fahren. Die teilweise martialischen Inschriften im Eingangsbereich des Turmes wurden in letzter Zeit etwas gemildert - Sprüche, wie *"Sie starben für uns"*, schienen auch dem Marinebund nicht mehr tragbar.

Sicherlich der umstrittenste Teil der Anlage ist die sogenannte "Weihehalle", das Zentrum des Marine-Ehrenmals. Man erreicht sie über einen leicht abfallenden Gang von der Eingangshalle oder der Historischen Halle aus. Es bleibt dem Besucher überlassen, ob er die durch eine blaue Glaskuppel spärlich beleuchtete, mit Flaggen und Kränzen versehene Rundhalle als ein Mahnmal oder als einen Ort der Heldenglorifizierung empfindet.

Die Historische Halle zeigt Kriegs- und Handelsschiffe aus verschiedenen Epochen. Daneben sind Kriegsgeschehnisse aus beiden Weltkriegen im Modell nachgestellt, wie z.B. die Eröffnung der Skagerrakschlacht (1916), das Norwegen-Unternehmen (1940) oder der Durchbruch durch den Englischen Kanal (1942). Auch diese Darstellungen sind in ihrer Funktion umstritten: Was für Seekriegshistoriker vielleicht interessant ist, erscheint anderen Betrachtern eher fragwürdig.

◆　　Strandstr. 2, 24235 Laboe, ☎ 0 43 43/42 70-62, FAX 0 43 43/42 70-67,
　　　🖳 www.deutscher-marinebund.de sowie 🖳 www.museen-sh.de
　　　✍ vz@deutscher-marinebund.de, 🗓 November bis März täglich von 9:30 bis
　　　16:00, April bis Oktober täglich von 9:30 bis 18:00
🚌　　100, Haltestelle Laboe Hafen

Im Außenbereich des Marine-Ehrenmals fällt besonders eine gewaltige Schiffschraube auf. Sie gehörte zum Kreuzer *Prinz Eugen*, der 1938 auf der Germania-Werft in Kiel vom Stapel lief und 1946 bei amerikanischen Atombombenversuchen beim Bikini-Atoll sank.

⌘　　Zu Füßen des Ehrenmals liegt das U-Boot *U 995* am Strand und kann besichtigt werden.

Wer Urlaub **am** Wasser macht, möchte sicher auch gerne wissen, was sich **im** Wasser so alles abspielt. Dies erfährt man ausführlich bei einer Führung in der **Meeresbiologischen Station Laboe**. In den verschiedenen Aquarien werden unterschiedliche Lebensräume der Ostsee dargestellt, man erfährt welche Auswirkungen der durchaus nicht einheitliche Salzgehalt auf die Unterwasserflora und -fauna hat - und kann (sehr zum Vergnügen der Kinder) einige Tiere auch anfassen. Die rein private Einrichtung ist ganzjährig geöffnet.

◆　　Stand 1, 24235 Laboe, ☎ 0 43 43/42 93 21, 📱 01 60-96 76 02 97
　　　FAX 0 43 43/49 49 81, 🖳 www.meeresbiologie-laboe.de, 🗓 1. April bis 31. Okt
　　　Di bis So von 11:00 bis 18:00, 1. Nov bis 31. März Do bis So von 11:00 bis 18:00

Wendtorf

ℹ Tourist-Info FVV Wendtorf e.V., Achtern Diek 24, 24235 Wendtorf,
  ☎ und FAX 0 43 43/49 95 63, ✉ tourist-info@wendtorf-ostseebad.de,

⚓ Yachtcharter, ☎ 0 43 43/50 09

⚠ Bonanza, ☎ 0 43 43/96 88 und 90 88, FAX 98 99,
  ✉ camping@camping-oase-bonanza.de

◆ Bottsand, ☎ 0 43 43/96 49 und 96 55

Nur wenige Kilometer östlich von Laboe liegt der Ort **Wendtorf** am Rande der **Probstei**. Diese Region gehörte bis zur Reformation dem Kloster **Preetz**, dessen Pröbste hier zur Kultivierung des Landes Kolonisten ansiedelten, wodurch sich schon früh ein freies Bauerntum entwickelte.

Heute hat sich Wendtorf, ebenso wie seine Nachbarorte **Stein** und **Schön-berger Strand**, zu einem beliebten Ferienort entwickelt. Der weitgehend naturbelassene Ostseestrand, der wegen des flachen Wassers besonders für Kinder geeignet ist, bietet ideale Voraussetzungen für ein ausgelassenes Strandleben.

Das östlich der Gemeinde gelegene Naturschutzgebiet **Barsbeker See** ist ein beliebtes Ausflugsziel, das man bequem zu Fuß oder mit dem Fahrrad erreichen kann. Nördlich von Wendtorf liegt die Halbinsel **Bottsand**, auf der sich ein großes Vogelschutzgebiet befindet. Das eigentliche Schutzgebiet kann leider nicht besichtigt werden, aber von der Landseite her bieten sich genügend Möglichkeiten, Goldregenpfeifer, Alpenstrandläufer und andere Vogelarten zu beobachten.

In der geschützten Bucht zwischen dem Wendtorfer Strand und Bottsand ist 1972 die **Marina Wendtorf** entstanden. Sie ist mit etwa 800 Bootsliege-plätzen einer der größten Seglerhäfen an der Ostsee und mit ihrem regen Hafenleben auch für "Landratten" einen Besuch wert.

In der Nacht vom 27. auf den 28. August 1989 allerdings nützte dem Hafen auch seine geschützte Lage nichts. Über die Ostsee fegte ein Orkan hinweg, der das Wasser zwischen der Flensburger Förde und der Lübecker Bucht auf über 1,70 m über Normal steigen ließ und Segelyachten wie Streichholzschachteln durcheinanderwirbelte. Heute ist von dieser Naturka-tastrophe natürlich nichts mehr zu sehen. Wie in anderen Ostseehäfen wurden in der Wendtorfer Marina die Schutzmaßnahmen verbessert, jedoch blieb die Erkenntnis, dass gegen Naturgewalten bisweilen auch der beste Schutz nichts auszurichten vermag.

✗ Kneipen/Restaurants

Wer gerne Fisch isst oder schleswig-holsteinische Gerichte probieren möchte, sollte im **Witt Hus** direkt am **Möltenorter Hafen** einkehren. Auch gibt es im Sommer Sitzplätze im Freien.

◆ Strandweg 8, 24226 Heikendorf, ☎ 04 31/25 90 00, FAX 04 31/2 59 00 99
   ✉ www.witt-huus.de, ✍ witt-huus@t-online.de

Das **kleine Nudelhaus** liegt direkt an der **Laboer Strandpromenade**. Serviert werden neben Pasta und Fischgerichten auch selbstgebackener Kuchen - und Meeresblick.

◆ Strandstraße 5, ☎ 0 43 43/42 51 60

Wenn neben der Küchenqualität auch ein erstklassiger Wasserblick gefragt ist, bietet sich das Restaurant **Baltic Bay** in der gleichnamigen Marina an. Auch hier gibt es im Sommer zahlreiche Außenplätze.

◆ Fördewanderweg 2, 24235 Laboe, ☎ 0 43 43/4 24 20-0,
   ✉ www.restaurant-baltivbay.de

Ebenfalls einen traumhaften Meeresblick und dazu hervorragende Küche zu sehr fairen Preisen hat das **Ocean Eleven** zu bieten. Von dem ehemaligen Café in dem es sich befindet, blieben nach einem Totalumbau praktisch nur noch die Außenwände stehen. Dazu wurden neue Außenterrassen geschaffen, deren Sitzplätze im Sommer heiß begehrt sind. Man kann übrigens direkt vom Strand in das Restaurant gehen - oder auch nur einen kühlen Drink in der Außenbar genießen.

◆ Hafenplatz 11, 24235 Laboe, ☎ 0 43 43/4 94 64 64, FAX 0 43 43/49 46 46

Ausflugsziele in der Umgebung

Alte Windmühle im Freilichtmuseum Molfsee

Die Lage dieser recht artigen Stadt ist sehr angenehm und die Gegend umher bezaubernd!", urteilte einst der dänische Dichter *Jens Baggesen*, und er musste es wissen; schließlich lehrte er einige Jahre an der Kieler Universität und ist (obwohl er in Hamburg starb) auf dem Kieler Friedhof *Eichhof* begraben.

Die "bezaubernde Gegend umher" lässt sich auch noch heute feststellen, wie einige Ausflugsvorschläge in die nähere und weitere Umgebung zeigen sollen.

Naturpark Westensee

🛈   Tourismusverein Nortorfer Land und Naturpark Westensee e.V., Rathaus, Niedernstraße 6, 24589 Nortorf, ☎ 0 43 92/8 96 20, FAX 0 43 92/8 96 11,
     ✍ info@amt-nortorf-land.de, 🖥 www.tourismus-naturpark-westensee.de

Der 250 km² große **Naturpark Westensee** liegt nur wenige Kilometer südwestlich von Kiel und bietet neben seiner weitgehend intakten Natur vielfältige Erholungsmöglichkeiten. 15 Parkplätze und 250 km Wanderwege erleichtern den Zugang zu dieser Landschaft, deren Kernstück der 7 km² große **Westensee** ist.

Wie der Begriff "Naturpark" bereits andeutet, wird auf den Erhalt und die Pflege der Landschaft großer Wert gelegt. Daher ist das Surfen auf dem Westensee nicht erlaubt, und auch die Genehmigungen zum Segeln, Paddeln oder Rudern gelten nur für Urlauber, die im Naturpark Westensee ihr Quartier haben.

Wer die idyllische Landschaft betrachtet, kommt kaum auf den Gedanken, dass der Westensee zeitweilig Schauplatz blutiger Auseinandersetzungen war. Natürlich ging es dabei um Geld. Im 13. und 14. Jh. waren **Flemhude**, **Hohenhude** und **Westensee** nämlich wichtige Warenumschlagplätze für Schiffe, die aus Flandern die Eider heraufkamen und hier ihre Waren für den weiteren Transport auf dem Landweg entluden. Die Herren von Westensee, ein Adelsgeschlecht, das nach der Niederwerfung der Slawen im 12. Jh. das Gebiet beherrschte, wollten natürlich an diesem schwunghaften Handel teilhaben und überfielen kurzerhand die Handelsschiffe. Dies wiederum ließ die mächtige Lübecker Hanse nicht ruhen, und 1346 wurden mit ihrer Unterstützung die Raubritter von ihren Burgen Lohburg und Hohburg vertrieben.

Heute sind die bedeutendsten Baudenkmäler der Gegend die drei Herrenhäuser Emkendorf, Deutsch-Nienhof und Schiersensee. Emkendorf (ausgesprochen: Emmkendorf, nicht Ehmkendorf!) ist eines der herausragenden Beispiele klassizistischer Herrenhauskultur im Lande. Als *Imekenthorp* bereits um 1190 erstmals erwähnt, war es im ausgehenden 18. Jh. eines der wichtigsten kulturellen Zentren Schleswig-Holsteins. Ob die Dichter *Friedrich Gottlieb Klopstock* und *Matthias Claudius*, der Homer-Übersetzer **Johan Heinrich Voß**, der Philosoph *Friedrich Heinrich Jacobi* oder der im amerikanischen Unabhängigkeitskrieg erfolgreiche General *de Lafayette* - sie alle verkehrten auf Gut Emkendorf.

Um sich geschart hatten diesen illustren Kreis der Graf *Friedrich Reventlow* und seine Frau *Julia*, die das Schloss vom Dresdner Baumeister *Carl Gottlob Horn* in seiner heutigen Form erbauen ließen und es 1786 bezogen. Der Emkendorfer Gesprächskreis, in dem heftig über Menschenrechte und Fragen des Humanismus debattiert wurde, war insofern nicht ohne Brisanz, als Julia Reventlow eine Tochter des dänischen Finanzministers Graf *Heinrich-Carl Schimmelmann* (☞ Gut **Knoop**) war und dieser sein beträchtliches Vermögen mit dem berüchtigten "atlantischen Dreieckshandel" gemacht hatte: Waffen von Europa nach Afrika, Sklaven von Afrika in die Karibik, Zuckerrohr und Rum zurück nach Europa. Goethe, von Freunden immer wieder aufgefordert, einmal nach Emkendorf zu kommen, lehnte dies stets ab, allerdings nicht aus moralischen Gründen. Die holsteinischen Adelssitze waren seiner Ansicht nach *"Sumpf- und Wassernester, zu weit hinten im Norden"*.

Dass diese Ansicht falsch ist, beweist ein Spaziergang um die herrliche Anlage, die man vom Parkplatz vor dem Herrenhaus über den ausgeschilderten "Hasenweg" erreicht. Im Sommer finden auf Emkendorf Konzerte statt, vor allem im Rahmen des Schleswig-Holstein Musik Festivals. Das privat bewohnte Herrenhaus kann man begrenzt besichtigen. Doch nicht nur Herrenhaus und Parkanlage sind einen Besuch wert: Schon die Anfahrt aus Richtung Kiel auf der denkmalgeschützten, 250-jährigen Linden- und Kastanienallee ist ein Erlebnis!

◆   Herrenhausverwaltung, Gutshof 3, 24802 Emkendorf, ☎ 0 43 30/99 46 90,
     ✎ HerrenhausEmkendorf@t-online.de, 🖥 www.herrenhaus-emkendorf.de

Deutsch-Nienhof, nur einen Steinwurf weit von Emkendorf entfernt, wurde um 1790 auf den Grundmauern einer Wasserburg aus dem 16. Jh. erbaut. Bekanntester Besitzer war der Gutsherr und Historiker *Paul von Hedemann-Heespen*, der die bis heute bedeutendste Gutsgeschichte Schleswig-Holsteins verfasst hat und nach dem Ersten Weltkrieg für eine stärkere geistige Unabhängigkeit von Preußen eintrat. Das nach wie vor landwirtschaftlich genutzte Gut, dessen ehemaliges Torhaus heute im ☞ **Freilichtmuseum** in **Kiel-Molfsee** steht, kann nur von außen besichtigt werden.

Dies gilt auch für das Herrenhaus **Schierensee**, das ebenfalls nur wenige Kilometer von den Gütern Emkendorf und Deutsch-Nienhof entfernt liegt. *Caspar von Saldern*, enger Vertrauter des russischen Zaren *Peter III.* bzw. seiner Frau und Nachfolgerin *Katharina II.* (der Großen), ließ es sich zwischen 1776 und 1782 als Alterssitz bauen. Das zweistöckige Herrenhaus ist zwar noch im barocken Stil erbaut, weist aber bereits klassizistische Elemente auf. Ungewöhnlich für Schleswig-Holstein ist die Tatsache, dass die Anlage zwei Torhäuser besitzt; üblich war sonst nur ein Torhaus. 1968 kaufte der Verleger *Axel Springer* das Gut für etwa DM 8 Mio. und ließ es aufwendig restaurieren. Er nutzte das Gebäude für seine umfangreiche Kunstsammlung, insbesondere die etwa 800 Exemplare umfassende Fayencensammlung. Nach dem Tode Springers ging Schierensee in den Besitz der Springer-Stiftung über, die das 534 ha große Anwesen, zu dem auch zwei Seen sowie 130 ha landwirtschaftliche Nutzfläche gehören, an den Optikunternehmer *Günther Fielmann* verkaufte. Dieser hat aus dem Gut einen ökologischen Musterbetrieb gemacht.

♦ 24241 Gut Schierensee, ☏ 0 43 47/7 12 10, FAX 0 43 47/71 21 12, ✉ info@gutschierensee.de, 💻 www.gut-schierensee.de

✞ Einen Besuch wert ist die **St.-Catharinen-Kirche** im Ort **Westensee**. Die Kirche, deren Feldsteinschiff aus der Mitte des 13. Jh.s stammt, wurde vor einigen Jahren restauriert. Bemerkenswert sind die romanische Granittaufe sowie die Reste des ehemaligen Prunkgrabes des dänischen Feldherren *Daniel von Rantzau*, das während des Dreißigjährigen Krieges von schwedischen Soldaten schwer beschädigt wurde. Zwischen Mai und September finden in der Catharinen-Kirche an jedem zweiten Sonntag Konzerte statt.

♦ Dorfstraße 1, 24259 Westensee, ☏ 0 43 05/7 44, 💻 kirchengemeinde-westensee.de, ✉ info@kirchengemeinde-westensee.de

☙ Zu einem Naturpark gehören selbstverständlich auch Tiere. Wem es nun zu mühsam und zeitraubend ist, auf Begegnungen mit dem einheimischen (im Gebiet des Westensees besonders zahlreichen) Wild zu warten, kann stattdessen Haustiere besichtigen. Natürlich nicht irgendwelche, sondern solche Arten, die vom Aussterben bedroht sind; der *Verein Arche Warder* und die Umweltorganisation *Greenpeace* machen es möglich. Unter den etwa 1.000 Tieren, die auf dem 40 ha großen Gelände des **Tierparks Warder** gezeigt werden, befinden sich unter anderem Blonde Mangalitzas (eine Wollschweinrasse), englische Parkrinder und Poitou-Esel.

♦ Langwedeler Weg 11, 24646 Warder, ☎ 0 43 29/91 34-0,
  FAX 0 43 29/91 34-11, ✍ info@arche-warder.de, 🖥 www.arche-warder.de,
  🕓 täglich 10:00 bis 20:00

Schleswig-Holsteinisches Freilichtmuseum

♦ Hamburger Landstraße 97, 24113 Molfsee, ☎ 6 59 66-0, FAX 6 59 66 25,
  ✍ zentrale@freilichtmuseum-sh.de, 🖥 www.freilichtmuseum-sh.de,
  🕓 April bis Oktober von 9:00 bis 18:00; November bis März nur an Sonn- und Feiertagen von 11:00 bis 16:00. Führungen (ca. 1 ½ bis 2 Std. Dauer) ausschließlich nach Voranmeldung und gegen Kostenerstattung, Anfahrt von Kiel aus über die L318 (ehemals B4) oder 🚌 500/501, 504, 520/521 Haltestelle Freilichtmuseum, von Süden aus über die BAB215, Abfahrt Blumenthal, Fahrtrichtung Kiel.

Das **Schleswig-Holsteinische Freilichtmuseum** ist sicher eines der wichtigsten und meistbesuchten (ca. 200.000 Besucher jährlich) Museen im Lande. Die nur etwa 6 km von Kiel entfernte Anlage existiert zwar erst seit 1965, geht aber auf sehr viel ältere Planungen zurück. Vor mehr als 100 Jahren entstand in Skandinavien die Idee, den sich immer stärker von der Technik bestimmten ländlichen Lebensraum in seiner ursprünglichen Form in Freilichtmuseen darzustellen. In Norddeutschland entstanden in den Jahren 1934/35 erste Pläne zur Errichtung eines solchen Museums, gerieten aber wieder in Vergessenheit. Erst der Verkauf eines historisch bedeutsamen Gebäudes an das Freilichtmuseum Lyngby bei Kopenhagen entfachte die

Diskussion um die Eröffnung einer solchen Einrichtung neu, und 1960 begannen die Bauarbeiten auf dem heutigen, 60 ha großen Gelände in **Kiel-Molfsee**. 1965 konnte das Freilichtmuseum, das sich zu über 80 % aus den Eintrittsgeldern finanziert, seine Pforten öffnen und 13 Objekte der Öffentlichkeit zugänglich machen. Heute umfasst die Sammlung 72 Ausstellungsstücke aus dem 16. bis 20. Jahrhundert. Zusätzlich stehen für Häuser aus jüngerer Zeit 20 ha Erweiterungsfläche zur Verfügung, so dass mit einem weiteren Ausbau der Sammlung zu rechnen ist.

Im Freilichtmuseum

Von den ca. 18 Grundformen, aus denen die Typenvielfalt schleswig-holsteinischer Bauernhäuser entstanden ist, kommen drei Arten besonders häufig vor:

▷   das *niederdeutsche Fachhallenhaus*, das besonders im Süden des Landes anzutreffen ist,

▷   das *quergeteilte jütische Geesthardenhaus* aus dem Norden Schleswig-Holsteins sowie

▷   das *Gulfhaus*, auch *Barghaus* oder *Haubarg* genannt, das besonders an der Westküste verbreitet ist.

Für jede dieser Hausformen zeigt das Freilichtmuseum zahlreiche Beispiele, die die regionalen Abwandlungen von den Grundformen aufweisen. Daneben wird auch dem ländlichen Handwerk Raum zur Darstellung gegeben. Ob Schmiede, Backhaus, Korbflechterei oder Meierei - sie alle sind im Museumsdorf vertreten, und man kann die entsprechenden Produkte dort nicht nur kaufen, sondern auch den Handwerkern bei der Arbeit zusehen. Dass auf dem Lande aber nicht nur gearbeitet wurde, beweist ein kompletter Jahrmarkt mit Orgel, Schiffschaukel, Karussell und Schießbude.

Torhaus

Besondere Erwähnung verdient noch das Torhaus, in dem sich heute neben dem Eingang der Museumladen sowie Verwaltungsräume befinden. Der spätbarocke Bau gehörte früher zum ☞ **Gut Deutsch-Nienhof** und wurde um 1770 vom Eutiner Hofbaumeister *Georg Greggenhofer* entworfen. Allerdings wurden seine Pläne damals nicht vollständig umgesetzt; dies geschah erst 1972 am heutigen Standort.

Durch die überwiegende Verwendung von Holz als Bau- und Ausstattungsmaterial waren Bauernhöfe immer besonders brandgefährdet, was eine funktionierende Feuerwehr lebenswichtig machte. So ist es nur gerecht, dass neben dem Freilichtmuseum auch ein **Brandschutzmuseum** errichtet wurde. Es ist im *Eutiner Kutscherhaus* von 1786 untergebracht und bietet neben historischen Löschgeräten Einblicke in die Kulturgeschichte des Feuers.

◆   🗋 1. April bis 15. November täglich außer Mo von 10:00 bis 18:00, sonst nur Gruppen nach telefonischer Vereinbarung, ☎ 65 03 02

Bordesholmer Klosterkirche

◆   Wildhofstraße 7, 24582 Bordesholm, 🗋 täglich außer Mo von 9:00 bis 17:00, Führungen auf Anfrage ☎ 0 43 22/27 65 und ☎ 27 65, ꞰAX 0 43 22/29 58, 🖥 www.kirchebordesholm.de, ✉ kloster@kirchebordesholm.de

🚗   Anfahrt aus Richtung Kiel über die L318/B4, von Süden kommend über die BAB215, Abfahrt Blumenthal, Fahrtrichtung Bordesholm

Die ab 1322 in zehnjähriger Bauzeit errichtete Bordesholmer Klosterkirche zählt zu den schönsten Sakralbauten Schleswig-Holsteins. Ihre Entstehung verdankt sie der Verlegung des 1127 von *Vicelin* gegründeten Klosters der Augustiner Chorherren in *novum monasterium* (Neumünster). Dieses Kloster war nämlich zu einer beliebten Wallfahrtsstätte geworden, so dass sich Landesherr und Erzbischof nach einem ruhigeren Ort umsahen.

Auf einem Holm (Insel) im Bordesholmer See errichteten sie zunächst eine bescheidene Kirche mit Chorraum und Flachdecke, die im Laufe der Jahre aber immer weiter ausgebaut wurde. Der Gottorfer Herzog *Friedrich I.*, der als Prinz in Bordesholm die Schule besuchte, wählte die Klosterkirche zu seiner Grabstätte aus und ließ nach dem Tod seiner Gemahlin *Anna von Brandenburg* 1514 vom Nürnberger Meister *Peter Vischer* eine Bronzetumba für seine Frau und sich selbst errichten. Seine Grabkammer aber blieb leer; er fand - inzwischen dänischer König geworden - im **Schleswiger** Dom seine letzte Ruhestätte.

Nach der Reformation flohen viele Mönche aus dem Bordesholmer Kloster, das 1566 aufgelöst wurde. Herzog *Johann der Ältere* ließ in den Räumen eine Gelehrtenschule errichten, aus der rund hundert Jahre später die Kieler Universität entstand. In der Folgezeit verfiel die Kirche, die im Laufe der Zeit ihre wertvollsten Kunstschätze verloren hatte. Denn einen erheblichen Teil nahmen die vor der Reformation in die Niederlande geflohenen Mönche mit, große Teile der Klosterbibliothek gelangten nach Kiel und Kopenhagen, und 1666 verlor Bordesholm noch seinen wertvollsten Schatz, den **Bordesholmer Altar**. Er wurde auf Geheiß Herzog *Christian Albrechts* nach Schleswig in den dortigen Dom gebracht. Der von *Hans Brüggemann* geschaffene Flügelaltar ist das vielleicht bedeutendste kirchliche Kunstwerk Schleswig-Holsteins.

Mit der Bordesholmer Klosterkirche ging es erst wieder aufwärts, als Herzog *Carl-Friedrich von Holstein-Gottorf* eine völlige Renovierung durchführen ließ und den Barockaltar, die Taufe sowie die älteste der heutigen Glocken stiftete. Carl-Friedrich, dessen Sohn *Peter-Ulrich* als *Peter III.* eine ebenso kurze wie unglückliche Rolle auf dem russischen Zarenthron spielte, ist in Bordesholm auch beigesetzt. Sein Sarkophag steht in der sogenannten Russenkapelle.

☺   Nach dem Besuch der Klosterkirche bietet sich ein etwa einstündiger Spaziergang rund um den Bordesholmer See an.

Museumsbahnen Schönberger Strand

ℹ️   VVM Museumsbahn mbh., Am Schierbek 1, 24127 Schönberg (Holstein),
       🖥 www.vvm-museumsbahn.de, ☎ 0 43 44/23 23 (nur an den Betriebstagen
       am Wochenende), Fahrten finden statt von Ende Mai bis Anfang September an
       jedem Sonnabend und Sonntag, zusätzlich am Oster- und am Pfingstmontag.

Anfahrt aus Kiel:

    Buslinie 200 der Verkehrsbetriebe Kreis Plön (VKP) ab Kiel Hbf

    Ab Kiel B502 in Richtung Schönberg, nach der Ortschaft Barsbek im 2. Kreisel
       abbiegen in Richtung Schönberger Strand

Wer im Bummelzugtempo durch die Felder fahren möchte, begleitet vom schrillen Pfeifton der Dampflok, der hat dazu auf der 4 km langen Strecke zwischen **Schönberg** und **Schönberger Strand** Gelegenheit. Seit 1976 macht der *Verein Verkehrsamateure und Museumsbahn e.V.* aus Hamburg dieses nostalgische Vergnügen möglich.

Ursprünglich war die heutige Museumsstrecke der letzte Teil der Eisenbahnverbindung vom Bahnhof Kiel-Süd nach Schönberg, die der Eisenbahningenieur und Unternehmer *Friedrich Lenz* baute und dann am 7. Juli 1897 in Betrieb nahm. Die Linie, die im Volksmund "Hein Schönberg" hieß, endete ursprünglich bereits in Schönberg. Doch die Errichtung militärischer Anlagen in **Stakendorf** sowie der Wunsch, der Kieler Bevölkerung einen direkten Zugang zum Ostseestrand zu bieten, führten zu einer Verlängerung der Strecke bis zum Schönberger Strand. Auf der Hälfte der Strecke wurden Abzweiger nach Stakendorf gebaut.

In Schönberger Strand entstand ein Kopfbahnhof mit Güter- und Gepäckabfertigung; auch eine kleine Gastwirtschaft war vorhanden. Doch im Laufe der Jahrzehnte wurde die Konkurrenz durch das Auto immer größer, und am 31. Mai 1975 fuhr der letzte Personenzug vom Kieler Hauptbahnhof zum Schönberger Strand. Danach sollte das letzte Teilstück der Strecke stillgelegt und abgerissen werden.

Der Hamburger Verein, der schon lange nach einer betriebsbereiten Strecke gesucht hatte, nutzte die Gelegenheit und pachtete die Strecke und die Anlagen an der **Großen Mühlenstraße** in Schönberg für seine Zwecke. Seitdem verkehrt an den Samstagen und Sonntagen von Juni bis September bis zu siebenmal täglich ein historischer Zug zwischen beiden Orten. Zusätzlich werden im Sommer samstags auch regelmäßig Dampfzugfahrten bis Kiel Hbf. angeboten.

Nach der Ankunft in Schönberger Strand kann man auf einer Ringlinie in historischen Straßenbahnen fahren oder sich die übrigen Eisen- und U-Bahn-Züge ansehen, die der Verein Verkehrsamateure liebevoll restauriert hat.

Die Gesellschaft *Kiel-Schönberger Eisenbahn* (kurz KSE genannt), die die Strecke ursprünglich betrieb, existiert auch heute noch als Tochtergesellschaft der *Verkehrsbetriebe Kreis Plön* (VKP). Allerdings wird heute "nur" noch Fracht befördert (1996 immerhin 850.000 Tonnen). Hauptkunden sind das Kieler Gemeinschaftskraftwerk in Neumühlen-Dietrichsdorf und der Ostuferhafen.

Blick auf die Schwentine in Raisdorf

Schwentinetalfahrt

Schwentinetalfahrt, An der Holsatiamühle, 24149 Kiel, ☎ 72 24 28,
FAX 0 43 48/78 52, 🖳 www.schwentinetalfahrt.de,
✎ info@schwentinetalfahrt.de

Aus Kiel. 11/12, Haltestelle Wellingdorf, aus Laboe: 100/101 Haltestelle Tiefe Allee

Endstation Neumühlen, **P** Scharweg, unter der neuen Schwentinebrücke

Wer die **Schwentine,** die ihren Namen übrigens von dem slawischen Wort Swentane (heiliges Wasser) ableitet, nur an ihrer Mündung in die Kieler Förde kennt, ahnt nicht, dass sie unmittelbar östlich der **alten Schwentinebrücke** durch eine idyllische Landschaft fließt. Diese kann man auf dem **Schwentine-Wanderweg** durchlaufen, mit dem Kanu erpaddeln oder sich bequem vom Motorboot aus ansehen (Fahrtzeit ca. 30 Minuten pro Fahrtrichtung). Unter der sechsspurigen **neuen Schwentinebrücke** geht es hindurch in Richtung **Oppendorfer Mühle** (Endstation der Motorboote).

Von dort führt ein ca. 2 km langer Fußweg vorbei am E-Werk **Rastorfer Mühle** zu einer Attraktion besonderer Art, dem Café und Restaurant **Villa Fernsicht**. Den Fernblick, den dieser Name verspricht, kann man allerdings nur noch in den Wintermonaten genießen; im Sommer ist die in der Tat herrliche Aussicht weitgehend zuwachsen.

♦   Fernsichtweg 36, 24223 Schwentinental, Ortsteil Raisdorf, ☎ 0 43 07/2 22,
FAX 0 43 07/13 13, ✆ info@villafernsicht.de, 🖳 www.villafernsicht.de

Villa Fernsicht

Durch den unmittelbar anschließenden 40 ha großen **Raisdorfer Tierpark**, zu dem auch ein Freibad gehört, gelangt man zum künstlich aufgestauten Rosenfelder See, der nicht nur bei Spaziergängern und Paddlern, sondern auch bei Kormoranen sehr beliebt ist.

Spielplatz am Wildgehege in Raisdorf

✕ Restaurants/Kneipen

Der Drathenhof am **Molfseer Freilichtmuseum** bietet schleswig-holsteinische Spezialitäten im Ambiente eines alten holsteinischen Bauernhauses.

Die nebenan gelegene **Räucherkate** kann für Gesellschaften etc. gemietet werden.

♦ Hamburger Landstraße 99, ☎ 65 08 89

Im **Café Zeit** kann man sich nach einem ausgiebigen Spaziergang im Naturpark Westensee herrlich bei einem leckeren Stück Apfelkuchen entspannen.

♦ Dorfstraße 23, 24259 Westensee, ☎ 0 43 05/6 81,
   ⌨ www.cafezeit-westensee.de

Kieler Highlights

Eckmannspeicher am südlichen Ende des Bollhörn-Kais

Kieler Woche

Mindestens einmal im Jahr, immer in der letzten vollen Woche im Juni, ist Kiel der *Tagesschau* einen minutenlangen Filmbeitrag wert - bei Eröffnung der Kieler Woche. Warum dieses plötzliche Interesse?

Die Tatsache, dass oftmals der jeweils amtierende Bundespräsident die Eröffnungsworte vom Balkon des Kieler Rathauses spricht, ist sicher nicht Grund genug für diese regelmäßig wiederkehrende Medienpräsenz. An der großen segelsportlichen Bedeutung kann es auch nicht liegen, denn schließlich gibt es populärere Sportarten als Segeln. Ein Kulturfest ist die Kieler Woche auch nicht - auch wenn aus ihrem Anlass Theatergastspiele, Opernaufführungen, Autorenlesungen, Konzerte und Kunstausstellungen in nahezu allen Stadtteilen stattfinden. Ein einziger Grund für die Popularität der Kieler Woche dürfte schwerlich zu finden sein. Wahrscheinlich ist es diese Mischung aus Sportveranstaltung, Volksfest, Kunstfestival und politisch-gesellschaftlichem Forum, der Möglichkeit zum Sehen und Gesehenwerden, die jährlich Hunderttausende nach Kiel lockt.

Angefangen hatte alles ganz harmlos. Am 23. Juli 1882 gingen 20 Segelyachten an den Start einer Regatta, die von der Kieler Innenförde über einen zwanzig Seemeilen langen Dreieckskurs führte. Initiatoren waren in Kiel stationierte Marineoffiziere und segelbegeisterte Hamburger Kaufleute. Segeln als Sport, ohne berufliche Notwendigkeit, war damals in Deutschland noch kaum verbreitet, doch diese erste Kieler Regatta war bereits ein solcher Erfolg, dass eine regelmäßige Einrichtung daraus wurde. Der seefahrt- und segelbegeisterte Kaiser *Wilhelm II.* erschien erstmals 1889 zu dieser Wettfahrt, und in der Folgezeit kamen auch andere Monarchen nach Kiel, wie z.B. der Zar *Alexander III.* von Russland. 1894 tauchte erstmals der Name *Kieler Woche* auf, und als man 1907, ein Vierteljahrhundert nach der ersten Wettfahrt, Bilanz zog, waren in dieser Zeitspanne schon über 6.000 Segelboote an den Start gegangen.

Zweimal, von 1915 bis 1919 und von 1940 bis 1947, musste der friedliche Wettkampf auf dem Wasser tödlichem Ernst Platz machen. Erst 1948 segelten wieder 36 Boote vor trister, von Kriegszerstörungen geprägter Kulisse auf der Kieler Innenförde, da das Befahren der Außenförde noch verboten war.

Andreas Gayk, der herausragende Oberbürgermeister der Kieler Nachkriegszeit, machte aus der elitären Segelveranstaltung, bei der die Kieler eher als Statisten geduldet als aktiv beteiligt waren, ein Volksfest, als er sagte: *"Die Kieler Woche, einst eine Veranstaltung der gesellschaftlichen Elite, ist heute zu einer Angelegenheit der gesamten Bevölkerung geworden."*

Und daran hat sich bis heute nichts geändert. Ob auf dem Rathausplatz, wo die kulinarischen Genüsse des **Internationalen Marktes** sowie ein umfangreiches Kulturprogramm locken; ob beim **Holstenbummel**, einem Volksfest unmittelbar nach der Eröffnungszeremonie; ob an der **Kiellinie**, wo Straßenkünstler auftreten und sich Würstchenbuden neben großen Konzertbühnen drängen; ob in der Kai-City und um die Halle 400, wo neben weiteren Buden und Konzertbühnen auch Bungee Jumping & Co. einen Platz gefunden hat; ob auf der Krusekoppel, wo ein umfassendes Kinderprogramm zum Mitmachen einlädt; ob an den Besichtigungstagen der ausländischen Flottenbesuche, zu denen seit 1993 auch wieder russische Schiffe gehören; ob auf einem der zahllosen Stadtteilfeste, Open-air-Festivals oder Platzkonzerte - ganz Kiel feiert und ist (fast ohne Rücksicht auf das Wetter) 10 Tage lang auf den Beinen.

Fast ist man angesichts des Trubels versucht zu sagen: "Gesegelt wird übrigens auch noch." Doch die zahlreichen Zuschauerboote auf dem Wasser beweisen, dass den Kielern (und ihren Besuchern) die Begeisterung für den Ursprung der Kieler Woche keineswegs verloren gegangen ist.

Zuschauermagneten sind dabei neben den Wettfahrten der olympischen und nichtolympischen Bootsklassen vor ☞ Kiel-Schilksee, die Rennen der Hochseeyachten.

Wahre Völkerwanderungen setzen dann am letzten Samstag der Kieler Woche ein, wenn Hunderttausende von einheimischen und auswärtigen Besuchern an die Innen- und Außenförde strömen, um der **Windjammerparade** der Großsegler zuzuschauen. Ein Journalist der *Frankfurter Allgemeinen Zeitung* schrieb anlässlich des hundertjährigen Jubiläums 1982: *"Vergleich-*

bares mit der Kieler Woche kann kaum gefunden werden." Das mag übertrieben sein - doch es lohnt sich, von der Eröffnung bis zum Schlussfeuerwerk dabei zu sein.

◆    www.kielerwoche.de

Die Sedov - der größte Windjammer

Doch schon unmittelbar nach der Kieler Woche wartet ein weiteres seglerisches Highlight besonders auf die Freunde klassischer Segelyachten. Seit 2010 findet nämlich im Wechsel mit Flensburg alle zwei Jahre die **Baltic Week** auf der Kieler Förde statt. 6mR-, 8mR- und 12mR-Yachten kämpfen dann um den *Robbe&Berking-Sterling-Cup*.

Schleswig-Holstein Musik Festival/Jazz Baltica

🔢   Stiftung Schleswig-Holstein Musik Festival, Palais Rantzau, Parade 1, 23568 Lübeck, ☎ 04 51/3 895 7-0 / -18, 🖥 www.shmf.de

◆   Kartenzentrale: Postfach 3840, 24037 Kiel, ☎ 04 31/57 04 70 FAX 04 31/5 70 47 47, ✆ bestellung@shmf.de

Kaum ist die Kieler Woche vorüber, beginnt mit dem **Schleswig-Holstein Musik Festival** ein weiteres Großereignis, das Jahr für Jahr über 100.000 Besucher anlockt. Zwar findet das Festival an mehr als 50 Spielstätten im ganzen Land statt, aber Kiel ist neben Lübeck zentraler Veranstaltungsort. In Kiel liegen auch die Wurzeln des Festivals. Hier gab der Pianist *Prof. Justus Frantz* (ein gebürtiger Kieler) zwei Benefizkonzerte zugunsten der "Bürgerbewegung für den Erweiterungsbau der Kieler Kunsthalle" und traf dabei den Kaufmann *Ulrich Urban*.

Gemeinsam beschlossen sie, die Idee von einem großen Musikfestival im Norden in die Tat umzusetzen. Ihre Überlegung war: Wenn die Menschen nicht zur Musik kommen, muss die Musik halt zu den Menschen kommen; die klassische Musik ging also "aufs Land". Außergewöhnliche Schauplätze, wie umgebaute Scheunen oder Holsteiner Herrenhäuser, sollten das Festival ebenso unverwechselbar machen wie berühmte Namen für die künstlerische Qualität bürgten.

Am 2. Juli 1986 war es dann soweit: *Leonard Bernstein* eröffnete mit *Joseph Haydn "Schöpfung"* in der Kieler **Sparkassenarena** das erste Schleswig-Holstein Musik Festival.

Bereits im ersten Jahr ihres Bestehens war die Konzertreihe so erfolgreich, dass der damalige Bundespräsident *Richard von Weizsäcker* von einer "musikalischen Bürgerbewegung" sprach.

Eine weitere Neuerung des Festivals war die Schaffung der Orchesterakademie, in der Musiker aus aller Herren Länder zusammenfinden und von bekannten Dirigenten zu einem harmonischen Klangkörper vereint werden.

Das idyllisch gelegene **Schloss Salzau** (in der Nähe des **Selenter Sees**) bildet einen idealen Rahmen für diese Arbeit. Die Orchesterproben sind übrigens öffentlich; Musikliebhaber sollten sich deshalb einen Besuch auf Schloss Salzau nicht entgehen lassen.

Im Jahr 1996 wurden Länderschwerpunkte eingeführt, in denen die Musikkultur eines Landes durch dessen bedeutendste Orchester und einzelne Künstler vorgestellt wird.

Mittlerweile ist das Schleswig-Holstein Musik Festival nicht allein auf die klassische Musik beschränkt. Ein Jazz-Zyklus und die Einbeziehung von Filmmusik in das Programm sorgten für neue Impulse und erschließen dem Festival einen weiteren Publikumskreis.

So hat sich das Musikfestival seit seiner Gründung ständig weiterentwickelt. Doch der Grundgedanke der Gründer blieb: Die Schwellenängste, die vor großen Opern- und Konzerthäusern bestehen, abzubauen, und, wie Justus Frantz einmal sagte, *"den Menschen klarzumachen, dass man klassische Musik auch dann hören kann, wenn der oberste Kragenknopf geöffnet bleibt."*

Bei einem weiteren musikalischen Höhepunkt im Lande ist der Kragenknopf, ob geöffnet oder geschlossen, sicher noch weniger ein Problem. Gemeint ist das Jazzfestival **Jazz Baltica**, das seit 1990 Ende Juni/Anfang Juli ausschließlich auf *Schloss Salzau* stattfindet. Entstanden auf Initiative einiger weniger Enthusiasten, ist daraus mittlerweile ein "Kleinod unter den Jazzfestivals" geworden - so jedenfalls das Urteil der renommierten Jazz-Zeitschrift "Jazz Thing". Und in der Tat liest sich die Teilnehmerliste (*Dave Brubeck, Al Jarreau, Hank Jones, Herbie Hancock, Diane Reeves, James Moody, Niels Landgren, Caecilie Nordby* - um wirklich nur ganz wenige aufzuzählen) wie ein "Who is who" der Jazz-Szene. Aber neben der Prominenz aus aller Welt bietet Jazz Baltica auch Nachwuchsmusikern aus Deutschland und dem gesamten Ostseeraum ein Forum, auf dem sie sich einem größeren Publikum präsentieren können.

Seit einigen Jahren gehört Jazz Baltica organisatorisch zum Schleswig-Holstein Musik Festival

◆   💻 www.jazzbaltica.de

Landeskulturzentrum Salzau

Ein Wort noch zum wichtigsten Proben- und Veranstaltungsort beider Musikfestivals, dem *Schloss Salzau*. Im 13. Jahrhundert erstmals als Rittersitz erwähnt, wurde es im 18. Jahrhundert zum Barockschloss umgebaut. Nachdem ein Brand Teile des Gebäudes zerstört hatte, ließ ab 1882 der damalige Besitzer *Otto Graf Blome* das Schloss im neoklassizistischen Stil neu aufbauen.

Im 20. Jahrhundert erging es dem weitläufigen Anwesen zeitweise sehr schlecht. Größtenteils stand es leer, die Keller liefen voll Wasser, darüber hinaus wechselten ständig die Besitzer.

Seit 1988 ist das Schloss im Landesbesitz und fungiert seit einer Totalrestaurierung als **Landeskulturzentrum Salzau** - so der hochoffizielle Name, den die Anlage heute trägt.

Zum Glück wird aber alles Hochoffizielle durch das unglaublich entspannte Auftreten sowohl der klassischen als auch der Jazzmusiker schnell vertrieben - was wiederum ganz im Sinne der Begründer des Schleswig-Holstein Musik Festivals sein dürfte!

♦   24256 Salzau (Fragau-Pratjau), ☎ 0 43 03/18-0, FAX 0 43 03/18-1 64
       🖥 www.kulturzentrum-salzau.de, ✍ kontakt@kulturzentrum-salzau.de

Index

Blick über Hörn auf das Ostufer

A

Alte Markt	35
alte Schwentinebrücke	201
Alten Markt	60
Alter Botanischer Garten	99
Alter Eiderkanal	142
Alter Markt	32
alter Olympiahafen	109
altes Rathaus	35
Andreas Gayk	23, 72
Andreas-Gayk-Straße	72
Aquarium	105
Asmus Bremer	70
Asmus-Bremer-Platz	69

B

Baltic Bay	186
Barsbeker See	189
Bellevue	115
Bergstraße 17	138
Berliner Platz	72
Bethlehemkirche	155
Blücherbrücke	108
Blücherplatz	125
Bollhörnkai	76
Bootshafen	72, 74
Bordesholmer Altar	199
Bordesholmer Klosterkirche	198
Brandschutzmuseum	198
Buchwaldtscher Hof	32
Bunker-D	180

C

Camp 24sieben	105
Carillon	27
Christiana Albertina	133
Computerschausammlung Kiel	179

D

Deutsche Zentralbibliothek für Wirtschaftswissenschaften	111
Deutsch-Nienhof	194
Die Komödianten	90
Diederichsenpark	125
Düsternbrooker Gehölz	121

E

Eckernförder Bucht	162
Eckmannspeicher	76
Ehmsen-Platz	76
Eichhof-Friedhof	82
Eiderkanal-Schleuse	142
Eisenbahnhochbrücke Rendsburg	148
Elisabethstraße	171
Ellerbek	40
Erziehungswissenschaftliche Fakultät	135
Europaplatz	65, 66, 68

F

Fachhochschule Kiel	135
Falckensteiner Strand	158
Flandernbunker	118
Flemhude	192
Flohmarkt	65
Flughafen Holtenau	151
Förde	16
Forstbaumschule	123
Franziskanerkloster	26

Freilichtmuseum 194
Friedrichsorter
  Leuchtturm 125, 156
Fuhlensee 160

G

Gaarden 170
Gemeinschaftskraftwerk Kiel 181
Germania-Hafen 169
Gorch Fock 108
Gut Knoop 142
Gut Schrevenborn 182
Gut Seekamp 157

H

Haitabu 140
Halle 400 130, 169
Hansastraße 48 131
Hauptpostamt 78
Heikendorf 182
Herbert Jensen 23
Hindenburgufer 102
Hiroshimapark 88
Hochbrücke Levensau 148
Hohenhude 192
Holstenbrücke 74
Holstenplatz 71
Holstenstraße 69, 71
Holstentörns 71
Holtenauer Hochbrücke 149
Holtenauer Schleusen 150
Hörn 166
Hörn-Brücke 168
Hörn-Campus 170
Howaldts-Werft 77

I

IFM-GEOMAR Leibniz-Institut
  für Meereswissenschaften 103
Iltisbunker 172
Industriemuseum
  Howaldtsche Metallgießerei 179
Institut für Weltwirtschaft 110
Internationaler Markt 65

J

Jazz Baltica 207
jüdische Synagoge 90
jüdischer Friedhof 84
Justizministerium 56

K

Kaisertreppe 80
Kaistraße 76
Kiel-Canal 19
Kieler Feuerschiff 163
Kieler Frieden 19
Kieler Leuchtturm 162
Kieler Sprotte 175
Kieler Umschlag 17
Kieler Verkehrsgesellschaft 81
Kieler Woche 65
Kieler Yacht - Club 111
Kiel-Hörn Kai-City 166
Kiellinie 102
Kilia 37
Klaus-Groth-Denkmal 54
Kleiner Kiel 53
Kommunales Kino 29
Königswegs 84
Konsularische Vertretungen 11

Kruppschen Siedlung 171
Krusekoppel 121, 122
Kuhberg 66
KulturForum 77
Kulturzentrum Räucherei 171
Kunsthalle zu Kiel 55, 95
Künstlermuseum Heikendorf 182

L

Laboe 186
Landesamt für Denkmalspflege 49
Landesbibliothek 44, 50
Landeskulturzentrum Salzau 210
Landtag 106
Landwirtschaftskammer
  Schleswig-Holstein 71
Leibniz-Gemeinschaft 104, 111
Leuchtturm 144
Levensauer Hochbrücke 142
Literaturhaus
  Schleswig-Holstein 101
Lore & Lay Theater 128

M

Marina Wendtorf 189
Marine 21
Marine-Ehrenmal 187
Maschinenmuseum
  Kiel-Wik 119
MAX 138
Mediendom 180
Meeresbiologischen Station 188
Meerwasserschwimmhalle
  Schilksee 158
Möltenort 182

Mönkeberg 181
Museum für Völkerkunde 94
Museumsbahnen
  Schönberger Strand 199
Museumshafen 44, 47
Muthesius Kunsthochschule 58

N

Naturpark Westensee 192
Neues Rathaus 64, 76
Neumarkt 60
Neumühlen-Dietrichsdorf 177
Niemannsweg 119
Nikolaikirche 32
Nord-Ostsee-Kanal 19, 117
Norwegen-Kai 101, 167

O

Olympiabrücke 149
Olympiazentrum 158
Opernhaus 57, 128
Oppendorfer Mühle 201
Ostseehalle 66
Ostseekai 101

P

Packhaus 141
Pädagogische Hochschule 135
Partnerstädte 11
Pauluskirche 119
Persianische Häuser 35
Petruskirche 118
Plüschow-Hafen 152
Polnische Theater Kiel 130
Prinzengarten 91

Probstei 189
Pumpe 51

R

Raisdorfer Tierpark 202
Rantzaubau 39
Rastorfer Mühle 202
Rathaus 60
Rathausplatz 53, 60, 64
Rathausturm 63
Rathmannsdorfer Schleuse 142
Ratsdienergarten 53
Reventloubrücke 106
Revolutionsdenkmal 53
Rondeel 83

S

Schauspielhaus 128
Scheerhafen 117
Scheermole 117
Schifffahrtsmuseum 44, 49
Schilksee 158
Schleswig-Holstein Musik
  Festival 207
Schleswig-Holsteinisches
  Freilichtmuseum 195
Schloss 37, 50
Schloss Salzau 208
Schlossgarten 90
Schönberger Strand 189
Schreventeich 127
Schwanensee-Park 175
Schwebefähre 149
Schwedeneck 163
Schwedenkai 74

Schwentine 175
Schwentinetalfahrt 201
Schwentine-Wanderweg 201
Schwimmhalle Gaarden 174
Seebad Düsternbrook 115
Seefischmarkt 176
Seegarten 48, 101
Sophienblatt 81
Sophienhof 77, 82
Sparkassenarena 66
Spielcasino 76
Sporthafen Düsternbrook 109
St. Jürgens-Friedhof 82
St.-Catharinen-Kirche 194
Stadtgalerie 64, 77
Stadtmuseum 29
Stadtrat-Hahn-Park 175
Stein 189
Stena-Line 74
Stinkviertel 131
Strande 160

T

Tannenberger Gehölz 121
Theater 60
theater augenblicke 36
Tierpark Warder 195
Tirpitzhafen 109, 117
Tirpitzmole 117
Touristinformation 64, 78

U

U-Boot-Bunker "Kilian" 178
Universität 18, 132
Universitätsbibliothek 135

V

Viehburger Gehölz	121
Villa Fernsicht	202
Vinetaplatz	170

W

Waldwiesenkreisel	84
Warleberger Hof	29
Wasserschutzpolizei	108
Wasserturm	127
Wellingdorf	175
Weltclub	114
Wendtorf	189

Werftpark	174
Westensee	192
Wiker Bucht	117
Willy-Brandt-Ufer	169
Windjammerparade	157

Y

Yachthafen Stickenhörn	152

Z

Ziegelteich	69
Zoologisches Museum	94

Wir konnten es selbst kaum glauben ...

... aber der Conrad Stein Verlag war der erste Buchverlag in Deutschland, der konsequent klimaneutral produzieren und transportieren ließ.

Was bedeutet klimaneutral gedruckt?

Wir haben unsere Druckerei mit der klimafreundlichen Produktion beauftragt. Dabei wird nicht nur klimaneutral, sondern auch nachhaltig, d.h. so umweltschonend wie möglich produziert. Dafür sorgen die Druckerei mit eigenen Klimaschutzbestrebungen und wir durch die Auswahl von umweltfreundlichen Materialien.

Die von uns beauftragte Druckerei berechnet mit einem auf den Druckereibetrieb angepassten CO_2-Rechner die Emissionen, die durch die Fertigung des Druckauftrags entstehen. Papier, Farben, Lacke, Klebstoffe und der Betrieb von Maschinen verursachen beispielsweise das klimaschädliche Treibhausgas Kohlendioxid. Im Anschluss an die Berechnung werden Emissionsminderungszertifkate aus anerkannten Klimaschutzprojekten in Höhe des berechneten Emissionsausstoßes gekauft und nach den Kriterien des Kyoto-Protokolls stillgelegt bzw. gelöscht. Ist dieser Prozess abgeschlossen, wird die Drucksache mit dem Logo "klimaneutral" versehen. Wir bekommen eine Climate-Partner-Zertifikatsnummer mithilfe derer Sie unter 🖥 www.climatepartner.com das Projekt finden, das mit der Abgabe gefördert wurde.

Nachhaltigkeit und angewandter Klimaschutz spielen für den Verbraucher eine große Rolle und werden verstärkt nachgefragt. Das Zeichen "klimaneutral" zeichnet ein Qualitätsprodukt aus, das mit einem hohen Grad an Verantwortungs- und Umweltbewusstsein hergestellt wurde. Wir vermitteln interessierten Verlagen gern Kontakt zu den verantwortlichen Stellen.

In und ab Deutschland unterwegs mit OurdoorHandbüchern - Der Weg ist das Ziel aus dem Conrad Stein Verlag

Wanderwege

Band **268** **Deutsche Nationalparks II**, ISBN 978-3-86686-268-5, € 12,90

Band **269** **Deutsche Nationalparks I**, ISBN 978-3-86686-269-2, € 12,90

Band **160** **Brandenburg: Wochenendtouren rund um Berlin**, ISBN 978-3-89392-560-5, € 9,90

Band **163** **Harz: Hexenstieg**, ISBN 978-3-89392-563-6, € 9,90

Band **164** **Hermannsweg - Eggeweg**, ISBN 978-3-86686-164-0, € 12,90

Band **218** **NRW: 5 am Tag-Marathonroute**, ISBN 978-3-86686-218-0, € 7,90

Band **219** **Deutschland: Uplandsteig/Diemelsteig**, ISBN 978-3-86686-219-7, € 9,90

Band **287** **Sauerland: Waldroute**, ISBN 978-3-86686-309-5, ca. € 12,90

Band **245** **Deutschland: Barbarossaweg**, ISBN 978-3-86686-245-6, € 12,90

Band **234** **Thüringen: Ausflüge zu Burgen der Ludowinger**, ISBN 978-3-86686-234-0, € 12,90

Band **202** **Hessen: Kellerwaldsteig**, ISBN 978-3-86686-202-9, € 9,90

Band **248** **Deutschland: Höhenflug-Wanderweg**, ISBN 978-3-86686-248-7, ca. € 12,90

Band **154** **Deutschland: Rothaarsteig**, ISBN 978-3-86686-154-1, € 9,90

Band **263** **Deutschland: Malerweg**, ISBN 978-3-86686-263-0, ca. € 12,90

Band **159** **Sächsische Schweiz: Trekkingtour**, ISBN 978-3-89392-559-9, € 9,90

Band **250** **Deutschland: Westerwald-Steig**, ISBN 978-3-86686-250-0, ca. € 12,90

Band **255** **Deutschland: Elisabethpfad** ISBN 978-3-86686-255-5, € 9,90

Band **113** **Thüringen: Rennsteig**, ISBN 978-3-86686-113-8, € 12,90

Band **240** **Deutschland: Römerkanal-Wanderweg**, ISBN 978-3-86686-240-1, € 12,90

Band **249** **Deutschland: Saar-Hunsrück-Steig**, ISBN 978-3-86686-249-4, € 12,90

Band **226** **Deutschland: Eifelsteig**, ISBN 978-3-86686-226-5, € 16,90

Band **76** **Deutschland Frankreich: Pfälzerwald-Vogesen-Weg**, ISBN 978-3-89392-376-2, € 9,90

Band **119** **Deutschland: Schwäbische Alb**, ISBN 978-3-89392-519-3, € 12,90

Band **122** **Deutschland Schweiz: Schwarzwald-Jura-Weg**, ISBN 978-3-89392-522-3, € 9,90

Band **270** **Alpenüberquerung von München nach Venedig**, ISBN 978-3-86686-270-8, € 12,90

Band **286** **Donausteig von Passau nach Grein**, ISBN 978-3-86686-286-9, € 16,90

Kanurouten

Band **109** **Mecklenburgische Seenplatte Kanurundtour**, ISBN 978-3-89392-809-5, € 9,90

Alle Bücher können in jeder Buchhandlung, in vielen Ausrüstungs- und Sportgeschäften gekauft oder unter 🖥 www.conrad-stein-verlag.de bestellt werden.

Radwege

Band 135 **Rund Schleswig-Holstein per Rad in 14 Etappen**, ISBN 978-3-89392-535-3, € 9,90

Band 200 **Schleswig-Holstein: Wikinger-Friesen-Weg**, ISBN 978-3-86686-200-5, € 9,90

Band 233 **Schleswig-Holstein: Mönchsweg**, ISBN 978-3-86686-233-3, € 9,90

Band 180 **Deutschland: Nordseeküstenradweg**, ISBN 978-3-86686-180-0, € 12,90

Band 134 **Mecklenburg-Vorpommern per Rad in 9 Etappen durch Naturschutzgebiete**, ISBN 978-3-89392-534-6, € 9,90

Band 178 **Mit dem rad von Hamburg durch das südliche Schleswig-Holstein**, ISBN 978-3-86686-178-7, € 9,90

Band 208 **Deutschland: Benediktweg**, ISBN 978-3-86686-208-1, € 9,90

Pilgerwege

Band 262 **Deutschland: Via Baltica**, ISBN 978-3-86686-262-3, € 12,90

Band 189 **Brandenburg: Mittelalterlicher Jakobsweg**, ISBN 978-3-86686-189-3-0, € 9,90

Band 225 **Jakobsweg: Rhein-Maas-Weg**, ISBN 978-3-86686-225-8, € 12,90

Band 147 **NRW: Jakobsweg von Paderborn nach Aachen**, ISBN 978-3-89392-547-6, € 12,90

Band 241 **Deutschland: Jakobsweg Via Colonensis**, ISBN 978-3-86686-241-8, € 12,90

Band 258 **Deutschland: Bonifatiusroute**, ISBN 978-3-86686-258-6, € 12,90

Band 235 **Deutschland Jakobsweg von der Rhön an die Donau**, ISBN 978-3-86686-267-8

Band 142 **Deutschland: Jakobsweg vom Oberpfälzer Wald zum Bodensee**, ISBN 978-3-86686-142, € 42,90

Band 155 **Deutschland: Jakobsweg von Darmstadt und Aschaffenburg nach Freiburg**, ISBN 978-3-86686-155-8, € 12,90

Band 194 **Deutschland Frankreich: Jakobsweg Trier-Le Puy**, ISBN 978-3-86686-257-9, € 14,90

Band 211 **Deutschland Frankreich: Jakobsweg Trier-Vézelay**, ISBN 978-3-86686-211-1, € 14,90

Band 243 **Deutschland Frankreich: Jakobsweg Speyer-Metz**, ISBN 978-3-86686-243-2, € 12,90

Band 280 **Schmugglerpfad von Passau zum Dreiländereck**, ISBN 978-3-86686-299-9, € 14,90

Band 188 **Deutschland Österreich: Jakobsweg Augsburg-Bregenz**, ISBN 978-3-86686-1886, € 12,90

Band 187 **Deutschland Österreich: Jakobsweg München-Bregenz**, ISBN 978-3-86686-187-9, € 12,90

Jeweils beschriebener Wegverlauf ☞ Karte nächste Seite!

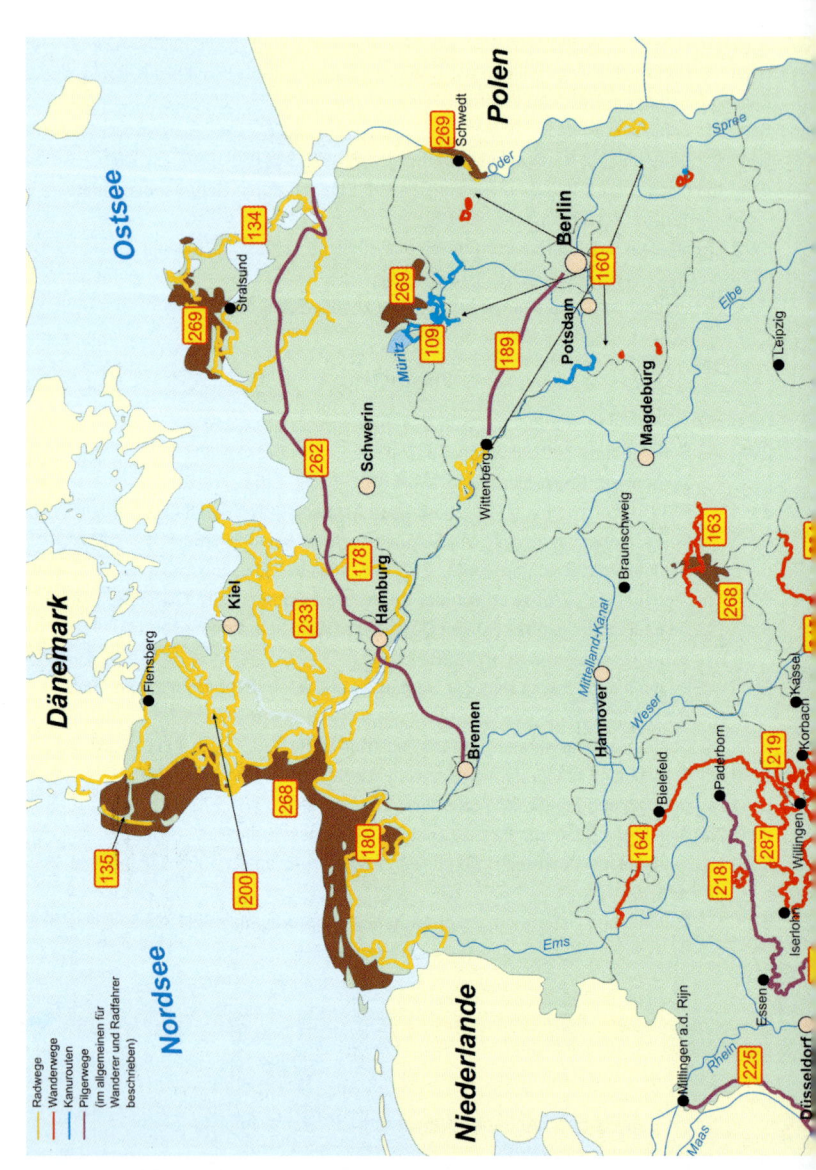

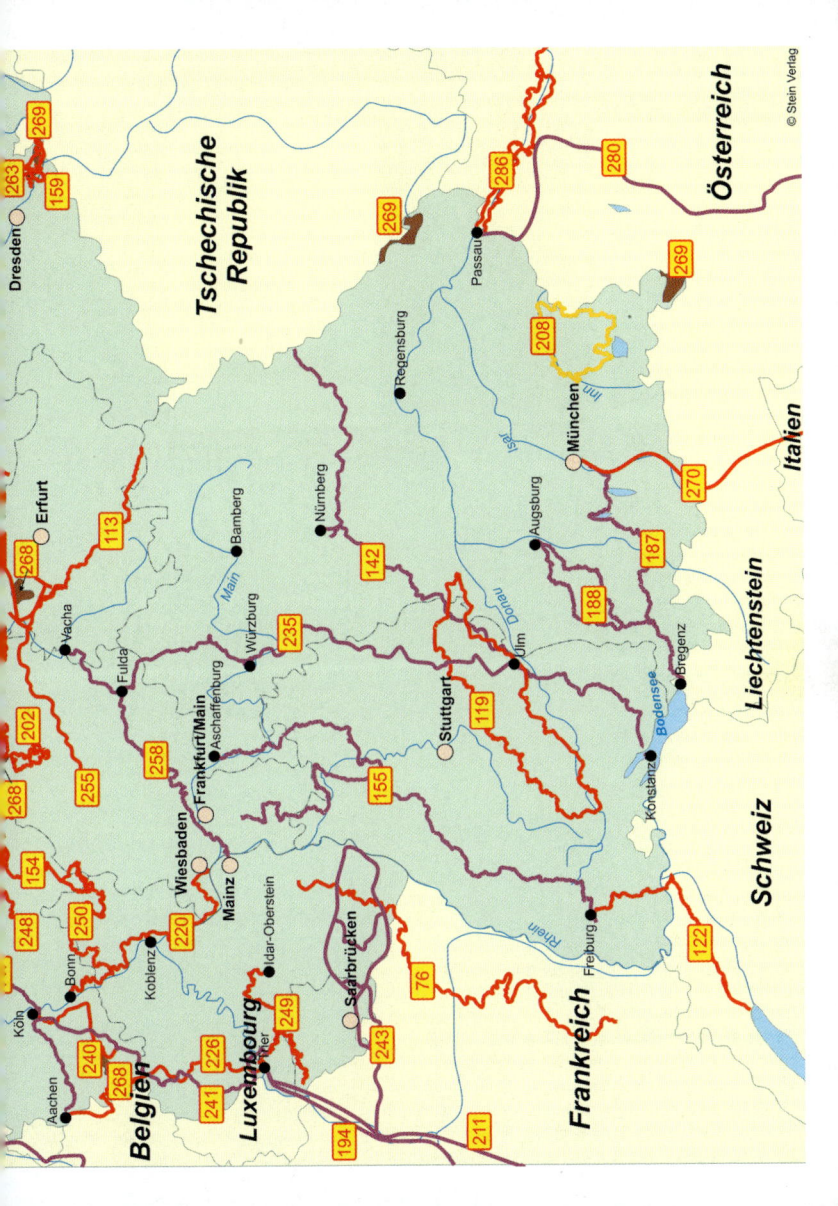

Buchtipps

Kreuzfahrttipps
nicht nur für Anfänger
Marita Oppermann
1. Auflage
Conrad Stein Verlag
141 Seiten
32 Abbildungen
ISBN 978-3-86686-238-8

▷ Einleitung
▷ Welcher Kreuzfahrttyp bin ich ?
▷ Wissenswertes rund
   um die Buchung
   einer Kreuzfahrt
   und die Kabinenwahl
▷ An- und Abreise
▷ An Bord
▷ Trinkgeld-Tipps
▷ Landausflüge
▷ Spar-Tipps
▷ Reiseziele - Kreuzfahrtrouten
▷ Detaillierte Beschreibung
   der wichtigsten Reedereien/
   Kreuzfahrtanbieter
▷ Anhang - Schiffsliste von A bis Z

Kreuzfahrt zu den
Metropolen der Ostsee
Pia Thauwald
1. Auflage 2010
Conrad Stein Verlag
235 Seiten
112 farbige Abbildungen
9 farbige Kartenskizzen
1 farbige Übersichtskarte
ISBN 978-3-86686-702-4

▷ Vorwort
▷ Geschichtliche Highlights
   der Ostsee
▷ Informationen zur Kreuzfahrt
▷ Reise-Infos von A bis Z
▷ Auf dem Schiff von A bis Z
▷ Ihre Reiseroute:
   - Lettland
   - Estland
   - Russland
   - Finnland
   - Schweden
   - Polen
   - Dänemark
▷ Literatur und Internetlinks

Traverse
Fluorcarbon-freie Wildmarks-
Hose aus Lundhags' einzigartigem
65/35 ECO.

EDITOR'S CHOICE
SOMMER 2009
outdoor

Testsieger!

Lundhags bietet eine breite Palette an Hosen: für all jene, die wissen, was man draußen in der Natur braucht, und höchste Ansprüche an Passform, Bewegungsfreiheit, Strapazierfähigkeit, Details und Umweltverträglichkeit stellen.

Rüste dich aus mit einer Traverse, unserem Bestseller, der unter anderem mit dem Editor's Choice des Outdoor Magazines ausgezeichnet wurde, oder mit Traverse Pro und Swiss, zwei weiteren anspruchsvollen Hosen für den Ganzjahreseinsatz. Für welches Modell Du Dich auch entscheidest: Es ist die richtige Wahl für alle Aktivitäten.

Bestelle unseren Katalog auf www.lundhags.se

Lundhags®

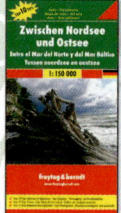